하나님 앞에 솔직히, 민중과 함께:

애가에 대한 성서신학적, 민중신학적 해석

"이 저서는 2009년 심원 안병무 기념사업회의 지원을 받아 수행된 연구임."

한국신학연구소

하나님 앞에 솔직히, 민중과 함께:

애가에 대한 성서신학적, 민중신학적 해석

이 영 미

한국신학연구소

심원 안병무 기념저술총서 1

하나님 앞에 솔직히, 민중과 함께:

애가에 대한 성서신학적, 민중신학적 해석

초판 1쇄 발행/ 2011년 3월 1일

저　자/ 이 영 미
펴낸이/ 김 성 재
펴낸곳/ 한국신학연구소

등록 / 1973년 6월 28일 제5-25호
주소 / 110-030 서울시 종로구 청운동 115-1
전화 / 02)738-3265　팩스 / 02)738-0167
E-mail / ktsi@chollian.net
홈페이지 / http://ktsi.or.kr

값 10,000원

ISBN 978-89-487-0328-3　93230

| 감사의 글 |

"슬프고 아프다. 내 마음속이 아프고 내 마음이 답답하여 잠잠할 수 없으니……" (렘 4:19 전반)

심원 안병무 선생님을 처음 뵌 것은 그가 1991년 한신대 신학대학원에서 "마태복음 세미나"를 강의하실 때였습니다. 미처 수강생 대열에 끼지 못하고 청강하면서 수업내용도 뚜렷이 기억하지 못하지만 그때의 안 교수님의 눈빛과 카랑 카랑했던 목소리만은 지금도 생생합니다. 그분은 내가 좋아했던 조용필의 킬로만자로의 표범의 눈빛을 가진 분이였습니다.

학위를 마치고 귀국하면서 앞으로 한국적 상황에서의 성서신학을 하리라고 다짐했었습니다. 그 노력은 꾸준히 이어졌는데 첫 결실이 2005년 한신대학교 신학과 교수로 임용된 후 행한 민중신학적 성서해석에 대한 개학강연이었습니다. 이후 2008년 한국 구약학회에서 "구약과 영성"이란 주제의 추계학술대회 주제강연을 부탁받아 애가를 민중신학적으로 해석하면서 탄식의 예언자적 영성의 의미를 살펴보게 되었습니다. 그 즈음 심원 안병무 학술저술상 공모를 알게 되어 애가의 민중신학적 해석을 발전시켜 볼 욕심으로 지원했는데 뜻하지 않게 제1회 학술저술상을 수여하는 기회를 얻게 된 것입니다. 이 책은 민중신학적 성서해석을 위한 오랜 관심의 결정체입니다.

나의 신학의 틀과 방향을 잡아주신 대 스승님을 기념하는 저술상에 선정되어 더할 나위 없는 영광이기는 하지만 책을 마치고나니 오히려 스승님의 이름에 누를 끼친 것같아 송구할 따름입니다. 처음 계획하고 발전시켜 보려고 했던 현장과의 접목은 시도해 보지 못한 채 너무 학술적인 죽은 글이 되어버렸기 때문입니다. 그럼에도 학자로서 민중신학을 계속 펼쳐나가면서 민중의 고난의 현장과 연결시키려는 첫 발로 어여삐 보아주기를 기대해 봅니다. 고난받는 민중의 아픔에 잠잠하지 않고 하나님 앞에 솔직히, 민중과 함께 울부짖으며 구원을 호소하겠노라는 작은 다짐으로 이 글을 써내려갔습니다.

여러 가지 일로 집필 일정이 늦어짐에도 독촉하지 않으시고 기다려주신 심원 안병무 기념사업회 황성규 회장님과 강원돈 학술위원장님의 인내와 격려에 감사드립니다. 이 책이 다른 곳이 아닌 심원 안병무 박사님이 세우신 한국신학연구소에서 출판하게 되어 더할 나위 없이 기쁩니다. 이를 허락하신 한국신학연구소 김성재 이사장님과 편집을 도와주신 함승우 국장님의 수고에 감사드립니다.

2011년 2월
수유리 임마누엘 동산에서
저자 이 영 미

목차 · CONTENTS

목차 · CONTENTS

경험과 성찰, 소통과 연대로서의 민중신학적 성서해석

1

제1장은 "경험과 성찰, 그리고 소통의 해석학", 『한국기독교신학논총』, 64(2009), 5-28의 논문 내용을 수정 보완한 글이다.

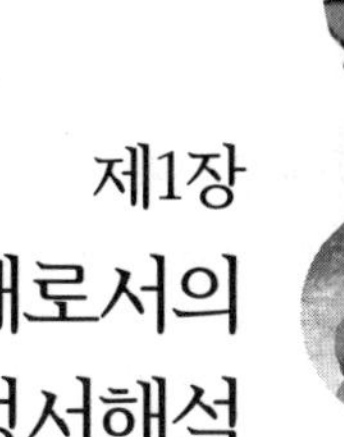

제1장 경험과 성찰, 소통과 연대로서의 민중신학적 성서해석

1. 고난의 자리에서 신학적 글쓰기를 시작하며

심원 안병무는 성서에 대하여, "성서는 해석하지 않고 그대로 두거나 반복하면 침묵한다. 그것은 물어야 답한다. 해석자란 자기의 선 자리에서 성서에 묻고 대답을 찾으려는 자이다. 그러므로 자기 선 자리, 현장에 충실하지 않고는 바른 해석이 불가능하다."[1]고 말하였습니다. 결국 성서해석은 해석가의 선 자리에서 자신의 경험에서 비롯된 질문들을 묻고 성서와의 대화 속에서 그 해답을 찾아가는 과정이라 할 수 있습니다. 이 책이 던지는 질문은 '민중신학적 성서해석' 이란 제목에서도 보여주듯이 바로 민중의 고난의 자리에서 그 고난의 의미와 고난을 넘어선 정의실현과 평화의 미래적 전망이 무엇인가를 묻는 것입니다. 여기서 우리는 그 해답을 두 개의 본문, 즉 성서의 본문들(애가와 탄원시편들, 그리고 이사야 등)과 한국 민중의 현실이라는 상황적 본문을 통해 찾아보고자 합니다.[2]

---

1) 안병무, 『역사와 해석』, 천안: 한국신학연구소, 1998, 8.

2) 상황적 성서해석에서 성서를 본문(text)으로 그리고 현실을 정황 혹은 상황(context)이라고 부르지만 이러한 구분은 여전히 성서 중심의 사고를 반영하고 있다. 홍콩의 구약학자 아치 리(Archie Lee)는 성서와 중국의 고전문헌 사이의 본문 간 읽기(inter-textual reading)를 시도하면서 성서해석의 근거로 성서를 본문으로 중국의 문헌적

한국은 '한'의 민족이란 별명이 붙어 있을 정도로 고난과 슬픔에 익숙한 공동체입니다. 그런 한국에서 애가에 대한 연구가 거의 이루어지지 않았다는 사실은 다소 놀랍습니다. 한국인들, 특별히 한국 여성들이 고난을 겪어낸 방식은 고난의 자리에서 이를 꾹 참아내는 것이었습니다. 이러한 고난에서의 인내를 잘 묘사해주는 며느리 석삼년의 삶에 관한 한국 민요가 전해집니다. 그 내용은 딸이 시집가서 잘 살기를 바라는 마음에, 부모가 "무슨 말을 들어도 못 들은 척, 귀먹은 척하고, 무슨 일을 보아도 못 본 척할 것이며, 무슨 말이건 함부로 하지 말라."고 타일러 보냈는데 딸은 이를 문자 그대로 지켜서 삼년을 벙어리, 귀머거리, 장님으로 지내다가 쫓겨나게 되었습니다. 며느리가 쫓겨난 뒤 그녀가 보기도하고 듣기도하고 말할 줄도 아는 것을 시아버지가 알게되어 다시 그녀를 시집으로 돌아오게 했다는 사연입니다. 이 민요의 일부를 소개하면 다음과 같습니다.

무남독녀 외딸애기　　금지옥엽 길러내어
시집살이 보내면서　　어머니의 하는 말씀
시집살이 말많단다　　보고도 못 본 체로
듣고도 못 들은 체　　말없어야 잘 산단다
그 말들은 외딸애기　　가마타고 시집가서
벙어리로 삼년 살고　　장님으로 삼년 살고
귀머거리 삼년 살고　　석삼년을 살고 나니
미나리꽃 만발했네

정황을 text와 context로 구분하지 않고 둘을 모두 본문(text)으로 해석할 것을 주장한다. Archie Lee, "Making Sense of the Polyphonic Voices in Biblical Interpretation", 『캐논 & 컬쳐』 제4권 2호 (2010년 가을), 155-182, "Con/textual Biblical Interpretation in the Multi-Religious World of Asia", 「구약논단」 제16권 3호(2010년), 177-195.

못 할래라 못할래라	시집살이 못 할래라
열새무명 열 폭 치마	눈물받기 다 썩었네
못 살래라 못 살래라	해주자지 반자지로
지어 입은 저고리로	눈물받기 다 젖었네.

여성의 시집살이의 고됨과 시련을 실은 민요 속에 며느리의 저항보다는 인내와 눈물로 이를 극복하고 있음을 보여줍니다.

남자들의 경우도 그렇게 다르지는 않습니다. 한국 사회에서 남자의 눈물에 대해 흔히 듣는 말은, '남자는 태어날 때, 부모님 돌아가셨을 때, 나라가 망했을 때 세 번 울어야 한다.' 는 것입니다. 남자는 고난 속에서 슬픔을 드러내서는 안 되며 눈물을 삼키며 묵묵부답 철인 같이 이를 인내하고 견뎌야 하는 것이 덕목임을 암시하는 말이기도 합니다. 이렇듯 입 밖에 내지 않는 고통과 슬픔은 '한' 이란 이름으로 내면 깊숙이 응어리로 눌러앉곤 합니다.

초대 민중신학자 서남동은 한(恨)에 대한 신학적 성찰을 시작하면서 "한국 사람은 오랜 역사를 통해서 끊임없이 주변 강대국의 외침에 시달린 민족으로서 약소민족인 그 존재를 한으로 생각하게 되었으며, 어느 때나 변함없이 계속되는 지배자의 학정 아래 신음하는 백성으로서 그 백성적 존재를 한으로 생각했으며, 유교사상의 철저한 남존여비의 관념 아래서 여성적 존재는 곧 한이라고 생각했으며, 심했을 때는 인구의 3분의 1정도까지 노비 적에 올라서 법적으로 대를 계승하게 되어 있고 나라의 백성이라기보다는 타자의 재화로서 매년 대상이 되는 천민노비는 그 삶 자체를 한으로 여겼던 것이다."[3]고 말합니다. 이어서 그는 한이란 "한국 민족의 억압된 민주적, 민중적 저변감정으로서 한편으로는 약자의 패배의식, 허무감과 체념이 지배하는 감정 상태이며, 다른 한편으로는 약자로서의 삶

3) 서남동, 『민중신학의 탐구』, 서울: 한길사, 1983, 87.

의 집념을 담고 있는 감정이기도 한 것이다. 첫째 면은 경우에 따라 승화되어서 훌륭한 예술적 표현을 하게 되고, 두 번째 면은 종종 혁명이나 반란의 에네르기로 작용하기도 한 것이다." [4]고 평가합니다.

히브리 성서의 애가에 드러난 고대 이스라엘 공동체가 고난을 감수하는 태도는 침묵하고 순응하는 모습과는 거리가 있습니다. 서남동이 나눈 한의 구분에 굳이 맞춰보자면 한의 두 번째 면에 해당한다고도 볼 수 있습니다. 이들은 자신들의 고난을 인내하고 참기보다는 하나님께 항변하고, 도전하며, 울부짖습니다. 한국의 많은 기독교인들은 하나님께 항변하는 것이 큰 죄를 짓는 것처럼 생각하는데, 히브리 예언전통에서는 하나님과 변론하는 것이 그들과 하나님과의 관계 속에서 그 깊이를 더해가고 하나님의 의를 이해하는 하나의 중요한 길이었습니다(사 1:18; 3:13; 43:26; 렘 12:1; 미 6:2).

하나님 앞에 솔직히, 불안할 정도로 너무 솔직히 자신의 감정을 쏟아놓고 울분을 토하는 애가의 노래들이 고난을 침묵으로 받아들이며 인내하고, 이해되지 않는 부당한 일이 있더라도 질문하는 것이 덕목이 아닌 것처럼 교육받은 한국인 독자인 나에게 오히려 위로와 희망의 신학을 던져주고 있음을 발견합니다. 교회 현장에서 불의한 고난에 저항해 예언자적 목소리를 높이는 것이 쉽게 좌파적 성향으로 혹은 불신앙적 모습으로 치부되어 그 고난의 속내를 들여다보고 얘기하면서 그 원인을 따져 보기도 전에 너무도 섣불리 잊거나 덮어버리려는 모습을 자주 목격하게 될 때마다 안타깝습니다. 인간이 감당하지 못할 커다란 고난의 자리에서 하나님께 감히 도전하고 항변한다면, 하나님은 이를 괘씸하게 여겨 그들을 처벌하실까? 라는 조심스러운 질문에 애가는 하나님은 우리가 우리 자신의 고난을 성찰하고 내면의 울분을 그대로 드러내 보이면서 서로의 위로가 되고 스스로의 치유과정을 겪는 동안 하나님은 임마누엘 하나님으로 함께 곁

4) 서남동, 『민중신학의 탐구』, 87.

에 위로자로 계신다고 대답하고 있습니다. 하나님은 인간의 절규와 애통함을 끝내 외면하는 분이 아닙니다. 어쩌면 인간이 이러한 치유의 과정을 인내하지 못한 채 하나님의 부재나 심판을 선포하면서 스스로 포기하여 하나님과 인간의 동반적 구원사역의 기회를 애초에 박탈시키고 있는지도 모릅니다. 하나님은 예루살렘 백성의 탄식에 "두려워 말라"(애 3:57)는 짤막한 대답을 하지만 자신의 고통의 무게에 눌려 신음하는 이들에게 그 짧은 대답은 큰 위로와 힘이 됩니다.

이 책은 고난에 처한 인간의 처절한 절규(애 1, 2, 4장)와 저항(애 5장), 그리고 그에 대한 공동체와 하나님의 응답(애 3장, 사 53장)을 경험과 성찰, 소통과 연대의 두 가지 해석학적 틀로 그 신학적 의미를 풀어내고자 합니다. 이를 위해 이 장에서는 경험과 성찰, 소통과 연대로서의 민중신학적 성서해석을 서술하고, 이어지는 2장에서는 애가에 대한 일반적인 소개를 할 것입니다. 3장은 예루살렘과 성전의 멸망이라는 구체적인 고난의 자리에서 고난의 경험과 그 의미를 성찰해볼 것입니다. 4장은 고난의 현장에서 고난을 겪는 '나'와 그 고난을 대신 짊어지는 '그' 그리고 그 고난의 책임을 고백하며 연대를 다짐하는 '우리'의 수사학을 통해 고난 속에서의 참여와 연대의 의미를 살펴볼 것입니다. 끝으로 5장에서는 이러한 민중신학적 해석에 따른 고난 속에서의 탄식이 가지는 예언신학적 의미를 세 가지로 제시하고 이를 바탕으로 한 예언자적 영성의 회복을 주장할 것입니다. 탄식은 불평이 아니라 불의를 고발하고, 고난 받는 자를 위로하며, 하나님의 구원동기를 촉발하며 공동체의 참여를 독려하는 예언자적 영성의 힘을 가지고 있습니다. 아무쪼록 한국 교회가 그러한 예언자적 영성으로 고난에 처한 민중의 아픔을 자신의 아픔으로 성찰하면서 민중과 함께 연대하는 예언자의 역할을 담당할 수 있기를 바랍니다.

2. 출발점 : 객관적, 보편적 해석이란 없다

양성평등적 관점에서, 혹은 민중신학적 관점에서 성서를 읽는다고 말을 할 때면 자주 듣는 비판은 여성/민중신학은 지나치게 주관적이라는 말입니다. 특정한 가치가 개입되는 것을 '주관적' 또는 '편파적' 이라고 느끼고, '객관적' 이란 것이 존재할 수 있다고 생각하는 이유는 인식의 주체와 대상을 분리할 수 있다고 주장하는 실증주의의 영향 때문입니다. '모든 사회적 실재는 관념과 구별해 사물로 취급해야 한다' 고 주장한 에밀 뒤르껭(Emile Durkheim, 1858-1917)의 영향을 받은 실증주의는 연구자와 연구 대상 사이에 어떠한 가치나 입장이 개입되지 않은 중립적인 관찰이 가능하며 또 그래야 한다고 주장했습니다.[5] 그러나 토마스 쿤(Thomas Kuhn)으로 대표되는 구조주의는 가치중립적 관찰이란 불가능하며 모든 인식의 주체는 어떤 사회적 현상을 관찰할 때 자신의 존재를 구성하는 특수한 요소들에 따라, 동일한 현상을 다르게 관찰한다는 사실을 밝혀냈습니다.[6] 나아가 쿤은 과학 연구분야에서 일어난 대부분의 중요한 업적은 연구자가 기존의 전통이나 사고방식을 파괴함으로써 실현되었음을 보여줍니다. 그 예로 코페르니쿠스는 지구가 우주의 중심으로 생각하던 고대사회에 태양이 우주의 중심이라고 주장함으로써 패러다임 전환을 가져왔고, 뉴턴의 학설에 이어지는 아인슈타인의 상대성이론은 물리학에서의 패러다임적 혁명을 가져왔습니다. 패러다임의 변화가 모두 긍정적인 방향으

5) 민가영, 『여성학 이야기: 인어공주는 왜 왕자를 죽였을까』, 책세상, 2007, 31에서 재인용. 이에 대한 비평으로는 Jennifer Lehmann, *Deconstructing Durkheim: A Post-Post Structuralist Critique* (Routledge, 1995)이 있다.

6) 토머스 S. 쿤, 『과학 혁명의 구조』, 김명자 옮김, 까치, 2007 [원제: Thomas Kuhn, *The Structure of Scientific Revolutions* (University of Chicago Press, 1961).] 이 책에서 쿤은 처음으로 '패러다임의 전환' 이란 용어를 소개하는데, 이 말은 기존의 낡은 가치관이나 이론을 뒤엎는 혁명적인 주장을 가리킬 때 사용된다. 패러다임이란 일반적인 의미에서 우리가 세상을 '보는' 방식을 말하며 이때 보는 것이란 눈으로 본다는 뜻이 아니라 지각하고 이해하고 해석하는 의미에서의 보는 것을 말한다.

로만 진행되는 것은 아니지만 그것이 긍정적인 방향으로든, 부정적인 방향이든 우리가 세상을 보는 시각을 한 가지 방식에서 다양한 방식으로 바꿔줍니다. 과학에서도 동일한 현상을 관찰하면서도 다른 시각에서의 관찰은 다른 결과를 가져오게 됨을 보여줍니다. 인식과 연관지어 말하자면 인식은 인식하는 사람의 위치를 반영하고, 그 때문에 모든 인식은 부분적일 수밖에 없습니다. 단지 인식의 부분성이 편협함으로 이어지지 않도록 자신의 관점을 스스로 성찰하며 다른 관점을 통해 자신의 부분성을 인식하고 보완 확대하려는 노력이 필요합니다.[7]

그렇다고 세상의 모든 관점을 그 자체로 인정하고 존중해야 한다는 것은 아닙니다. 자칫 상대주의의 오류에 빠질 위험이 있습니다. 특히 권력을 가진 자가 자신의 권력을 이용해 누군가를 착취하고 억압하면서 그것 또한 '다양성의 원리'라고 주장하는 것은 상대주의의 폐단입니다. 이러한 무분별한 상대주의를 극복하도록 주춧돌 역할을 하는 것이 바로 해석공동체와 실천공동체입니다. 다시 말하면 자기가 선 자리에서의 경험에서 출발하여, 현실에 충실한 해석을 하면서 그 해석이 어떠한 궁극적 가치를 지향하며, 해석공동체에 어떻게 기여할 수 있는가를 성찰의 대상으로 삼음으로써 해석의 윤리를 지속적으로 평가하고, 평가 받아야 합니다. 그리고 해석의 타당성과 가치의 최종적인 평가는 공동체의 실천을 통해 이루어집니다.

성서를 문학서나 역사서가 아니라 경전으로 읽고 해석할 때 중립적 관찰이란 그 출발부터 불가능합니다. 어떠한 해석가도 자신의 해석이 "성서적" 혹은 "성경적"이라는 권위를 부여하며 절대화시킬 수 없습니다. 많은 사람들이 "아무것도 덧붙이지 않고 문자 그대로 성서에서 인용한다."는 말로 자신의 객관성을 증명하고자 합니다(proof-text). 그러나 문구를 인용할 때는 인용자가 그 문구 인용을 위해 증빙하고자 하는 목적이 설정되

7) 철학자들은 이를 '성찰적 상대주의'라고 부른다. 민가영, 『여성학 이야기』, 32.

어 있기 때문에 그 문구는 주관적인 증빙자료이지 객관적 자료는 아닙니다. 그리고 어떠한 문구도 그 문구가 사용된 문학적 맥락이나 삶의 자리를 떠나서는 더 이상 동일한 의미를 내포하지 않습니다. 문자적 인용도 문자가 인용되는 정황에 따라 그 문자의 의미가 달라집니다. 문맥 없이 문자란 아무런 의미도 전달하지 않다는 사실을 분명히 알 필요가 있습니다. 또한 교회나 신학에서의 문자적 성서해석은 이미 특정 교리에 바탕을 둔 해석을 근거로 하고 있습니다. 따라서 어떠한 해석이 바른 성서해석인가는 그 해석의 객관성 여부를 논할 것이 아니라, 해석자가 자신의 삶의 자리에서 얼마나 타당한 질문을 던지며, 그 답을 찾기 위해 성서본문을 얼마나 충실히 관찰하면서 그 해석학적 합일점을 찾아내고 있는가를 통해 평가해야 합니다. 여기서 가장 중요한 것은 성서본문과 해석자의 삶의 자리가 되는 해석공동체입니다. 이 둘 사이의 끊임없는 성찰적 대화가 성서적 해석을 가능하게 해주기 때문입니다. 그리고 궁극적으로는 목표실현을 위한 공동체의 실천이 그 해석의 가치를 발현시켜줄 것입니다.

이 책은 성서를 중립적 가치관을 가지고 연구할 수 있는 객관적 문헌으로 바라보지 않습니다. 이 책은 기독교 경전인 성서를 "생명살림"과 "창조질서의 보전"이란 구체적 가치를 인간의 삶 속에 실현하고자 하는 신앙공동체의 실천을 위한 지침서로 읽습니다. 경전(cannon)이란 어원 자체가 잣대이듯이, 성서해석의 결과들은 신앙인들이 그 해석공동체 안에서 경험하고 분투하는 주제들에 관한 사회적/종교적 가치, 그리고 미래 가치를 제시하는 거울의 역할을 해줄 수 있어야 합니다.

성서해석은 성서본문의 분석에서 그쳐서는 안되며 성찰을 통해 현대적 의미를 이끌어내야 합니다. 이때 성서본문과 현실 사이를 이어주는 요소가 경험이란 해석학적 유비입니다. 여기서 민중신학적 성서해석의 첫 번째 해석학적 관점인 '경험과 성찰로서의 해석'이 도출됩니다. 그렇게 성서와의 대화를 통해 형성된 신학적 언어는 현재적 해석공동체 안에서 구성원들의 의식화와 실천을 담보해 낼 수 있도록 그 언어들을 회자시키고 공유함으로써 그 자체에 새로운 경전적 권위를 부여하도록 노력해야 합니다. 이것이 민중신학적 성서해석의 두 번째 해석학적 관점인 '소통과 연대의 해석' 입니다. 두 번째 해석학적 관점인 '소통과 연대의 해석' 입니다. 여기서 회자, 공유라 함은 강압적인 교리 주입이 아니라, 경험을 매개로 성서적 전거(전통)와 공동체 자체의 역사 문화적 전거(전통)가 이야기를 통해 합류됨으로써 공동체의 창조질서 보전을 위한 하나의 새로운 전거로 제시되어야 함을 목표로 합니다.[8]

아래에서는 '경험과 성찰, 소통과 연대의 두 가지 해석틀을 가지는 민중신학적 성서해석에 대해 좀 더 면밀하게 살펴보고자 합니다. 이를 위해 먼저 최근 성서해석의 환경이 어떻게 변화해 왔는지, 즉 성서해석의 패러다임 전환을 소개하는 것으로 시작하려고 합니다.

3. 성서비평의 패러다임 전환 : 역사비평적 성서해석에서 윤리적 해석의 강조로

성서해석사에 있어서 성서비평적 연구는 세 번의 패러다임 변화를 경험하였습니다. 그 첫 번째 변화가 19세기 역사비평적 성서해석의 등장이고 두 번째는 통시적 연구에서 공시적 연구로의 변화, 그리고 가장 최근의 변화는 본문 중심의 해석에서 상황적 성서해석으로 변화하면서 해석의 윤리를 강조하게 된 점입니다. 여기서는 해석의 윤리를 강조하는 최근의 성서비평을 간단히 서술해 보려고 합니다.

---

8) 성서연구에 있어서 자신의 부분성을 인식하고 그 인식의 폭을 보완 확대해 가려는 성찰적 상대주의, 즉 다양한 성서읽기의 노력은 원활한 소통의 보장 위에서만 가능하다. 교단이 교단신학 학자들의 신앙윤리 검토 위원회를 만들고 그들이 강의와 책을 통해 하는 말을 검증하는 것은 근본주의로의 회귀를 통한 역사의 역순을 꾀하는 것이다. 한국 교회와 기독교는 성서해석의 패러다임이 문자적 해석에서 비평적 해석으로 이제는 성찰적 해석으로 이동하고 있음을 인식해야 할 것이다.

1) 해석의 윤리를 강조하는 최근의 성서비평

성서의 역사비평적 해석 이전에 고대와 중세의 성서해석은 본문 배후의 영적, 신비적 의미를 찾고자 했습니다. 헨리 드 루박(Henri de Rubac)은 중세 주석가들의 해석방법을 "네 개의 의미(four senses)"로 설명합니다.[9] 이 네 개의 의미는 문자적 의미(표면적인 단순 의미)와 세 개의 비유적 의미(은유적인 영적 의미)를 포함하는데, 신앙인에게 성서는 단순한 사실(표면적 의미)만으로는 충분하지 않고 그 영적 메시지가 어떻게 자신에게 어떻게 영향을 미치는가를 알아야 합니다. 이 비유적 혹은 영적 의미는 어떻게 전체 메시지가 모여서 하나의 일관된 믿음체계를 구성할 수 있는지("무엇을 믿을지"), 어떻게 믿음이 일상생활 속에서 '행동'으로 전환되어야 하는지("어떻게 행해야 하는지"), 그리고 어떻게 그 믿음이 미래를 위한 희망을 줄 수 있는지를 찾는 작업입니다. 성서의 세 가지 영적 의미를 찾으려는 방법이 전통적으로 세 개의 그리스어에서 유래된 말로 표현됩니다. 즉 "알레고리적(allegorical)" 성서해석은 표면적인 단순의미를 넘어선 다른 어떤 영적 혹은 비유적 의미를 찾고, "교훈적(tropological)" 성서해석은 믿음이 어떻게 행동으로 전환되는가를, 그리고 "신비적(anagogical)" 성서해석은 신념이 어떻게 희망으로 승화되는가를 탐구합니다.[10]

요하네스 가블러(Johannes Gabler)는 이러한 모형론적, 알레고리적 문자해석이 본문의 정황을 무시한 채 교리 혹은 해석자의 주장을 뒷받침하는 증빙자료로 전락함을 비판, 성서학을 교리신학으로부터 분리시킬 것을 주장하였습니다. 이로써 성서학은 교리신학으로부터 분리되어 고유한 학

---

9) Henri de Lubac, *Medieval Exegesis: The Four Senses of Scripture*, tr. Mark Sebane, Edinburgh: T & T Clark, Vol. 1, 1998; Vol. 2, 2000. William Johnstone, "Moses in the Typology of European Art in the Middle Ages", 『캐논 & 컬쳐』 제3권 1호 (2009, 봄), 165에서 재인용.

10) Johnstone, "Moses in the Typology of European Art in the Middle Ages", 165-166.

문분야로서의 위상을 구축했고, 이후 역사비평적 성서해석이 독일 신학자들을 중심으로 발전함으로써 성서연구의 학문적 지평을 넓혀 놓았습니다.[11] 역사비평은 교회의 교리중심의 자의적 해석에 대한 '비평적' 본문의 의미재생을 위한 서구 신학의 학문적 노력이었습니다. 이로써 역사비평은 자의적 본문해석에 쐐기를 박고 성서본문과의 대화를 가능하게 했지만 교리가 아닌 독자, 교회의 삶의 자리마저 사라져버리게 만드는 결과를 초래하기도 하였습니다. 더러운 물을 버리다가 그 안의 아이까지 버린 셈이 되어버린 것입니다. 간혹 역사비평이 객관성을 지향한 나머지 성서를 경전으로 읽기보다는 분석대상으로서의 문헌으로 삼아 성서해석은 학문적 유희로 머무는 극단적 현상까지 보이게 되었습니다.[12]

역사비평의 이러한 극단은 근세 이전의 성서해석이 문자적 해석에 머물며 선(先)비평이란 한계를 보였지만 삶에서의 실천, 미래 가치의 제시를 성서해석의 궁극적인 목표로 삼았던 점을 다시 상기시켜 줍니다. 실제로 성서학계에서 성서비평이 분석적 과제를 넘어서 각자의 현실 속에서 해석되고 적용되어야 하는 자성의 목소리들이 많은 공감을 얻고 있습니다. 성서를 공동체의 삶과 연결시켜 해석하려는 대표적인 사례들로는 차일즈의 경전비평적 성서해석, 여성신학적 성서해석, 탈식민주의적 성서해석, 이데올로기적 성서해석, 민중신학적 성서해석 등이 있습니다. 또한 미국성서학회(이하 SBL)의 두 명의 회장 연설(Presidential Address)은 객관적 비평에 도전하면서 성서해석에 윤리적 도전을 던졌던 흐름을 반영해줍니다. 엘리자베스 슈슬러 피오렌자(E. S. Fiorenza)가 1987년, "The Ethics of Biblical Interpretation: Decentering Biblical Scholarship"(성

11) 요하네스 P. 가블러, "성서신학과 교의신학 사이의 적절한 구별과 그들에게 있는 특별한 목표들에 관한 강연", 올렌버거 외 『20세기 구약신학의 주요 인물들』, 강성열 옮김, 크리스찬다이제스트, 2009, 703-721.

12) 객관적, 보편적임을 주장하는 역사비평 역시 실증주의의 서구 철학의 결과이며, 사실상 역사비평의 근저에는 다윈의 진화론과 헤겔의 철학 등의 영향이 전제로 짙게 깔려 있다.

서해석의 윤리: 성서학계의 중심 해체하기)란 제목의 SBL 회장 연설을 하면서 성서주석연구에 윤리적 도전을 던졌고, 5년 후인 2002년, 존 콜린스(J. Colins)는 "The Bible and the Legitimation of Violence in Light of the September 11 Attacks"(성서와 911 공격을 통해 비춰본 폭력의 정당성)이란 제목의 회장 연설을 통해 미국의 911 폭격과 성서에서의 폭력 정당성을 재평가하는 연설을 하였습니다. 한편 유럽에서도 최근 성서연구가 학문적 영역을 넘어서서 공공정보학(science of public information)으로 봉사해야 한다는 움직임이 있고,[13] 영국 셰필드를 중심으로 문화 속에서의 성서의 역할에 관심을 가진 해석이 활발하게 진행되고 있습니다.[14] 문화적 혹은 포스트 모던적 성서읽기는 성서해석의 영역을 성서본문과 고전 문학(classic)의 범위를 넘어서서 음악, 연극 등의 다양한 문화 매체 안에서의 해석의 경향을 살핌으로써 성서와 문화의 만남을 시도하고 있으며, 이때 성서는 다른 문화매체들과 마찬가지로 문학적인 고전의 하나로 간주됩니다.[15] 그 밖에도 현대사회와 문화에 대한 현대적 해석을 시도하는 저널도 출판되고 있습니다.[16]

2) 미국에서의 상황적, 윤리적 성서해석

윤리적 해석, 혹은 해석의 윤리에 대한 논의는 엘리자베스 휘슬러 피오렌자(E. Fiorenza)에 의해 구체적으로 제시된 바 있습니다. 피오렌자는 현

---

13) 그 예로 Heikki Raeisaenen, *Marcion, Muhammed and the Mahatma: Exegetical Perspective on the Encounter of Cultures and Faiths*, London: SCM Press, 1997; "Biblical Critics in the Global Village", in *Reading the Bible in the Global Village: Helsinki*, Atlanta: Society of Biblical Literature, 9-28; *Beyond New Testament Theology" A Story and a Programme,* London: SCM Press, 2000 등이 있다.

14) 그 예로 David Clines, *The Bible and the Modern World*, Sheffield Phoenix Press, 2005; Mikael Sjoeberg, *Wrestling with Textual Violence: The Jephthah Narrative in Antiquity and Modernity*, Sheffield Phoenix Press, 2006 등이 있다.

15) Sjoeberg, *Wrestling with Textual Violence,* 217.

16) 그 예로 *Semeia*와 *Biblical Interpretation* 등이 있다.

재의 해석방법들을 '교리적-근본주의 패러다임', '과학적, 실증주의 패러다임' 그리고 '포스트 모던 문화적 패러다임'으로 구분한 뒤, 자신의 해석방법을 '수사적-해방적 패러다임'이라고 부릅니다.[17] 여기서 해방적이라 함은 학문적 노력들이 '정의와 안녕을 위한 변화'를 목표로 하는 것을 뜻합니다. 이러한 과제를 위해 피오렌자는 '해석 전략'을 크게 비평적이고 평가적인 해석전략과 구성적인 해석전략으로 나누고, 다시 이를 세부적으로 7가지 '해석 전략' 과정으로 나누어 설명합니다: 경험과 사회적 정황의 해석, 지배권에 대한 분석, 의심의 해석학, 윤리적 신학적 평가의 해석학(비평적이고 평가적인 해석전략들), 기억과 재구성의 해석학, 상상의 해석학, 변화의 해석학(구성적인 해석 전략들). 간단히 말하면 해석자는 자신의 경험과 사회의 처한 상황에서 출발해야 하며 분석과 해석이 창조적인 변화의 단계에 이르는 것을 목표로 합니다.[18] 주석가의 과제는 비평과 함께 재구성, 그리고 학문적 결과물에 대한 초이론적 성찰이 필요합니다.

미국에서 해석의 윤리에 대한 활발한 토론을 이끄는 또 다른 학자인 다니엘 파테(Daniel Patte)는 윤리적 성찰을 요구하는 성서해석은 '다층적(multidimensional)'이고 '인간중심사상에 비판적(androcritical)'인 특성을 가져야 한다고 주장합니다.[19] 이제 해석의 과정은 '누구를 위해 말하는(speak for)' 혹은 '누구를 위해 의미를 풀어주는' 과정이 아니라 다른 이들과 '함께 이야기 나누는(speak with)' 과정이어야 합니다. 이때 다른 이들의 입장을 거부하는 것이 아니라 그 입장의 논리를 이해하고 받아들이며 대화할 수 있어야 하며 그 범위는 인간의 입장만을 대변하는 것이

---

17) E. Fiorenza, *Rhetoric and Ethic: The Politics of Biblical Studies*, Fortress Press, 1999, 39-44

18) 피오렌자는 해석의 윤리를 성서연구에서 네 가지 영역으로 세분화하고 있다: 독서의 윤리, 해석의 실제의 윤리, 학문의 윤리, 그리고 과학적 평가와 판단의 윤리. *Rhetoric and Ethic*, 196.

19) Daniel Patte, *Ethics of Biblical Interpretation A Reevaluation,* Westminster John Knox, 1995, 114-125.

아니라 생태를 고려한 반인본주의적 입장까지도 포함해야 합니다. 윤리적 책임이란 내가 옳다는 확신 속에 남을 판단하고 변화시켜야 한다는 강박 관념적인 강요가 아니라 자신과 입장이 다른 사람과 대화하며 다름의 차이를 공유하고 설득하고 소통하는 과정을 통해 합일을 이루어나가야 합니다. 이러한 논리는 해석의 윤리에도, 윤리적 해석에도 동일하게 적용되어야 하는데, 파테가 편집한 *A Global Bible Commentary*(2004)는 실제적인 윤리적 해석의 예들을 다층적인 입장에서 보여주고 있는 좋은 예입니다.[20]

그뿐 아니라 소수인종계 성서학자들의 다양한 성서해석 움직임이 활발하게 진행되어 왔는데 최근 소수인종계 성서학자들이 함께 쓴 성서해석서가 출판되기도 하였습니다.[21] 초기에는 소수로 남아 있던 소수인종 학자들의 꾸준한 해석 작업으로 소수인종 해석공동체를 형성하여 이들 간에 공유되는 저서들을 출간할 뿐 아니라 미국성서학회 내에서의 분과들을 형성하여 꾸준히 활동한 결과라는 점에서 성서해석사에서 중요한 작업이라고 평가됩니다. 이 책은 네 가지 비평 전략을 제시하고 있는데 그 첫 번째 전략은 서구 성서학이 주장해 온 해석의 객관성과 보편성의 허구를 드러내는, 해석의 상황화입니다. 두 번째 전략은 초역사적-비교 문화적 접근을 통해 성서 연구의 영역을 확대하는 것입니다. 세 번째 전략은 성서학의 현황을 파악하면서 개인적, 문화적, 전세계적 차원에서 소수인종계 학자들의 성서비평 이론을 체계화하는 작업을 하는 것입니다. 그리고 네 번째 전략은 인종 및 종족연구, 탈식민 이론, 여성학 등과의 학제간 연구를 통해 신학적 담론을 발전시키는 작업입니다. 소수인종계 성서학자들의 학문적 실천이 실제적인 운동으로 구체화되지 못하고 있는 경향이 있지만 학문적

20) Daniel Patte et al. eds., *A Global Commentary*, Abingdon Press, 2004.

21) Randall Bailey, Benny Liew, and Fernando Segovia eds. *They Were All Together in One Place?: Toward Minority Biblical Criticism*, Atlanta: Society of Biblical Literature, 2009.

실천이 성서학계 내에서의 소수인종적 성서해석의 자리매김을 새롭게 평가하는 데 큰 공헌을 한 것을 과소평가해서는 안 될 것입니다.

3) 아시아의 상황적, 윤리적 성서해석

미국이나 유럽뿐 아니라 아시아를 비롯한 각 대륙별로 상황적 신학도 활발히 전개되었습니다. 특별히 아시아의 경우 대만의 이야기 신학, 한국의 민중신학, 인도의 달리트 신학 등은 성서를 아시아적 상황 속에서 읽고 이에 대한 윤리적 해석을 신학적 성찰을 통해 제시하고 있습니다. 대만의 신학자 C. S. 송은 『아시아 이야기 신학』에서 '중국적' 신학 수립을 위한 열 가지 명제를 제시합니다.[22] 그가 제시한 명제들 중에서 성서해석과 관련하여 첫 세 계명은 주목할 만한 항목들입니다. 이 세 가지는 (1) 삶 전체가 신학의 원자료(原資料)가 되어야 한다(제1명제), (2) 이스라엘 역사 및 서양 그리스도교 역사에서 우리가 살고 있는 아시아의 역사로 이동해야 한다(제2명제), (3) 예수 그리스도가 신학의 핵심이 되어 아시아라고 하는 구조 속에서 신학적 사고와 행동이 전개되어야 한다(제3명제)는 명제들입니다. 그리하여 송은 중국인 신학자들에게 "그동안 그리스도교 신학자들이 대부분 간과했던 중국 역사 속에 축적되어 있는 풍부한 문화, 역사적 자료들에 대해 신학적인 접근을 하도록" 요청합니다. 이를 위해 그는 신학이 문화나 종교 표면 뒤에 숨겨진 이야기를 찾아낼 것을 주장합니다. 이스라엘 역사는 다름 아닌 민중의 투쟁 역사로 그 민중을 와해시키려는 정치, 종교적 체제의 거대한 세력과 어떻게 대항하여 싸웠는가를 말해주고 있기 때문입니다.[23]

C. S. 송의 제자이기도 한 아시아 성서학회(The Society of Asian Biblical Studies)의 초대 회장인 아치 리(Archie Lee)는 이를 구체화시켜 문헌간 교차비평(cross textual criticism)을 자신의 성서해석 방법으로 발

22) C. S. 송, 『아시아 이야기 신학』, 분도출판사, 1988, 15-49.
23) Ibid., 48-49.

전시켰습니다. 문헌간 교차비평이란 성서의 본문과 중국의 고전 혹은 최근의 문헌을 두 본문(text)으로 놓고 그 사유의 유사성 혹은 차이성을 설명하는 방식입니다.[24] 아시아 역사 속에서 성서는 기독교의 선교와 함께 비교적 뒤늦게 그 문화 속에 전래되었습니다. 이런 특수성을 감안할 때 아시아의 고전문헌들, 특별히 경전의 가치를 존중하고 정신적 유산을 높이 평가하면서 성서와 비교 연구하는 작업은 중요합니다. 문화와 역사가 다른 두 공동체의 문헌을 동등한 위치에서 비교하는 작업이 한국의 성서학자들에 의해서도 다양하게 전개되기도 하였습니다.

한국 선교 초기 선교사들이 성서의 경전적 중요성을 강조하면서 아시아의 전통 문화와 역사를 야만적이거나 이차적인 요소들로 치부한 경향이 있었습니다. 이러한 경향에 맞서 민족 신학 수립을 모색하는 신학자인 곽노순은 성서가 한국의 정신적 풍토를 담고 있는 문헌들을 상고하면서 이해될 때 그 의미를 더 잘 깨우치며 소화할 수 있게 된다고 주장하면서 성서를 삼국유사와 비교 연구하기도 했습니다.[25] 이 책에서 곽노순은 선덕여왕과 솔로몬의 지혜를 비교하기도 하고, 백제의 의자왕과 모세의 이집트 재앙이야기를 비교하기도 합니다. 그는 이처럼 중동 아시아 문화권에서 생긴 일들을 적어놓은 고서인 성서와 극동 아시아 한반도에서 일어난 일들을 수집해 놓은 고서인 삼국유사의 비교연구를 통해 다른 문화권에서 행해진 하나님의 경륜을 피부로 느낄 수 있게 되고, 다양한 표현들을 나란히 놓고 음미할 때 성서의 이야기들을 보다 심도있게 체질화할 수 있다고 말합니다. 나아가 그는 "이 나라[한국]의 장구한 정신적 유산과 우리들의 특유한 감성, 고유한 사고방식을 성서본문에 투영할 때 새로운 깊이

24) Archie Lee, "The Bible in Asia: Contesting and Contextualizing", in Yeong Mee Lee & Yoon Jong Yoo eds. *Mapping and Engaging the Bible in Asian Cultures: Congress of the Society of Asian Biblical Studies 2008 Seoul Conference*, Seoul: The Christian Literature Society of Korea, 2009, 19-36.

25) 곽노순, "한국 성서학의 민족 신학적 조명", 조성노 편, 『민족 신학의 모색』, 서울: 현대신학연구소, 1992, 119.

를 더하자는 시도"로서 한국의 성서학을 발전시킬 필요가 있음을 주장합니다.[26] 한국 학자들이 성서학을 서구인들의 방식을 그대로 따르며 자신의 정신적 문화유산을 가지고 연구하지 못하고 있다는 곽노순의 지적은 귀담아 들어야 할 것입니다.

이후 한국 고전과 성서를 비교한 연구가 소개되었습니다. 박정세는 한국 민담과 성서를 비교 연구하여 두 문헌들 사이의 상호간의 관계와 공통점을 설명합니다.[27] 그는 이 책에서 우주와 인간의 기원과 홍수 이야기, 악인에 대한 처벌, 인신 희생제의, 아기 구주의 탄생모, 부활, 마지막 심판 등에 대한 이야기들을 비교 연구합니다. 그 밖에 박종수는 요셉 이야기와 두 형제 이야기와 한국 민담의 문무왕과 신라 56대 왕(경순왕, 주후 927-935년) 김부 이야기를 비교 연구하였고,[28] 방석종은 단군 신화, 천상 어전회의와 소명설화에 대하여, 역사비평적 해석을 보여줍니다.[29] 이러한 다양한 연구들을 기초로 박신배는 한국 문화적 성서해석 방법론을 발전시킬 것을 제안하면서 구체적인 해석방법으로 양식비평과 함께 인류학적 방법과 기호학, 구조주의 방법 등을 활용하고 한국학에 대한 연구도 수반할 것을 제시합니다.[30] 또한 정중호는 경전중심의 한국적 해석전통을 강조하면서 한국인의 정서와 한국인이 관심하고 있는 부분을 고려한 성경의 경전해석을 주장합니다.[31]

한국 교회의 민족적 자각은 1960년대 토착화 신학을 형성시켰고 성서해석에 있어서도 한국적 문화의 토양에 입각한 주체적 성서해석의 시도

26) 곽노순, "한국 성서학의 민족 신학적 조명", 119.
27) 박정세, 『성서와 한국 민담의 비교 연구』, 서울: 연세대학교 출판부, 1996, 9-322.
28) Jongsoo Park, "The Process of Transformation between the Tale of the Two Brothers and the Joseph Story in Genesis 39: From the Korean Perspective on a National Folktale", *Theology of Korean Culture*, Seoul: CLSK, 2002, 199-217.
29) 방석종, 『신화와 역사』, 서울: 감리교신학대학교 출판부, 2006) 7-13, 196-252.
30) 박신배, "한국 문화적 성서해석 방법론", 『신학사상』 140(2008 봄), 41-67.
31) 정중호, 『새로운 성경해석: 한국적 해석 서론』, 계명대학교 출판부, 2010, 29-62.

들이 생겨나게 되었습니다. 앞으로도 이러한 문화적 성서해석의 노력들은 계속되고 발전되어야 할 소중한 학문 유산이 되어야 합니다. 그럼에도 불구하고 한국 문화적 성서해석은 그 신학의 주체 혹은 대상을 뚜렷하게 설정하지 못한 채, 즉 해석공동체가 불분명한 채 문헌을 비교함으로써 그 해석이 사변적이고 추상적인 신학으로 그치고 있습니다. 이런 점에서 토착화 신학과 민중신학의 차이가 발견됩니다.

민중신학은 신학의 주체로 '민중'을 선택하여 토착화 신학의 문제의식과 대화구조를 비판하고 이를 민중문화신학으로 발전시키고 있습니다.[32] 민중신학은 자신의 문화와 역사에 입각한 주체적 성서해석의 당위성은 공감하면서도 그 해석이 사변에 그치지 않고 주체적 실천을 담보하도록 하기 위하여 해석의 출발점이 문헌이나 문화의 비교가 아니라 그 문헌과 문화를 창출해 낸 주체들의 상황에 두고 있습니다.[33] 민중신학은 특별히 고난의 역사의 모순 고리를 짊어지고 살아 온 민중의 고난 경험을 그 상황의 출발점으로 하고 있음을 분명하게 밝히고 시작합니다. 한 공동체의 구체적 상황, 즉 현실 경험이 우선이며 문화와 역사는 그 경험을 해석해 낸 결과물로 우리에게 전수되는 것입니다. 두 개의 다른 문화와 역사의 고리를 이어주고 비교할 수 있도록 하는 유비의 근거는 이러한 공동체의 경험과 그 해석의 차이 혹은 유사성에서 찾아볼 수 있을 것입니다.

32) 김희헌도 마찬가지로 한국의 문화신학과 민중신학의 관심이 겹칠 수밖에 없지만 초창기 민중신학이 문화신학의 방법론에 대해서 비판적 입장에서 문화신학은 고난받는 민중의 해방이라는 실천적 주제가 분명하게 부각시키지 못했음을 비판하였다고 설명한다. 그러나 그는 최근 민중신학과 문화신학의 간격이 많이 좁혀진 듯하다고 평가한다. 김희헌, "민중 메시아론의 과정신학적 재해석", 『다시, 민중신학이다』, 서울: 동연, 2010, 299.

33) 함석헌 선생은 씨올사상을 통해 한국의 사상을 정립하기도 했지만, 성서해석과 관련하여 평가할 때 그의 "성서로 본 한국 역사"는 한국의 고난 역사를 성서의 관점에서 재해석함으로써 한국민족적 성서해석의 선례를 보여주었다고 평가된다. 함석헌, 『뜻으로 본 한국역사』, 함석헌 선집 I; 한길사, 1983.

4) 한국 민중신학의 실천적 성서해석

1960, 70년대의 한국적 억압상황과 민주화 투쟁과 이에 대한 민중신학적 성찰과 해석은 한국 신학계에 민중신학이라는 해석공동체를 형성시켰습니다. 민중신학이 하나의 신학으로 묶일 수 있었던 근거는 다양한 분야에서의 신학해석들이 민중의 불의한 억압상황을 극복하려는 궁극적 목표를 지향하는 해석학적 관점을 공유하였기 때문이었습니다. 민중의 억압에 나타나는 불의의 상황에 학문적 신학공동체가 응답하기 시작하였고 이러한 글쓰기와 신학하기가 민중신학이란 해석공동체를 형성한 것입니다. 나아가 민중신학이 다른 해방신학과 차별성을 가진 한국의 정치신학이 될 수 있게 해준 특징은 '민중'을 단순히 사회경제사적으로 "피압박, 피착취, 소외계층"으로 규정하는 데 그치지않고 민중은 역사의 주체이고 또 그렇게 되어야 한다는 면을 강조한 점입니다.[34] 민중신학은 또한 학문적 관심을 넘어서서 도시빈민선교, 민중교회운동 등을 통해 실천공동체를 형성해 나갔습니다.

민중신학은 그 신학적 전거를 한국의 상황과 성서에서 찾습니다. 이때 민중신학이 어떻게 성서를 해석 혹은 재해석하는가에 대해서는 구체적이고 분명한 성서해석 전략이 제시되지 못했습니다. 조직신학자로서 서남동은 한국의 문학과 역사와 성서 두 이야기의 합류를 시도하였지만 성서학의 관점에서 보면 그의 두 이야기의 합류에는 성서의 이야기와 이에 대한 성찰이 미흡합니다. 반면 앞에서 소개한 토착화 신학을 시도한 성서신학자들이 한국의 문헌과 성서문헌을 양식비평적으로 비교하지만 그 비교가 하나의 신학적 성찰로 실천을 담보할 만한 해석학적 대안을 제시하지 못했습니다.

34) 서남동, 『민중신학의 탐구』, 183. 안병무의 논문과 함께 김용복의 "메시야와 민중", "민중의 사회전기와 신학"은 민중의 사건으로서의 메시야 사건과 구원 역사의 주체로서의 민중의 사회적 전기를 잘 보여주고 있다. 안병무, 『민중신학 이야기』, 한국신학연구소, 1988.

민중신학자들 중에 성서학자들은 독립적인 성서비평방법론을 발전시키기보다는 기존의 현대성서비평방법론을 민중신학적 견지에서 본문 분석에 적용하는 방식을 따랐습니다.[35] 안병무, 김정준과 같은 학자들은 모두 역사비평의 훈련을 받은 사람들로[36] 역사비평적 성서해석방법을 그들의 본문분석에 충분하게 활용합니다. 김정준이 "민중신학의 구약성서적 근거"와 "한의 신학"이라는 두 편의 논문을 통해 전승사비평을 비판하고 민중신학적 성서해석을 시도한 것이 그 예라 할 수 있습니다.[37] 민중신학자들이 성서를 해석할 때 현대 성서비평방법의 틀을 거부할 이유가 없으며, 중요한 것은 기존의 성서비평방법을 해석학적 관점에 따라 다르게 적용함으로써 다른 결과물을 도출해낸다는 사실입니다. 안병무가 사회사적 성서해석을 통해 마가의 오클로스(oklos)를 연구함으로써 이 오클로스가 누가의 라오스(laos)와 달리 떠돌이 민중의 성격을 지닌, 소외된 한국의 민중과 상응하는 계층임을 밝혔고, 이를 구체화하여 폴커 퀴스터는 마가복음의 저자는 오클로스를 그 복음서의 핵심적인 인간집단으로 받아들이고 있는데 이들은 그때그때 구성에 따라 움직이는 집단인 '떠돌이 민중'이라고 설명합니다.[38] 상이한 해석학적 관점은 동일한 방법론을 본문 분석에 적용할지라도 상이한 신학적 해석 결과를 낳게 됩니다. 마가의 오클로스가 떠돌이 민중으로서 하나님 나라 실천을 위한 예수 운동의 주역으

35) 민중신학자로 분류되지는 않지만 문희석과 서인석의 성서해석은 억압자의 해방을 지향하고 있는 점에서 민중신학적 성서해석의 예를 보여주었다. 문희석, 『민중신학』, 대한기독교서회, 1974; 『모세와 출애굽』, 대한기독교서회, 1981;『사회학적 구약성서해석』, 양서각, 1984. 서인석, 『성서의 가난한 사람들』, 분도출판사, 1978.

36) 안병무는 불트만의 실존론적 성서해석과 양식비평을, 김정준은 궁켈의 시편 양식비평과 폰라드의 전승사비평의 역사비평을 수학하고 자신들의 성서연구에 적용하였다.

37) NCC 신학연구위원회 편, 『민중과 한국신학』, 한국신학연구소, 1982; 서남동, 『민중신학의 탐구』.

38) 폴커 퀴스터, 『마가복음의 예수와 민중』, 김명수 옮김, 서울: 한국신학연구소, 2006, 127.

로 등장하고 있음을 밝힌 민중신학의 성서해석은 이 개념을 한국의 다문화적 사회 속에서의 떠돌이 민중인 외국인 노동자, 국제결혼 여성, 성매매 이주여성과 접목시켜 이들이 선교의 대상에서 복음의 증언자로, 다시 말하면 단순한 구원의 대상이 아니라 구원의 주체로 인식하는 신학적 성찰의 현실과 접목시켜 신학화하는 토대가 됩니다.[39] 따라서 민중신학적 성서해석이라 할 때 그 분석 방법론에서 특징을 찾을 수 있는 것이 아니라 민중신학의 성서해석과정 자체가 본문에서 출발하지 않고 현실 경험의 요구에서 시작되고, 해석은 실천을 담보할 해방의 해석공동체의 삶과 긴밀한 관계를 유지하면서 끊임없는 자기 성찰의 해석학적 순환을 겪는다는 점입니다. 한국 민중의 실천 경험에서 출발하여 성서를 재해석하고 이를 실천의 근거로 삼는 해석공동체를 형성한 대표적인 예로 안병무와 한국신학연구소, 그리고 제3시대 그리스도 연구소의 형성을 손꼽을 수 있습니다. 안병무가 복음을 교리나 신학이 아니라 민중 사건으로서의 예수사건으로 이해한 점은 기독론에 대한 획기적인 해석의 방향 전환을 제시하기도 하였습니다.

그럼에도 제1세대 민중신학자들의 성서해석은 그 내용에 있어서 성서 속의 '민중'의 실체를 밝히는 것에 집중하는 한계를 보여주고 있습니다.[40] '민중'에 대한 개념 이해가 다양하게 이루어졌지만 한완상의 사회학적 정의를 바탕으로 가장 광범위하게 인용되고 공유되는 정의는 소위 '소외론적 접근'입니다. 즉 민중을 한국의 독특한 역사적 배경에서 형성된 피지배집단 즉, "경제적으로 가난하고 정치적으로 억압받으며 사회적으로 착취를 당하지만 문화적 역사적으로는 풍요롭고 강력한" 생명력을 지닌 집단으로 보는 견해입니다.[41]

---

39) 류장현, "다문화 사회의 떠돌이 민중에 대한 신학적 이해", 『다시, 민중신학이다』, 서울: 동연, 2010, 40-61.

40) 김정준, "민중신학의 구약성서적 근거", 『민중과 한국신학』 29-57; 안병무, "예수와 오클로스", 『민중과 한국신학』 86-103; 서남동, "민중신학의 성서적 전거", 『민중신학의 탐구』, 221-244.

그러나 무엇보다 민중 이해에 있어서 민중신학의 독특성은 민중을 역사의 주체로 인식하고 민중의 위대한 역량을 강조한 점입니다. 민중의 사회경제적 정의와 더불어 서남동이 분명한 어조로 지적한 민중의 정치적 의미를 간과해서는 안 됩니다. 그는 "외세의 강점 아래 저항하면서 민족의 주체성을 찾으려 하고 그리고 투쟁을 하고 저항을 한 세력을, 그 세력을 '민중' 이라고 그럽니다. 이것이 제일 중요한 민중의 의미라고 나는 생각합니다."고 말합니다.[42] 이러한 서남동의 이해는 민중을 단순히 사회적 실체가 아닌 행동의 주체로 규정하여 그 개념의 폭을 넓혀주고 있습니다. 사회경제적 민중 개념은 역사의 주체로서의 정치적 민중 개념과 일치할 수도 있지만 사회경제적 측면에서는 그 실체가 민중은 아닐지라도 억압의 불의에 함께 저항하고 연대함으로써 구원 역사의 주체로 나서는 세력/공동체 역시 민중세력으로 이해됩니다.

사회계층의 변화가 심해진 신자유주의 체제에서 민중은 사회학적으로는 범주화하기 힘든 존재, 그러나 분명히 실재하여 '역사의 생명' 혹은 '창조성' 을 주도해 가는 역동적인 존재가 되었습니다. '민중' 에 대한 보다 구체적이고 본격적인 논의는 최근 발간된 『다시, 민중신학이다』에 잘 반영되어 있습니다. 이 책의 저자들은 모두 새로운 시대의 변화에 주목하는데 그 변화로는 신자유주의 경제시대 경제 금융위기로 인한 급격한 계층의 이동과 억압의 성격이 다변화된 점, 한국이 더 이상 아시아의 대표적인 가난한 나라가 아닌 중진국으로 성장한 경제변화, IT발전에 따른 소통의 매체 변화, 탈식민시대의 도래, 신자유주의 경제와 세계화로 인한 국제노동력 이동으로 사회 구성원의 변화 등을 손꼽고 있습니다. 새로운 변화 속에서 민중교회와 민중신학이 한국의 정치신학으로 완전히 자리매김하

41) 민중의 이해에 대한 필자의 견해는 이영미, "민중신학적 구약신학을 위한 서론적 탐구–욥기의 하나님 이해를 중심으로", 『신학사상』 131호 (2005년 겨울), 31-33을 참조하라. 이 글은 2005년 가을학기 한신대학교 신학전문대학원 개학강연을 기초로 한 논문이기도 하다.

42) 서남동, "민중(씨올)은 누구인가", 『민중신학의 탐구』, 207.

지 못하는 이유는 민중이 누구라는 추상적 규범을 전제하면서도 실제로는 민중과 함께 하지 못하고 담론을 일상으로부터 끌어내지 못하였을 뿐 아니라, 일상 속에 들어가 함께 실천하는 역량이 부족한 탓이 많습니다. 그러나 무엇보다 함께 실천해야 할 '대상'에 대한 파악이 분명하게 이루어지지 못하고 있기 때문이라고 봅니다. 민주정부 출현 이후, 그리고 MB 정부 출범 이후에도 과거에 '통일 · 민족' 등 거대 담론에 매달려 대중을 '계몽'하려 했던 운동권식의 '진보'는 한국 대중들에게 다가갈 대안을 제시하지 못했습니다. 이제 한국 사회를 변혁하고 사회적 약자인 민중과 함께 하려는 하나님 나라 운동은 새로워진 한국 사회와 한국 대중들, 그리고 운동의 주체에 대한 이해를 새롭게 할 것을 요구합니다. 따라서 최근 민중을 사회적 실체로서보다는 역사적 변혁의 주체세력으로 제시하는 민중신학자들의 노력은 중요한 성과입니다.

새로운 잠재적 주역으로서의 민중에 관해 한완상은 줄씨알이란 명칭을 제안하기도 합니다. 2008년 심원 안병무 박사 12주기 추모강연에서 한완상은 "민중신학의 현대사적 의미와 과제-21세기 줄씨알의 신학을 바라며"란 제목으로 강연을 통해 "민중"이란 용어를 재성찰합니다.[43] 한완상은 21세기 새로운 역사와 구조의 주역이 될 "줄씨알"의 등장에 관심하면서 이들을 새로운 시대의 잠재적 주역이라고 부릅니다. 20세기 전체주의가 가능했던 것은 대량생산과 대량 소비체제가 들어서면서, 대중 소통이 널리 보급되고 권력주체인 지배층과 피지배층 대중의 양극화를 가져왔고, 이때의 대중은 객체적 존재이지 자유롭게 행동하고 창조하는 주체가 아니었습니다. 21세기 들어서 경험하게 되는 변화 중 하나가 대중사회적 흐름이 정보화 흐름에 밀리게 되면서 대중은 주체적 존재로 일어서게 된 점입니다.[44] 쌍방향 통신매체가 일상화 되면서 밑바닥의 대중들은 대꾸하기

43) 한완상, "민중신학의 현대사적 의미와 과제-21세기 줄씨알의 신학을 바라며", 『신학사상』 143집 (2008 겨울), 7-34.

44) 한완상, "민중신학의 현대사적 의미와 과제", 11.

시작했습니다. 의견교환과 토론이 공간과 시간의 제약을 받지 않고 자유롭게 되었고 흩어져 있어도, 떨어져 있어도 사이버 공간에서 만나 활발하게 서로 의견을 주고받으면서 공감의 영역을 넓혀갈 수 있게 되었습니다. 이들을 이제 대중이라 부를 수 없고, 뉴욕타임즈 사설이 이들을 넷루트(netroot)라고 부른 것에 착상하여 한완상은 줄씨알이라는 새로운 민중이라고 부릅니다. 한완상은 이들이 사회의 새로운 주역으로 성장하고 있다고 보면서 다음과 같이 말합니다.[45)]

> 민중신학이 지난 십여 년간 주도적인 신학적 화두가 되지 못한 데는 보다 근본적인 사회변화를 2세대 민중신학자들이 제대로 이해하지 못하고 여기에 대응하지 못했기 때문입니다. 정보화 흐름을 재빠르게 수용하고 그 흐름을 적극적으로 활용했던 한국 정부와 국민들은 앞에서 지적한 대로 이제 무력한 reactor 대중에서 강력한 주체적 actor로 변했습니다. 최근 하트(M. Hardt)와 네그리(A. Negri)가 강조하는 다중(multitude)으로 변했습니다. 이들이 바로 한국의 줄씨알입니다. 네그리와 하트가 말하는 다중은 개 주체에 내제하는 힘, 스스로를 대변하는 힘, 그 어떤 개인을 초월하는 권력이 대변할 수 없는 내제적 힘을 지닌 개 주체(singularity)의 통전적 실체입니다. 세계화로 국민국가의 경계를 넘어 존재하는 제국에 대한 대안적이고 대항적인 힘으로 작동하는 21세기의 대자적 민중이라 하겠습니다. 20세기의 무력하고 원자화된 대중(mass)과는 질적으로 달리 스스로 그 힘을 형성해 내는 창발적 줄씨알들입니다.…… 촛불축제의 시위가 바로 이들 줄씨알의 힘을 극적으로 보여주고 있습니다.

그들은 사이버 공간이라는 줄 안에서(on-line) 서로 자유롭게 만나고 소통하면서 공감대를 형성하고, 더 자유롭게 줄 밖(off-line)에서 만나 새

45) Ibid., 24.

로운 정열을 서로 북돋우면서 때론 역사 변혁적 사건을 일으킬 수 있게 되었습니다. 이들이 객체에서 주체로 변화되면서 조직의 운영도 질적 변화를 요청받고 있는데, 중요한 변화의 하나는 모든 운영이 '위에서' 부터 '밑으로' 옮겨지고 있는 점이고, 다른 하나는 이 과정에서 조직의 투명성은 반드시 보장되어야만 한다는 점입니다.[46] 그리고 시간이 지남에 따라 정치와 조직의 구조는 네트에 기반을 둔 활동이 늘어남에 따라 수직적이고 지역적인 성격에서 점차 수평적인 성격을 띠게 될 것입니다.[47]

이러한 줄씨알의 등장은 성서해석과 경전의 이해도 새롭게 바라보도록 해줍니다. 경전은 이전처럼 한 권의 인쇄물로 다가가는 것이 아니라 부분조각으로 인식되고, 해석은 줄씨알이 원하는 부분에 의해서만 클릭되기 때문에 공감을 얻지 못하는 경우 바로 퇴출되고 이러한 반응은 짧고 강한 특성을 지닙니다. 이때 줄씨알들은 자신이 만든 작품(UCC)으로 성서해석 과정에 직접 참여하기도 합니다. 나아가 웹 2.0 시대 소비자(유비티즌)는 제공되는 정보를 수동적으로 수용하고 만족하는 객체가 아니라 이른바 '사회적 네트워크' 를 통해 정보를 공유하기 시작합니다.[48] 이제 소비자는 생산자(producer)와 소비자(consumer)의 합성어인 프로슈머(prosumer)에서 더 나아가 창조자(creator)가 되는 크리슈머(creasumer)로 진화하고 있습니다. 다양한 전자 매체를 통해 의사소통의 통로가 쌍방적으로 변하고 소비자, 혹은 해석자의 역할 역시 수동적 수용자에서 적극적 참여자이며 창조자로 변화하고 있습니다. 이처럼 성서해석에 있어서도 성서해석의 결과를 수용하는 독자, 교회 회중은 이제 수동적 수용자가 아니라 해석과정에 참여하여 비평, 창작의 역할을 담당하는 능동적 해석가로 변화하고 있음을 간과해서는 안됩니다. 의사소통 수단으로서의 인터넷이 한국의 경

46) 한완상, "민중신학의 현대사적 의미와 과제", 11.

47) 에스테 다이슨, 『인터넷, 디지털 문명이 열린다』, 남경태 옮김, 경향신문사, 1997, 168.

48) 최환진, "웹 2.0 시대 소비자: 소비자 2.0", 이시훈, 최환진, 홍원의 공저, 『AD 2.0: 인터넷 광고의 새로운 패러다임』, 한경사, 2008, 153.

우 전체 인구의 90% 이상이 사용하는 성숙기에 접어들었다는 사실을 감안할 때 더욱 그러합니다.[49]

한완상이 말하는 줄씨알로서의 새로운 '민중' 이해는 이전에 사회학자로서 내렸던 '민중' 의 정의가 억압받고 소외된 사회적 실체에 초점을 맞추었다면 줄씨알 개념은 불의한 상황을 도전하고 이의 극복을 위해 맞서며 대안을 마련하려는 적극적인 주체세력으로서의 사회적 실천공동체에로 강조점이 변화되고 있습니다.

민중의 개념에 대한 새로운 논의를 전개하는 학자로 권진관 역시 민중을 사회경제적 실체로 정의하기보다는 정치적 변혁의 주체세력으로서의 민중이해에 강조점을 둡니다.[50] 그는 민중신학이 "가난한 자"(프토코이, ptokoi) 대신에 "민중 혹은 다중" (오클로스, oklos)이 사용된 것이 오늘날에 주는 시사점은 무엇인가?라는 질문을 던지고, 이에 민중신학이 프토코이 대신에 오클로스를 채택했던 근본 이유는 오클로스에 내재해 있는 민중의 주체성을 신학적 토대로 삼았기 때문이라고 스스로 답변합니다.[51] 민중신학이 오클로스를 차용함으로써 민중이 가난한 자(프토코이)로 국한되지 않고 이보다 광범위한 개념으로 다양한 정체성을 가진 소집단들과 개인들의 집합을 뜻할 수 있게 해준다고 스스로 답변합니다. 즉 오클로스나 민중 혹은 다중은 사회학적인 개념일 뿐이 아니라, 정치적인 개념으로서, 정치적인 주체성의 양태를 가진 사람들(群)로 오늘날 민중은 "역사에 참여하는 주체로서의 다중"을 말합니다. 따라서 이 다중적 민중의 범주에는 중간층, 지식인층 등 다양한 계층과 계급이 포함될 수 있습니다.

49) 최근 나타나는 많은 인터넷 사용자 조사 자료들을 보면 20대는 이미 90% 이상의 매체사용율을 보이고 있고, 30대도 70% 이상의 매체 사용률을 보이고 있다. 최환진, "AD 2.0과 인터넷 산업의 변화", 이시훈, 최환진, 홍원의 공저, 『AD 2.0: 인터넷 광고의 새로운 패러다임』, 175.

50) 권진관, "중진국 상황에서 민중신학하기－민중론을 중심으로", 『다시, 민중신학이다』, 서울 : 동연, 2010, 259-294.

51) Ibid., 261-262.

이들을 민중이라는 개념으로 묶어낼 수 있는 근거는 이들이 공통적으로 지배질서를 문제 삼고 저항한다는 요소에 근거합니다. 그는 2008년 5월의 촛불 집회에 참여했던 다양한 계층의 다중적인 민중들과 용산 참사 항의 집회에 참석했던 사람들을 그 대표적인 예로 꼽고 있습니다. 이처럼 민중신학이 민중을 사회경제적 억압고리를 담보한 착취세력으로 한정하지 않고, 억압상황의 불의에 저항하는 변혁주체로 강조함으로써 민중신학의 대상을 확대할 수 있는 여지를 마련하게 됩니다.

4. 민중신학적 성서해석과 해석공동체

1) 사회적 실체가 아닌 해석학적 관점으로서의 '민중'

앞에서 우리는 민중신학의 대상이 되는 '민중' 이 사회경제적 실체라기보다는 변혁을 이끌어내는 정치적 세력으로 이해되어 왔음을 살펴보았습니다. 그러나 이 용어가 신학과 결합되어 민중신학이란 말을 형성하면 '민중' 은 더 이상 정치적 세력으로서의 사회적 실체만을 지칭하지 않고 민중적 가치를 지향하는 연대 세력을 포함하는 해석학적 관점으로 그 의미의 폭을 넓혀 이해됩니다. 신학함에서 '민중' 이란 말이 신학의 해석학적 토대를 제공한다는 말입니다. 흔히 민중신학이 민중에 의한 신학이냐? 민중을 위한 신학이냐? 민중이 아닌 학자들이 민중신학을 할 자격이 있느냐?는 질문들을 제기합니다. 이러한 질문들은 민중신학의 민중을 사회적 실체로 고정시켜 놓을 때 제기될 수 있는 반론들입니다. 최근 한국의 민중신학은 경제적으로 착취받고 정치적으로 억압받고, 사회적으로 소외된 민중들에 의해서가 아니라 신학자들을 중심으로 전개되고 있습니다. 그럼에도 이들 신학이 민중신학으로 자리매김될 수 있는 것은 민중의 고난 경험을 공유하면서 이를 신학의 출발점으로 삼고, 신학하는 목표를 정의실현을 위한 변혁에 동참하려는 실천적 참여에 두고 있기 때문입니다. 따라서 이 책에서 말하는 민중신학의 민중은 사회적 실체로서의 민중에만 국한하지 않고 해석학적 관점으로서의 민중의 의미를 포괄하여 사용합니다.

민중을 하나의 실체로서 보다는 관점으로 이해하려는 또 다른 이유는 '민중'과 '비민중'을 실체로 구분하는 것 자체가 이분법적 범주를 설정함으로써 상대를 타자화시키는 결과를 낳게 되기 때문입니다. 어떤 것의 정체성을 규정하는 범주들 사이의 확연하고 엄격한 차이가 있다는 주장은 착각에 근거할 뿐입니다. 엄격한 차이를 근거로 하는 '정체성'이란 없으며, 이분법적이고 모든 것이 분명하게 구별되어지는 범주설정이 가능하다고 가정하는 것은 하나의 중심(center)을 전제로 한 사고의 반영입니다. 더욱이 신자유주의 체제에서의 사회적 실체는 상당히 유동적입니다.

베트남계 미국인 영화감독이자 영화과 교수이고, 탈식민지학, 여성학, 인류학, 문화비평학의 대표적 이론가이기도 한 트린 민하(Trinh T. Minh-ha)는 글쓰기에서 한 사람을 규정하는 정체성의 범주들, 가령 동양/서양, 남성/여성, 백인/유색인 등의 범주들에 마치 그 둘 사이를 확연하고 엄격하게 구분하는 차이가 있는 듯이 전제하는 점을 신랄하게 비판합니다.[52] 트린 민하는 이러한 범주 구분은 서구 남성중심적 언어의 특징이라고 지적합니다. 이어서 그는 이러한 남성중심적 언어를 해체할 수 있는 첫 번째 방법은 바로 '이름 지을 수 없음(unnaming)', '모호성(opaqueness)', 혹은 '다중성(multiplicity)'을 통해 실체를 드러내는 것이라고 제안합니다. 즉, 정체성이란 고정되고 불변하는 것이 아니라 끊임없이 영향 받고 만들어지는 것이며, 종결점이 아니라 새로운 출발점으로 이해되어야 한다고 설명합니다.[53] 트린 민하의 정체성에 관한 논의는 민중신학자들이 민중이

52) Trinh T. Minh-ha, *Woman, Native, Other*, Bloomington and Indianapolis: Indiana University Press, 1989, 6. 이하 트린 민하의 논의는 최순양, "트린 민하의 자기 비움(Undoing the "I")에 대한 여성신학적 고찰", 미간행 발표문(2009년 3월 21일 한국여성신학회 신진학자 논문발표)에서 재인용함.

53) Trinh T. Minh-ha, *When The Moon Waxes Red*, New York: Routledge, 1991, 113.

냐 아니냐는 논의 자체는 자신들을 민중과 분리시키고 그들을 객체로 대상화시킨 결과임을 간접적으로 보여줍니다. 더 이상 성서에서 민중의 정체성을 찾아내는 작업이 민중신학의 성서신학적 과제가 되어서는 안 될 것입니다. 학문적 담론을 위해서는 개념 정립이 불가피한 측면이 있습니다. 이런 점에서 민중이란 고정된 범주의 사회적 실체로 정의되기보다는 폭넓은 억압을 경험하는 사회 범주로 남겨놓고 학문적 담론과정에서는 이를 실체에 대한 분석이 아니라 해석학적 관점으로 제시하고자 합니다.[54]

지금까지 민중신학은 하나의 거대 담론으로 신학자들에 의해 진행되어 왔고, 특별히 민중신학의 성서적 토대를 밝혀 내는 성서비평적 작업은 성서학 전문가들의 전유물로 인식되기도 했지만 정보매체의 다양화와 중심의 해체로 대표되는 탈현대주의 시대에는 성서해석가들 역시 다양화되고 있습니다. 성서 전문비평가들은 이제 무엇을 제공한다는 교만한 위치에서 내려와 자신들 역시 많은 성서해석자들 중의 하나로 성서를 성찰적으로 해석하며, 그 해석이 해석공동체에게 공감을 얻어 확장될 수 있을지의 심판대에 자신의 해석을 내놓는 자성적 자세가 필요합니다. 원하든 원하지 않든 정보매체의 다양화로 인해 의사소통이 쌍방향으로 이루어지고 있는 현실 속에서 이러한 변화는 이미 시작되었습니다.

해석학적 관점으로서의 '민중'은, 다양한 형태의 억압상황에서의 불의와 고난, 정의실현을 통해 억압의 극복과 해방을 목표로 하는 가치를 지칭하는 개념으로 이해됩니다. 민중신학적 해석의 관점을 가진 해석자는 피억압자의 해방을 지향하며, 이를 위해 알려지지 않은 것, 억눌려 왔던 것, 은폐된 것을 드러냄으로써 주변화되고 억눌린 자들의 목소리를 높여주고, 각 억압상황에서 억압받는 이들과 연대하는 것을 목표로 합니다. 이러한 해방적 과제를 위해 민중신학은 사회적 실체로서의 민중을 성서 시대에

54) 아래 민중신학적 성서해석에 관한 더 자세한 논의는 이영미, "민중신학적 구약신학을 위한 서론적 탐구－욥기의 하나님 이해를 중심으로", 『신학사상』, 29-56을 참조하라.

혹은 성서본문에 존재하고 있음을 증명하기보다, 억압상황에서 역사하신 하나님의 의와 구원의 경험과 정의를 실현하며 창조 질서의 회복을 위한 비전을 제시할 수 있는 해석학적 근거를 제시하는 데 주력해야 합니다. 여기서 두 시대와 공간을 이어주면서 신학적 성찰과 형성을 가능하게 하는 것은 두 개의 다른 시대와 공간이지만 억압의 경험과 그 속에서의 하나님의 구원에 대한 고백이라는 해석학적 유비를 통해 가능하게 됩니다. 다시 말하면 성서에 나오는 민중의 실체를 통해 성서와 현재를 만나게 이끄는 것이 아니라 억압적 민중의 상황 가운데서 역사하는 하나님의 행동과 역사하심의 내용을 통해 만남의 해석학적 고리를 제시할 수 있습니다.

2) "경험과 성찰, 그리고 소통과 연대"로서의 민중신학적 성서해석

민중신학적 성서해석은 '민중' 상황(다양한 형태의 억압상황)에서의 정의실현과 해방을 지향하는 해석학적 기준을 견지하고, 해석공동체의 경험에서 출발하여 본문을 분석하는 경험의 해석 전략 과정과, 성찰을 통해 그 결과를 신학적으로 재구성하는 성찰의 해석 전략 과정을 거칩니다. 그러나 기존의 윤리적 해석의 해석 전략과 달리, 여기서는 민중신학적 성서해석은 한 단계 더 나아가 지금까지 해석학적 권위를 담보하지 못해 온 한국적 경험을 바탕으로 한 해석을 해석공동체 사이의 활발한 소통(회자, recital)을 통해 경전적 권위를 부여받고 공유됨으로써 실천으로 이끄는 삶의 지표로 자리매김 시키려는 소통의 해석 전략을 제안하고자 합니다.

(1) 경험과 성찰의 해석

인간에게 있어서 하나님 인식과 세계의 인식은 경험을 매개로 가능합니다. 따라서 성서해석의 출발점은 "경험"입니다. 특별히 구약성서는 신학화 작업 자체가 인간의 경험에서 출발한다는 사실을 극명하게 보여줍니다. 민족의 경험으로서 출애굽이 고대 이스라엘 신학 형성의 출발점이요, 근본이 되고 있음은 말할 것도 없지만, 구원과 부활의 신학을 정립하면서 여성의 출산 경험이 중요한 소재로 등장하고 있는 점도 하나의 실례입니다(신 32:18; 사 45:9-10; 46:3-4; 66:7-14; 요 16:20-22).[55] 출애굽에 대한 논의는 많이 있으므로 여기서는 성서의 출산경험을 통한 구원신학의 전개를 간단히 소개합니다. 전쟁은유가 아니라 여성의 출산경험을 통해 전개하는 구약의 구원묘사는 구원에 대한 새로운 이해를 가능하게 해주고 있습니다. 먼저 출산 용어를 통해 묘사된 하나님의 창조와 구원이 별개가 아니라 동전의 양면처럼 서로 맞물린 행동으로 이해하도록 이끕니다. 즉 창조와 구원은 모두 새 생명 살림을 위한 수고라는 공통점을 가집니다. 하나님의 창조 행위는 그분이 구원과정에 무엇을 어떻게 할 것인지에 관한 기본적인 틀과 열쇠를 제공한다."고 말할 수 있을 만큼 창조와 구원은 상통하며 동일한 목적을 향해 움직입니다. 구원은 창조의 목적을 실현하는 것이며 하나님과의 교제(communion) 속으로 복귀하는 것입니다.

출산을 통한 구원묘사는 민중을 구원역사의 주체로 보는 민중신학의 논리와 일맥상통하는 측면이 있어서 더욱 흥미롭습니다. 즉 새생명을 탄생시키는 출산과정에는 아이를 생산하는 주체, 어머니가 있습니다. 생명탄생을 가능하게 하는 이는 하나님이지만 생명을 수고를 통해 탄생하도록 애쓰는 주체는 어머니입니다. 구원자 하나님은 구원역사의 주체인 인간을 통해 구원사역을 담당하는 것입니다. 또한 출산 경험을 통한 구약의 구원묘사는 구원을 일회적 사건이 아니라 하나님의 창조 과정으로 이해하는 데 많은 시사점을 제시해 줍니다. 구원은 고난 상황에서의 구출에 그치는 것이 아니라, 하나의 새로움을 창출하는 과정으로 이해되며 하나님은 산파로서 이 탄생을 도우며, 인간(시온)이 주체로서 그 해산의 과정을 치룹니다. 이처럼 고대의 성서기자가 여성들의 개인적인 경험을 통해 신학적 상상력을 자극받고 결국 그 경험이 공동체의 회복을 묘사하는 은유로 성장하고 있음을 보면서, 우리의 삶의 경험 역시 신학적 재구성의 중요

55) 이영미, 『이사야의 구원신학』, 서울: 맑은 울림, 2004 참조.

한 원천이 될 수 있음을 다시 확인하게 됩니다. 개인적 경험, 혹은 공동체의 경험을 신학적 언어로 순화시켜 신학으로 재구성하는 노력들은 민중신학적 성서해석의 출발점이 됩니다. 민중신학은 성서 본문이나 교리에서 출발하여 단순한 분석작업과 교리를 증빙하려는 이론적 담론에 그치는 성서해석을 지양합니다.

성서연구가 단순한 성서본문 분석에 그치지 아니하고, 자신의 경험이 반영된 언어를 통해 성서신학을 재구성하는 단계로 발전되어야 함을 이미 지적했습니다. 성서신학은 성서 안의 인간의 경험과 그에서 파생되는 신학적 고백들이 다양함을 들춰냄과 더불어 신학적 글쓰기에 활용되는 현재의 종교 언어와 신학적 은유의 풍성함을 통해 현대적 의미를 밝혀낼 수 있어야 합니다. 이 둘 사이의 해석학적 유비를 가능하게 하는 것이 현재 본문을 읽고 해석하는 해석공동체의 다양한 경험을 통해서 입니다. 신학적 글쓰기(재구성)를 위한 종교언어의 사용과 관련하여, 여성의 경험을 토대로 상상하며 이를 신학화해내는 작업이 얼마나 중요한가를 보여주는 멕페그의 종교언어에 대한 페미니스트 비판[56]은 민중신학적 성찰의 해석전략을 위한 과제를 설정하는 데 중요한 시사점을 제공해 줍니다.

첫째, 세계를 명명하는 사람이 그 세계를 소유한다는 지적입니다. 민중신학적 글쓰기와 연결하여 이를 다시 풀어 말하면 민중신학적 성서신학은 해석공동체의 언어로 재구성되어야 주체적 신학이 가능합니다. 기독교가 외부로부터 전래된 한국의 경우 신학적 글쓰기에서 "주인/억압자의 언어(the master's language)"를 그대로 사용하는 한 그 힘과 논리의 지배, 주도권 아래에서 벗어날 수 없습니다. 우리의 정체성 또한 서구 기독교를 중심으로 한 타자(other)로 머물 뿐입니다. 더욱이 서구신학이 명명하는 신학용어와 종교세계는 한국의 문화와 종교를 배제하기 때문에 우리의 경험과 언어를 반영하지 못하는 신학은 한국을 배제한 신학으로 서구신

---

56) 샐리 맥페그, 『은유신학: 종교 언어와 하나님 모델』, 정애성 옮김, 서울: 다산 글방, 2001, 26-30.

학의 영속한 존속을 가져올 수밖에 없습니다. 따라서 민중신학적 글쓰기는 한국의 역사와 문화유산, 그리고 한국인의 경험으로부터 신학언어를 발굴, 사용할 과제를 지닙니다.

둘째, 멕페그는 페미니스트들의 서구종교의 언어의 가부장적 성격에 문제를 제기한 점을 경시해서는 안 된다고 지적합니다. 언어는 신-인 관계와 인간 사이의 관계를 이해하는 틀이 되는데, 신을 가부장적 언어로 묘사하고 이해할 때 가부장제는 다양한 관계들을 움직여나가는 적합하고 유일한 방법으로 인식될 수 있는 위험이 많습니다. 민중신학은 각종 형태의 억압형태를 극복하고 정의실현과 해방을 목표로 하는 해석학이므로 민중신학의 재구성에 종속적, 계급적, 가부장적 언어의 해체는 중요한 과제입니다.

셋째, 하나님에 관한 언어는 동료인간을 이해하는 사고에도 영향을 주는 점을 지적합니다. 우리가 우리의 이미지로 하나님을 상상하듯 신적 이미지로 선택한 이미지는 우리가 자신에 대해 느끼는 방식에 영향을 줍니다. 서구신학의 틀을 그대로 유지하는 한 우리의 주체성과 권리회복은 요원하다고 할 수 있습니다. 기독교가 전래되면서 토착 문화는 원시적이고 기독교에 대한 방해물로 여겨졌습니다. 기독교를 받아들이고자 하는 사람은 누구든지 토착 문화와 관습들의 많은 부분을 포기하도록 기대되었습니다. 전통적인 가치들을 버리지 못하는 것은 불신앙의 표식으로 여겨졌습니다. 더욱이 기독교는 "현대화"라는 이름과 함께 전래되었기 때문에 기독교를 받아들이는 사람은 누구든지 소위 "문명화되지 못한" 방식대로 계속 살 수 없다고 믿었습니다. 기독교와 현대화는 분명하게 구별되지 않은 채, 서구문화와 가치는 기독교의 본질로 인식되었습니다. 한국의 경우도 예외는 아닙니다. 이러한 기독교와 서구적 가치 사이의 분명한 구분의 실패는 기독교인들과 전통 문화와 가치 사이의 분리(disconnection)를 초래했고, 아나스타시아 보니파세-말레는 이를 영적 유배(spiritual exile)" 라고 부릅니다.[57] 민중신학은 주체적 종교언어의 사용을 통해 한국 기독교와 교회의 주체성을 회복해야 할 것입니다.

한국 역사와 문화, 가치를 신학적 글쓰기에 접목한 예로 함석헌의 "성서의 뜻으로 읽는 한국역사"를 들 수 있습니다. 구약성서가 이스라엘 전 역사를 신학화한 결과라면, 함석헌은 한국 역사를 하나님의 활동 무대로 인식, 성서의 눈으로, 즉 하나님의 구속사 시각으로 한국의 역사를 재조명하였습니다. 그러나 어느 누구도 함석헌의 신학적 작업에 크게 호응하지 않았고 책의 제목마저 바뀌는 결과를 가져왔습니다. 그밖에도 서남동은 동학을 민중전통과 해방전승으로 신학화하였고, 김지하는 장길산 이야기를 저항과 부활의 신학적 모티브로 삼은 바 있고, 현영학은 탈춤이라는 모티브를 민중신학의 재구성에 활용하였으나 이 모든 시도들은 광범위한 공감을 얻지 못하여 아쉬움을 남겼습니다.

한국 문화로부터 신학적 소재를 발전시킨 민중신학의 성찰적 해석전략이 공감을 얻지 못하고 시도로 그친 이유를 두 가지 정도에서 찾아볼 수 있습니다. 하나는 앞에서 지적했듯이 신학적 글쓰기에서 한국 문화가 우상숭배를 대변하고 열등한 문화로 인식되는 지배자의 언어 논리를 해석공동체가 극복하지 못하고 있기 때문입니다. 민중신학이 대상으로 하는 '민중' 자체도 이러한 비성서적 해석에 거부감을 보이고 해석적 권위를 전혀 부여하지 않는 것은 한국 문화에 대한 경시 혹은 우상화의 영향이 큽니다. 둘째 이유는 위에 언급한 민중신학적 글쓰기가 경전으로서의 성서와 접목시키려는 노력이 부족하기 때문입니다. 기독교가 한국 문화에 도입된 이질적 종교임은 인정해야 합니다. 이러한 외래 종교의 언어를 토착화하고 새로운 신학적 상상력을 촉발시키기 위해서는 전래된 기독교의 전통과 경전과의 심층적 대화와 토착화가 동시에 필요합니다. 전통 문화와 가치가 경전인 성서와 별개로 또 다른 이야기로서 들려진다면 기독교 해석공동체에게 신학적 의미를 가지기 어렵기 때문입니다. 즉 이질적 문

---

57) Anastasia Boniface-Malle, "Singing a Foreign Song at Home: Analogy from Psalm 137." 『성경원문연구』 24(2009년 4월), 283-310.

화, 종교의 수용에 있어서 그 고유의 전통과 새로운 전통과의 접목점을 찾아보려는 시도는 토착화의 시도와 함께 중요한 노력입니다. 결론적으로 민중신학적 글쓰기는 한국의 문화와 가치를 재평가하면서 그 안의 은유와 언어를 통한 명명을 시도함으로써 서구신학에의 종속적인 한국 신학의 신학 언어, 상상력, 그리고 권위를 회복해야 합니다.

경험에 바탕을 둔 성찰적 성서신학적 글쓰기는 어떻게 가능할 것인가? 그 방법의 하나로 제시하고 싶은 것이 경험과 신학을 연결 짓는 이야기 신학(storytelling)입니다. 이야기 신학은 새로운 제안이 아닙니다. 민중신학자, 여성신학자, 아시아신학자들이 이미 시도하고 주장한 바 있지만 커다란 공감을 얻지 못하고 있는 신학방법론입니다. 그러나 이제 그 중요성을 다시 살려, 가능성을 탐색해야 하리라고 봅니다. 이야기 신학이 간혹 전통 설화나 민담을 별도로 들려주는 것으로 오인되기도 합니다. 그러나 이야기 신학이란 한국 역사와 문화, 종교의 유산을 받은 우리 기독교인들이 그 유산들을 통해, 즉 그 유산들을 소재로, 우리가 기독교 신앙을 통해 고백되는 하나님의 형상을 보여주는 것입니다. 서구 기독교의 신학적 소재들이 기독교의 본질이 아니라 신학의 소재일 뿐임을 인식하고 이를 거부, 수용하듯이 우리의 전통 문화, 역사 역시 종교의 본질이 아니라 구원자 하나님 이해에 이르도록 하는 소재인 것입니다.

트린 민하 역시 대안적 글쓰기로 이야기 들려주기(stroytelling)를 제시하고 있습니다. 기존의 글에서 표상되었던 주체(신학의 경우 성서나 서구신학의 담론)와 객체(한국의 문화와 가치)의 분명한 구분을 짓지 않고 상대를 타자화시키지 않는 담론 형식을 통해 글쓰기를 전개하는 방식으로 이야기 들려주기(storytelling)가 적절한 방식으로 제시되고 있습니다. 트린 민하는 이에 대해 "여성들이 어머니로부터 경험한 것들을 기억해 내는 방식으로 자신의 이야기를 전하는 그 속에서는 내 경험과 목소리들이 이러이러하니 나를 알아주라는 형식은 취할 필요가 없다. 이러한 이야기는 자신의 딸, 손녀의 경험을 이끌어내고 연결점을 만들어내게 해 주기는 해도, 누가 누구에게 알려주고 주입하는 지식의 전달형식은 일어나지 않는다.…… storytelling은 바로 보편적이지만 언어로 표현할 수 없는 삶과 경험이 그 깊이를 전하는 방식이 될 수도 있다. 이것은 과거의 사람들의 삶을 역사화하고 기록하기 위해서 데이터화하는 지식적 정보와는 달라서, 그것이 사실이다 허구다라고 말하는 것조차 의미가 없다."[58]고 설명합니다. 이야기는 누가 시작했는지, 누가 주인공인지를 따질 필요 없이 누구나 하나의 부분으로 들어가서 소속할 수 있으며 그 속에서는 누구도 타자화되거나 대상화되지 않습니다. 이야기 신학은 이러한 이야기의 특성을 통해 성서의 이야기와 전통문화의 이야기의 접목을 현대 한국 기독인의 경험을 해석하는 도구로 활용함으로써 수평적 대화 혹은 유비를 시도할 수 있는 가능성을 보여줍니다.

트린 민하의 이야기 들려주기 방식은 민중신학의 신학방법론으로 서남동이 제시한 두 이야기의 합류와 상응합니다. 서남동은 한국의 민중신학은 민중전통과 성서 및 교회사의 민중전통의 합류이며 그 합류가 70년대 이루어지고 있다고 말합니다. 그리고 민중신학은 이 합류과정을 해석하는 작업입니다.[59] C. S. 송은 이야기의 합류가 아시아의 기독교인들이 아시아의 민중전통에 편입해 들어가는 것이라고 말하지만[60] 서남동이나 트린 민하는 어느 기준점(중심)을 정하고 편입하는 것이 아니라 두 이야기를 들려줌으로써 새로운 이야기, 정체성을 만들어 나가는 것을 상호적 과정으로 이해합니다. 이렇듯 민중신학적 신학방법론으로서 이야기 신학은 한국의 역사와 문화를 소재로 하나의 주제에 관한 '다중성(multiplicity)' 을 드러내 줌으로써 신학 언어의 서구 중심의 실체를 보여줄 뿐 아니라 새로운 하나님 이해, 신학적 정체성 구성의 길을 열어주게 됩니다. 두 이야기의 합류가 이론적 재구성을 통해 이루어지는 것이 '성찰의 해석학' 이라면

58) Trinh T. Minh-ha, *Woman, Native, Other*, 2.
59) 서남동, 『민중신학의 탐구』, 77.
60) C. S. 송, 『맹부인의 눈물』, 135.

실천적 현장에서 이루어지는 것이 '소통의 해석학' 입니다. 서남동의 표현을 빌려 말하자면, "한국의 민중신학의 과제는 기독교의 민중전통과 한국의 민중전통이 현재 한국 교회의 '신의 선교' 활동에서 합류되고 있는 것을 증언하는 것입니다."[61]

(2) 소통과 연대의 해석

유대교적 경전읽기의 특징은 경전을 어느 누구나 해석할 수 있고, 그 해석이 본문의 문자에 얽매이지 않고 현실 속에서의 자신의 경험과 성찰을 통해 의미를 확장시킬 수 있도록 허용하는 경전읽기의 개방성입니다. 해석의 권위에 대한 폭넓은 유대교의 수용은 유대인 경전의 폭을 대폭 확장하는 결과를 가져왔습니다. 물론 성서가 다른 경전에 비해 더 높은 경전적 권위를 가지며 다른 경전(탈무드, 미드라쉬)들도 성서에 근거하여 자신들의 권위를 확보하는 측면이 있기는 하지만 성서 외의 유대교 경전들은 그들 나름의 경전적 권위를 가지고 유대 공동체에 해석적 권위를 부여받습니다.

민중신학을 비롯한 비 서구신학의 성찰적 해석전략이 한계에 부딪치게 되는 점이 바로 재구성된 신학에 대한 해석적 권위 확보의 실패에 있다고 봅니다. 하나의 해석적 권위를 부여하는 주체는 그 해석을 받아들이는 해석공동체입니다. 반복하지만 서구로부터 전래된 기독교를 받아들인 한국의 경우, 신학은 서구 신학과 동일화되며, 토착문화와 종교를 타자화시켜 버립니다. 이 과정에서 토착문화는 우상과 저등 문명으로 치부되고 기존의 경전적 지위를 가졌던 문헌이나 구전 전승의 문화전통은 열등한 지위로 떨어지게 되었습니다. 보수주의적 한국 기독교는 이러한 성향을 더욱 부추기며 성서의 절대적 권위를 더욱 부상시키는 결과를 가져왔습니다. 이처럼 자신의 문화로부터 소외된 타자적 성서해석을 극복하고 자신의

61) 서남동, 『민중신학의 탐구』, 78.

경험 혹은 문화로부터 출발하는 성서해석을 모색하되 민중의 이해관계를 대변한다는 해석학적 기준을 견지한 성서해석의 제시와 공감을 얻어내기 위해서 필요한 설득의 수사가 '소통의 해석'입니다.

소통의 해석은 이야기의 끊임없는 회상(recital)을 통해 공감을 확산시키는 노력을 말합니다. 신학이란 인간의 (하나님) 경험에 대한 언어적 표상화이며 이러한 표상화 과정에서 정경으로서의 권위를 부여받는 근거는 회상과 정경공동체의 재신임과 권위의 대물림, 공유라 할 수 있습니다. 해석공동체의 공유된 경험이 이러한 공감대를 확산시킬 수 있는 매개로 작용할 것입니다. "드러나지 않은 것" "알려지지 않은 것" 혹은 "감춰진 것"들은 들춰 알리는 일을 통해, 즉 끊임없는 회상을 통해 공감대가 확산됩니다. 70년대 말 형성된 한국의 민중신학은 그 신학적 내용과 주제에 있어서 서구신학의 근본을 뒤흔들 만큼의 도전을 내던진 바 있습니다. 그럼에도 민중신학을 정규 교과목에 포함시킨 신학교는 거의 없으며, 이제 민중신학은 죽었다며 과거의 유행으로 치부해버리고 있음은 참으로 안타까운 일입니다. 토마스 아퀴나스의 『신학대전』이나 칼 바르트의 『교회 교의학』 등은 끊임없이 회자하고 학습하면서 민중신학의 한국신학적 유산을 회자하면 왜 구닥다리 취급을 받는가는 우리가 반성해 봐야 할 것입니다. "아직도 민중신학을 얘기하고 있어?"라며 혀를 차는 모습은 우리의 신학전통을 존중하지 못하는 식민지적 태도일 뿐입니다. 우리 신학의 중요한 유산의 의미를 살리고 발전시키는 것은 우리 해석공동체 내에서 이를 반복해서 들려주고, 들추어, 그 내용을 확산시킬 때 가능하며 이런 점에서 최근 학자들이 다시 민중신학에 대해 소리를 높이기 시작한 점을 높이 평가하고 싶습니다.

소통은 재구성된 신학의 해석적 권위 부여를 위해 필요하지만 동시에 의식화와 실천을 이끌어내려는 민중신학의 목표를 실현하는데도 필요합니다. 민중신학은 민중의 다양한 억압 상황을 극복하고 정의실현과 해방을 위해 그들의 주체적 역할과 참여를 목표로 합니다. 전자 정보통신 매체의 발달은 공간적, 시간적으로 한정된 의사소통의 통로를 완전히 개방시키고 다중(multitude)으로서의 민중의 적극적 참여의 길을 열어 놓았습니다. 소통의 해석학은 이러한 다중의 호응과 참여를 이끌어 낼 수 있는 전략과 내용을 담보할 과제가 있습니다.

소통의 해석은 궁극적으로 실천공동체 형성과 가치의 실천을 목표로 합니다. 민중신학적 성서해석은 정의실현과 생명살림의 가치를 실현하고자 하는 목적을 지니며 이에 상응하는 각 해석공동체의 가치를 소통을 통해 공유됨으로써 한발 더 나아간 실천공동체를 형성할 수 있어야 할 것입니다. 실천이 뒤따르지 않는 해석공동체는 학문적 유희나 상아탑에 갇힌 집단으로 그칠 수밖에 없기 때문입니다. 실천의 형태의 다양성 역시 인정하는 열린 자세가 필요합니다. 그 형태가 학문적 실천 공동체일 수도 있으며, 운동단체일 수도 있습니다. 죽재 서남동의 민중신학을 평가하면서, "민중신학에 있어서 실천은 신학적 성찰보다 우위에 있다."고 말합니다.[62] 안병무가 예수사건으로서의 민중 '사건'을 강조한 점도 이를 반증해 줍니다.

(3) IT시대 민중신학의 새로운 담론 주체 형성

민중신학이 민중을 변혁의 주체세력으로 새롭게 규정지으려 한다면 그 담론의 대상 역시 새롭게 돌아볼 필요가 있습니다. 과거 민중신학의 형성 초기에 해방과 민주화, 통일 등의 거대 담론은 소위 386세대와 457세대를 중심으로 이루어졌습니다. 국민과 함께하는 정부가 출현하면서 새로운 정치세력의 주체로 부각된 386세대란 당시 30대, 80년대 대학을 다니고, 60년대에 출생한 세대를 가리키는 신조어였습니다. 이들은 광주시민항쟁을 경험하고 독재에 맞서 싸우다 6.29선언을 이끌어내고 한국에 민주 정부를 이끌어낸 주역들이기도 합니다. 민중신학은 이들이 대학을 다니던 시절,

62) 강원돈, "죽재신학의 주제와 방법: 신학적 해석학의 형성과정을 중심으로", 『신학사상』 10(1990), 797.

80년대 초에 본격적인 신학 담론을 형성했었고, 386세대에게 있어서 민중신학의 거대 담론은 당위로 받아들여져 도시빈민 선교와 함께 민중교회를 시작한 선배 목사들의 교회로 들어가 민중운동에 참여하기도 했습니다.

그러나 국민정부의 정치권에 참여한 이들 386세대는 한국에서 운동권의 연대적 활동과 선명한 담론을 이끌어내지 못하고 부진함을 면하지 못하였습니다. 운동권이 힘을 결집해 내지 못하는 무력감 혹은 운동을 이끌어나갈 주체가 분명하지 못한 채 분산적인 운동이 이루어질 뿐이었고, 일반 진보세력이 각자의 자리에서 자기의 정체성 재정립, 운동역량의 충전을 위해 분투하고 있을 때 민중교회 운동이나 민중신학은 거의 아무런 움직임을 보이지 않았습니다. 최근에는 거대 담론을 중심으로 구성원들이 모이는 현상은 현저히 줄어들고 사건을 중심으로 혹은 일상 담론을 통해 젊은 층이 하나로 결집하는 현상에 관심을 기울일 필요가 있습니다. 인터넷 문화의 확산과 스마트폰과 결합된 소셜 네트워크(social network)를 통한 사회적 집단이성의 출현이라는 새로운 환경변화는 이러한 현상의 변화 속도를 가속화시키고 있습니다.

최근에 미국에서 인터넷과 미국인의 생활이란 주제로 벌인 설문조사는 인터넷이 현대 미국인들의 생활에 얼마나 큰 영향을 미치고 있는지를 잘 보여주었습니다. 이 조사에 따르면 12살에서 17세 사이의 십 대 청소년 중 93%가 인터넷을 하며 75%가 휴대폰을 소지한다고 대답하였습니다. 또한 18-29세의 청년 중 93%가, 그리고 30-49세의 성인 중 81%가 인터넷을 사용하는 것으로 답합니다. 이중 72%의 청년들이 트위터나 페이스북 등의 소셜네트워킹 사이트에 자신들의 계정을 가지고 사용한다고 답했습니다.[63] 한국의 경우는 이십 대의 30.5%, 삼십 대의 25.3%, 그리고 사십 대의 19.8%가 소셜 네트워크를 사용하며 가장 많은 숫자가 싸이월드와

63) http://www.fastcompany.com/node/1536758 2010.02.05 인용함.

트위터(각 30.8%)를 사용하며, 그 다음으로 페이스북(20.9%)와 마이페이스 등을 사용하는 것으로 나타났습니다. 한완상이 줄씨알을 새로운 변혁의 주체세력으로서의 민중으로 본 점은 젊은 층이 하나로 결집하는 현상이 소셜네트워킹 등을 통한 새로운 소통방식의 결과임을 관찰한 결과입니다. 민중신학은 그 담론의 확산과 소통을 위해 거대 담론과 함께 소셜네트워킹 등을 통한 다양한 방식의 소통의 통로를 활용할 필요합니다. 이를 위해 무엇보다 젊은 층의 특징을 새롭게 이해할 필요가 있습니다.

요즘 새로운 세대를 지칭하는 많은 용어들이 등장합니다. 몇 가지 예를 소개하자면, <세상의 중심 '나' 1318세대>, <자유롭게 즐기며 다양한 분야에 관심을 키워나가는 호모 루덴스(Homo ludens) 1924세대>, <한걸음씩 내일을 일구어가는 희망찬 루키 2529세대>, <하루하루 바쁘게 살아가는 무채색 생활인 3039세대> 등입니다. 바쁜 일상으로 주위를 둘러볼 여유가 없는 3039세대는 튀기보다 체제나 사회현상에 순응하는 경향성을 보입니다. 이들 세대들의 특징은 규칙이나 규범에 얽매이는 것을 싫어하고, 인터넷 쇼핑몰을 자주 이용하며, 직업을 선택할 때는 급여보다 안정성을 우선으로 고려하는 특징을 보인다고 평가받습니다. 88만원 세대와, 386세대와 88만원세대 중간에 있는 298세대(386-88=298)는 이명박 대통령의 국정 수행능력을 가장 낮게 평가하며, 지난 대선 당시 이명박 후보를 가장 낮게 지지했고, 한나라당에 대한 지지율도 가장 낮은 세대로 평가됩니다. 이들이 지난 2008년의 촛불집회를 주도한 세대이기도 한데, 이들은 '조 · 중 · 동' 영향권에서 멀리 벗어나 있습니다. 이들에게는 더 이상 특정한 사회적 이데올로기, 혹은 집단에 대한 가치적 당위성이나 헌신 자체가 정당화되지 못함을 뜻합니다. 이들에게는 민중으로 상징되는 사회적 기본가치가 큰 설득력을 가지지 못하며, 보편성을 이끌어낼 매력을 갖추지 않는 한, 그 운동은 내부 가담자의 자아도취로 혹은 자신의 이익을 위한 이기주의로 비춰지게 됩니다. 따라서 386 이후 세대와 소통하며 그들이 역사의 주체로 설 수 있도록 배려하기 위해서는 민중신학이 소통의 방식을 과감히 변화시켜 소셜네트워크의 적극적 활용과 다양한 사고의 전환이 필요합니다.

새로운 민중신학의 주체세력 형성의 한 수단으로 인터넷의 소셜네트워트(SNS)를 손꼽는 이유는 이 시스템이 가지는 파급력과 결집력 때문입니다. 물론 보편적 가치를 공유하는 중요한 소통의 수단으로 인터넷이 대두되고 있음을 널리 인지되고 있지만 인터넷에 대해 낙관적일 수만은 없기도 합니다. 2009년 고 노무현 대통령이 적은 노트에 이런 우려가 반영되어 있기도 합니다.[64]

> 많은 사람들은 인터넷에 새로운 기대를 걸고 있습니다. 그러나 인터넷에 들어가 보면 정보는 넘쳐나지만, 내용이 부실합니다. 분노와 증오는 넘쳐나지만, 사실과 논리는 부족하고, 깊이도 모자라고, 비슷한 생각끼리도 서로 앞뒤가 맞지 않고 충돌합니다. 이렇게 해서는 사람들의 생각을 움직일 수가 없습니다. 그래서 협업으로 역량을 확대하고, 토론과 검증을 통하여 완성도를 높여보자는 것입니다. 미디어이든, 인터넷이든, 연구소든, 출판이든, 어디를 보아도 우리가 열세입니다. 그냥 열세가 아니라 형편없는 열세입니다. 이런 열세를 딛고 세상을 바꾼다는 것은 역사의 진운이 함께할 때에만 가능할 것입니다. 우리는 역사가 돈의 편이 아니라 사람의 편으로 가고 있다는 믿음을 가지고 이 길을 가는 것입니다. 다만, 그 막강한 돈의 지배력을 이기기 위해서는 우리가 가진 모든 힘을 다 짜내고 이를 지혜롭게 조직해야 할 것입니다.

그러나 인터넷은 이제 단순히 정보를 얻어내거나 취미를 공유하는 단계를 넘어서서 거대한 소통의 집합체로 변화하고 있습니다. 스마트폰의

64) 노무현, "역사는 돈이 아니라 사람 편으로 간다는 믿음으로……" (盧 전 대통령 미공개 글 공개) 출처:http://www.pressian.com/article/article_print.asp?article_num=20090527140200

대중화와 이의 SNS와의 연결은 지구촌의 소통의 폭을 상상도 못할 정도로 넓게 확대시켰고 그 파급효과도 엄청난 결과를 보여주고 있습니다. SNS의 소통체계는 "…… 이어야 한다"는 식의 당위와 규율, 그리고 직장에서의 지위나 사회적 역할에 따라 부여되는 외부적 조건에서가 아니라 성, 나이, 지위를 전면에 내세우지 않은 한 개인과 개인의 만남으로 이루어지는 특징을 가집니다. 이때 성, 나이, 지위가 완전히 무시되지는 않지만 이러한 외적 조건들은 뜻이 공감될 때 그 공명의 힘 앞에 무력해지곤 합니다. 특별히 386 이후의 세대들에게 소통은 거대 담론의 강압적인 '당위'가 아닌 개인이 추구하는 3I(Insight(영감), Inspiration(착상), Idea(대안))의 발산과 이에 대한 공명으로 움직이고 확산됩니다. 이들은 수동적으로 정보를 소비하는 세대가 아니라 능동적으로 정보를 수집하는 세대입니다. 이제 노동운동의 노동자들은 단순히 노동자이기 때문에 그들의 주장에 동조를 얻게 되는 시기는 지났습니다. 이제는 그들이 내거는 구체적인 이슈와 주장이 공공선 즉 정의실현을 위한 사회적 가치에 얼마나 공조하며 개인에게 공감을 얻는가에 그 운동의 성공과 실패가 좌우됩니다.

IT 시대 문화의 변화에 발맞춰 교회가 그 변화를 진단하고 성찰하는 것이 시대와 호흡하는 교회의 핵심 과제라는 자각으로 많은 움직임들이 이미 일어나고 있습니다. 지난 5월 20일 기장세미나 연구소가 개최한 세미나에서 전철이 "소셜네트워크 시대의 교회론"이란 주제로 발표하였으며, 6월 10일 백주년 기념관에서는 "스마트폰을 통한 목회전략의 계발"이란 목회자 세미나자 열리기도 하였습니다. 개최되고, 이들의 기능과 그 현대적 도전과 의미를 헤아리는 세미나가 열려 목회자들의 관심을 끌었다. 전철은 발제를 통해, 화이트 헤드가 제시한 <다자>(many), <일자>(one), <창조성>(creativity) 가설을 웹 3.0시대의 문화와 접목시켜, 우리의 현실세계는 철저하게 다자성의 세계이며, 이러한 다자성에 특정한 방식으로 일자적인 가치가 출현된다고 주장합니다. 이러한 다자에서 출현한 일자는 어떠한 다자적 지평으로 환원될 수 없는 독특한(Unique) 가치이기에 전적인 새로움(novelty)으로 불려질 것으로 봅니다. 이러한 소셜네트워크 시대 교회의 기능과 과제로 그는 세 가지를 제시하는데, 첫째로 교회는 공공적 정보가 중첩되는 공간이며 공공적 아젠다를 제공해야 한다고 주장합니다. 교회는 결코 개별적이며 다원적 정보들을 배제한 채 외삽적으로 부여되는 정보를 강요하는 조직이 되어서는 안되며, 교회 구성원의 정보 생산과 소비의 존재양식을 활성화시켜주기 위해 교회는 모든 개별적인 정보의 발산(Bottom-up)을 특정한 방식으로 수렴해 하나의 공공적 정보를 제공(Top-down)할 수 있다고 설명합니다. 둘째로 교단은 교회 간의 긴밀한 의사소통 오류의 감축과 이해 혹은 오해를 매우 민감하게 조율해야 하는 과제를 제시합니다. 이때 교단은 모든 교회의 획일화를 추구하지 않고 오히려 교단의 구성원인 교회의 개성들을 가장 민감하게 반영하고 그 개성(many)이 어떠한 방식으로 새로운 가치(one)를 창출해 내는지를 구조적으로 지원할 것을 제안합니다. 세 번째 과제는 교단이 구성원들이 정보를 효율적으로 제공하고 공유할 수 있는 네트워크 형성을 위한 물리적 인프라를 확보하는 것입니다. 이를 위한 기장 인터넷 플랫폼 구축이나 스마트폰 환경에 걸맞게 기장 목회자들이 서로 정보를 제공하고 소비할 수 있는 어플리케이션 구축 등 구체적인 대안 제시까지 합니다.

마찬가지로 민중신학은 이제 민중을 하나의 실체로 보기보다 정의실현과 창조질서 보전을 위한 민중운동의 주체세력으로 파악하고 이러한 해석학적 관점을 동조하는 실천공동체 형성을 위해서는 새로운 민중신학 담론을 어떻게 형성해 나가야 할지를 본격적으로 고민해야 할 것입니다. 민중신학은 이제 민중신학적 해석의 가치를 지향하는 실천공동체는 개인의 요구와 이해관계가 어떻게 이타적이고 공동체적 이익추구로 나아갈 수 있는가를 고민해야 할 과제를 안고 있습니다. 지금까지는 이념을 공유하는 공동체가 해석공동체와 실천공동체를 형성하여 운동을 담당해 나갔지만 이제는 하나의 아이디어가 소수집단에 의해 공유되는데 그치는 것이 아니라 SNS 등의 거대 소통매체를 만나게 되면서 특정 집단이나 국가 단위가 아닌 지구촌(global society)을 대상으로 그 아이디어를 나누고 그에 대한 반응을 얻게 되었습니다. 또한 소통의 주체가 소수의 종교집단에서 다수의 일반인들에게로 전이되었습니다. 더 이상 '교리'이기 때문에 성서에 적혀 있기 때문이라는, 심지어 이것이 하나님의 뜻이기 때문이라는 당위적 주장은 종교의 벽을 넘어선 대중들에게 설득력을 갖기보다는 반대의 세력을 더 키워갈 뿐입니다. 한 선동가가 '○○주의' 혹은 '○○론'을 만들고 이에 대중이 찾아가게 함으로써 대중을 선동하는 시대는 지나고 모든 이들이 왁자지껄 소통을 통해 담론이 형성되는 소통의 역류가 이미 시작되었습니다. 이제 지도자 혹은 신학자의 역할은 교리를 가르치고 주입하는 입장에서 개인들이 서로의 의사를 교환하면서 그 과정에서 집단이성이 창출될 수 있는 연결자의 역할로 변화합니다.

이를 위해 민중신학은 교리나 신학에서 출발하기보다 삶의 경험과 일상의 고통에서 시작하여 이에 대한 성서적, 신학적 성찰로 나아갈 수 있어야 합니다. 새로운 시대의 변화에 맞추어 민중신학이 자신의 당위성을 쏟아놓는 일방적 소통에서 공공선과 사회적 가치를 추구하도록 공감을 얻어내려는 효과적인 신학 담론과 소통의 방식 마련이 필요합니다.

5. 끝맺는 말

최근에 활발하게 논의되는 해석의 윤리, 윤리적 해석은 성서해석의 패러다임을 분석과 성찰의 통합을 지향하고 있으며 세계적 금융위기와 전자매체(인터넷) 등의 확산은 해석자의 주체의 성격을 단순한 수용자에서 적극적 참여자로 변화시켰습니다. 이러한 성서해석의 패러다임 변화 속에서 이 책은 민중신학적 성서해석은 '민중'의 다양한 형태의 억압을 극복하고 정의 실현과 해방을 목표로 성서를 경험과 성찰, 그리고 소통과 연대의 해석전략을 통해 의미를 살펴볼 것을 제안했습니다. 경험을 성서해석의 출발점으로 삼아 성서 본문을 분석하고(경험의 해석학), 이를 신학적으로 재구성합니다(성찰의 해석학). 이때 분석과 재구성 사이의 유비를 도출해 내는 연결고리가 바로 해석공동체의 공유된 '경험'입니다. '경험'은 본문선택(소재)과 해석의 방향을 제시해주는 기준, 즉 관점을 설정해 줍니다. 이때 경험은 사회적, 물리적 경험과 처지는 물론, 한 개인 혹은 해석공동체가 지향하는 가치지향적 목표도 경험의 축이 되어 성서해석의 관점으로 작용하게 됩니다. 따라서 경험이라고 할 때 민중의 실제적 경험에 바탕을 두는 데 그쳐서는 안 되며 이를 포함하여 민중의 생명살림을 위한 사회적 가치와 방향 자체가 공동체의 경험으로 해석학적 지표가 되어, 민중신학의 출발점이 되어야 합니다.

때로는 해석공동체의 공동 경험과 과제가 제대로 인식되지 못할 경우도 있습니다. 이때 민중신학은 소통의 해석학을 통해 공동경험의 신학언어들을 의식화, 공감할 수 있는 노력을 기울여야 할 것입니다. 전자매체의 발달로 의사소통의 매체의 다양화와 공동체 구성원들이 단순한 수용자가 아니라 자신이 해석자이면서 동시에 창의자의 역할을 하므로 소통은 공감을 얻지 못할 때 스스로 사장될 것입니다. 따라서 민중신학의 해석학적 과제는 이 시대 억압의 고리를 끊고 정의실현과 해방을 향한, 그리고 궁극적으로는 이 땅에 하나님 나라의 실현을 위한 실천을 담보해 나갈 수 있는 설득력 있는 신학의 발굴과 재구성을 위해 쉬지 않는 노력을 정진해야 할 것입니다.

성서해석의 궁극적인 목적은 "생명살림", "창조 질서의 보전"을 위한 사회적 가치를 경전으로부터 제시함으로써 생명 죽임과 억압으로 인한 창조 질서의 파괴에 맞서는 신앙공동체의 실천을 도출해 내려는 것입니다. 이를 위해 우리의 민중신학은 다양한 형태의 억압상황에 있는 민중들의 삶과 고뇌에 의해 창조된 공간에 그 뿌리를 두고, 민중을 억압하는 불의의 상황 속의 고통을 함께 아파하고, 탄식하며, 저항함으로써 불의가 극복되고 정의를 실현할 수 있는 실천 공동체로 거듭나는 밑거름이 될 수 있어야 할 것입니다. 이로써 생명을 창조하시고 하나님의 의를 실현함으로써 창조 세계를 보전하시려는 하나님의 구속역사에 인간은 동반자적 주체로 참여하려는 것입니다. 만일 이것이 하나님의 정치학이라면, 그것은 또한 우리의 정치학이 되어야 할 것입니다.

고난 중에 삐져나오는 탄식, 애가

2

제2장

고난 중에 삐져나오는 탄식, 애가

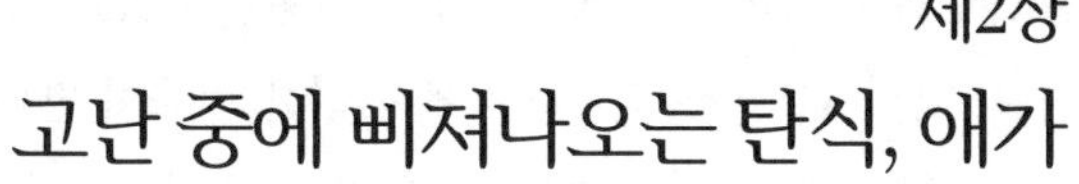

1. 애가의 서론적 소개

1) 애가의 명칭과 저자

예레미야 애가는 주전 3세기 히브리 성서를 그리스어로 번역한 칠십인역(LXX)이 그 명칭을 "Threnoi(눈물)"로 부르고, 주후 4세기의 라틴역(Vulgate)이 이를 "Threni, id est lamentationes Jeremiae prophetat(예언자 예레미야의 애가인 눈물)"로 부른 데서 기원하였습니다. 각 책의 처음 시작하는 말로 각 권의 이름을 부르는 히브리 성서에서의 명칭은 "에이카(슬프다)"입니다.[1]

히브리 성서에는 애가 안에서 뿐 아니라 다른 책에도 이 책의 저자에 대한 특별한 언급이 없습니다. 유대 전통에는 예

---

1) 애가의 대표적 운율로 손꼽히는 3+2의 키나(qinah)가 지배적이지만, 시의 3분의 1 정도는 단순히 2+2 혹은 2+3의 리듬을 띠고 있다.

레미야가 동굴에서 예레미야를 썼다고 전해지며, 로마 바티칸 시스틴 채플의 미켈란젤로의 천정벽화에 예레미야가 비통한 애도의 모습으로 앉아 있는 모습이나, 앞의 렘브란트의 그림[2]에 이러한 전통이 반영되어 있기도 합니다. 칠십인역은 1절 전반부에서 "그때에 이스라엘이 포로로 잡혀가고 예루살렘이 폐허로 남게 된 후에 예레미야는 앉아서 울며 예루살렘을 향한 애가로 애도하며 말하기를"이라고 적어 애가의 저자와 저작연대를 설정하고 있습니다. 타르굼도 유사하게 다음과 같이 기록합니다.

> אמר ירמיהו נבייא וכהנא רבא איכדין אתגזר על ירושלם ועל עמהא לאיתדנא בתירוכין ולמספד עליהון איכא הוה כמא דאיתדנו אדם והוה דאתרכו מגנתא דעדן ואספד מרי־עלמא עליהון קרשא בריך הוא איכא

> 예언자이며 대제사장인 예레미야가 말하기를, 어찌하여 예루살렘과 그 백성들에게 추방이라는 판결과 더불어 애카로 목놓아 울라고 선언된단 말인가? 아담과 하와가 벌을 받아 에덴 동산에서 쫓겨남과 같고 세상의 주인이 그들로 인해 애카로 우심과 같구나.

유대 전통의 번역가들이 예레미야와 애가를 연결시킨 근거는 역대기하 35장 25절에, "예레미야가 요시야를 위하여 애가를 지었으며 노래하는 남자와 여자는 요시야를 슬피 노래하니 이스라엘에 규례가 되어 오늘날까지 이르렀으며 그 가사는 애가 중에 기록되었다"고 소개한 대목에 기초하였다고 추측됩니다. 옛시리아역이나 라틴어역도 이런 전통을 따랐습니다. 그러나 역대기하 본문을 근거로 애가의 저자를 예레미야로 보는 데는 몇 가지 어려움이 있습니다. 우선 애가는 분명하게 예루살렘 멸망을 언급하

2) 렘브란트, *The Prophet Jeremiah Mourning over the Destruction of Jerusalem*, 1630. oil on panel. Rijksmuseum, Amsterdam. 그림파일 출처 http://www.abcgallery.com.

고 있으므로 요시야를 위한 애가라는 역대기 본문의 애가와 동일한 것으로 볼 수 있는가의 의문이 생깁니다. 또한 애가에는 요시야에 대한 언급은 없고 시드기야에 대한 짧은 언급만 있으므로 역대기하의 내용은 애가 본문으로부터의 지지를 받지 못합니다. 신학적 관점에서도 예레미야는 예루살렘에 대한 밝은 미래를 본 반면(렘 30-33장), 애가는 예루살렘의 미래에 대한 어떤 희망적 미래를 제시하지 않은 채 예루살렘의 멸망을 애도합니다. 그리고 조상의 죄로 인해 고난을 받는 것으로 보는 애가 5장 7절의 입장은 신포도의 비유를 통해 '각기 자기 죄악으로만 죽으리라' (렘 31:30) 고 말하는 예레미야 입장과 다릅니다.

그럼에도 예레미야와 애가 사이에 발견되는 유사한 요소들은 두 책 사이의 연관성을 완전히 부정하기 어렵게 합니다. 드라이버(S. R. Driver)는 두 책 사이의 언어적 유사성을 네 범주로 설명하는데, 첫째, 두 책은 멸망에 대한 민족적인 슬픔에 깊이 공감하고 이를 비탄하는 어조를 분명하게 제시합니다. 둘째, 두 책이 제시하는 멸망의 원인이 유사한데, 그 원인은 선지자와 제사장의 죄(애 2:14; 4:13-15// 렘 2:7-8; 5:31; 14:13; 23:11-40; 27:1-28:17)와 동맹국들에 대한 헛된 확신(애 1:2, 19; 4:17// 렘 2:18, 36; 30:14; 37:5-10) 등으로 제시되고 있습니다. 셋째, 두 책은 동일한 은유와 언어를 사용합니다. 약속을 위반한 딸 시온(애 1:15; 2:13// 렘 8:21; 14:17), 적을 물리쳐달라는 호소(애 3:64-66// 렘 11:20), 예루살렘처럼 황폐하게 될 대적자들(애 4:21// 렘 49:12) 등이 그 예입니다. 넷째, 두 책에 동일한 어구들, 가령 어미가 자식을 먹는다(애 2:20; 4:10; 렘 19:9), "쑥과 독한 물"이란 용어 사용(애 3:15; 렘 9:15; 23:15), "잔"이란 용어(애 4:21; 5:16; 렘 13:18; 25:15; 49:12) 등이 나타납니다.[3)]

이러한 불일치 혹은 유사성 때문에 학자들 사이에도 애가의 저자에 대한 의견이 일치되지 않고 있습니다. 예레미야의 저작권을 부정하는 입장

3) S. R. Driver, *An Introduction to the Literature of Old Testament*, New York: Scribners, 1914, 462.

에서는 예레미야가 시드기야를 긍정적으로 본 적이 없고(cf. 애 4:20), 4장 17절의 '구원하지 못할 나라를 바라보고' 란 표현은 타국의 힘을 의존하는 것을 배격한 예레미야의 성향(렘 2:18)과 다르다는 점을 주목하는 반면,[4] 예레미야를 저자로 보는 입장에서는 전체 애가는 아니더라도 부분적으로 예레미야가 예루살렘 함락의 목격자로서 애가 2, 4장을 썼을지도 모른다고 가정하기도 합니다.[5] 폴 하우스(Paul House)는 저자에 관한 학자들의 논의를 개괄한 후, 1, 2, 4장은 언어와 주제 내용이 유사한 점과 많은 부문에서 본문의 교차적인 연관성을 가지는 점을 볼 때 한 사람이 썼을 것으로 가정합니다. 그리고 3장은 동일인은 아니라도 유사한 마음의 소유자가 썼을 것이며 3장은 그 형태와 관점이 독특한 특성이 있다고 설명합니다. 5장은 공동체적 애가인데 5장의 저자가 다른 여타 시편들을 최종 작성했을 것으로 결론내립니다.[6] 히브리 시의 운율을 연구한 부데(Budde)는 애가의 노래들은 여러 저자들이 작성했고, 예전적인 목적을 위해서 오랜 기간에 걸쳐서 모아졌다고 주장하여 애가가 한 사람이 아닌 다양한 저자에 의해 쓰여졌다고 보는 견해에 힘을 실어주었습니다.[7]

예레미야가 애가를 직접 썼는지, 혹은 예루살렘을 목격한 한 저자가 다섯 편의 노래를 혹은 일부를 썼는지 등에 대한 개인 저작권에 대한 논쟁은 어쩌면 저작권 소유법에 민감한 현대인들의 관심일 뿐인지도 모릅니다. 성서의 애가를 읽어보면 그 내용과 분위기가 한 개인의 경험이라기보다 한 공동체가 함께 겪은 재난에 대한 공동체 탄원의 내용을 담고 있기 때문에 개인의 저작권 논쟁은 큰 의미가 없어 보입니다. 예레미야와 애가

---

4) Delbert R. Hillers, *Lamentations: Introduction, Translation, and Notes*, AB; Garden City: Doubleday & Co, 1972, XXI.

5) H. T. 퀴스트, 박대선 역, 『예레미야, 예레미야 애가』, 대한기독교서회, 1972, 219.

6) 두안 가렛, 폴 R. 하우스, 『아가, 예레미야 애가』 채천석 옮김, WBC 23B; 솔로몬, 2010, 447. [이하 하우스, 『예레미야 애가』로 표기함].

7) K. Budde, "Das hebraeische Kalgelied", *Zeitschrift fur die Alttestment Wissenshaft* 2 (1882), 1-52.

가 유사한 신학적 입장을 보여주고 동일한 은유나 용어들을 사용하고 있는 점은 저작권에 대한 증거로 삼기보다 당대 나라의 멸망이라는 대재난을 함께 겪으며 살았던 신앙공동체 구성원들 사이에 널리 공유되었던 신앙전통과 신학, 그리고 문학적 양식의 증거로 해석될 수 있습니다. 신학적 입장과 은유, 용어의 유사성은 포로기 예언한 이사야의 본문들에도 발견되기 때문에 이러한 해석이 더 타당하게 여겨집니다. 고대 독자들에게 그리고 정경 편집자들에게 개별 애가들에 대한 저작권은 역사비평적 학자들이나 현대 독자들에게 중요한 만큼 그런 관심거리가 아니었을지도 모릅니다. 단 이 책을 예레미야라는 예루살렘의 멸망을 선포하고 그 과정에서 고난을 겪은 예언자가 지은 것으로 여기는 후대의 전통은 애가의 신학을 예레미야의 고난과 신학적 해석의 틀로 해석하고 공유하는 후대 정경 공동체의 이해를 반영한 결과라고 보입니다.

그러므로 우리는 본문을 분석, 해체하여 그 기원이나 저자를 따지기보다, 현재 우리에게 한 권으로 읽혀지고 있는 다섯 편의 노래를 최종 본문 형태에서 그 신학적 의미를 살펴보는 것이 현재 독자인 우리가 선행했던 신앙공동체의 고난 경험과 신학을 통해 현재 우리의 고난을 해석하고 이를 극복하는 신학적 대안을 고민하는데 더 필요한 접근일 것입니다. 따라서 이 장에서는 애가를 이해하는 데 필요한 기본적인 문학적, 역사적 배경 설정을 소개하지만 역사비평적 분석을 깊게 하면서 저자와 저작 시기에 대한 소모적인 논쟁은 피하고자 합니다.

2) 저작 시기

애가의 저작 시기는 기원전 586년, 예루살렘이 바벨론에 의해 함락되고, 성전이 불타며, 이스라엘 백성이 바벨론으로 포로가 된 후 얼마 되지 않아서 쓰인 것으로 대체로 일치된 견해를 보입니다.[8] 성서는 곳곳에서

8) 저작자와 연대에 관한 상세한 설명은 하우스, 『예레미야 애가』, 423-449을 참조하라.

바벨론에 의한 예루살렘의 침공과 함락에 대해 보도하고 있습니다(왕하 24:18-25:26; 렘 39:1-10; 52:1-30; 대하 36:11-20). 느부가넷살 군대에 의한 이 침공은 거의 2년간 지속되었으며 고립된 도시 안에서 예루살렘 사람들은 성에 갇혀 기아에 시달리다 성의 함락으로 성전과 왕궁이 파괴되고, 왕이 사로잡혀가게 되었으며 고위층들이 바벨론으로 유배됩니다.

애가는 당시의 처참한 상황을 극적으로 잘 묘사하고 있으며 갓월드(N. Gottwald)는 유다 멸망에 대한 열왕기하, 예레미야, 애가 본문을 다음과 같이 비교하여 보여줍니다: 포위공격(왕하 25:1f; 애 2:22; 3:5, 7), 가뭄(왕하 25:3; 렘 37:21; 애 1:11, 19; 2:11f, 19f.), 지도자들에 대한 학살(왕하 25:18-21; 렘 35:5; 애 1:15; 20:20; 4:16), 왕의 피신(왕하 25:4-7; 애 1:3, 6; 2:2; 4:19f.), 성전 약탈(왕하 25:13-15; 애 1:10), 성전, 궁전, 대저택의 화재(왕하 25:8f.; 애 1:4; 2:3ff.; 4:11; 5:18), 성벽함락(왕하 25:11f.; 애 2:2, 5, 7-9), 사로잡힘(왕하 25:11f.; 애 1:1,4f.,18; 2:9,14; 3:2, 19; 4:22; 5:2), 외국의 도움에 대한 기대와 실패(렘 27:1-11; 37:5-10; 왕하 24:1; 애 4:17; 5:6), 변덕스러운 유다의 정치적 동맹들(왕하 24:2; 렘 40:14; 애 1:2, 8, 17, 19), 지방행정지로서의 유다(왕하 25:22, 24f.; 애 1:1; 5:8f.).[9] 이상의 목록은 예루살렘의 멸망에 관한 애가의 묘사는 열왕기하 25장과 예레미야의 묘사와 약간의 차이를 보여주는데 애가와 이사야 51장 17-20절의 유사한 설명을 고려한다면 멸망 직후에 씌여진 것이 아니라 포로지 이사야가 활동한 550년경의 저작이라는 추측도 낳게 합니다. 실제로 애가의 저작 시기를 다소 후대로 보는 견해들도 있는데, 가령 로버트 고디스(Robert Gordis)는 예루살렘의 멸망을 생생하게 묘사하고 있는 2장과 4장은 기원전 570년 경에 살았던 목격자의 작품이지만 파괴와는 거리가 더 먼 듯한 다른 세 노래들은 기원전 530년 경에 완성되었다고 봅니다.[10)]

---

9) N. Gottwald, "Lamentations", in ed. by James L. Mayes, *The Harper Collins Bible Commentary,* San Francisco: HarperSanFancisco, 2000, 321.

10) Robert Gordis, *The Song of Songs and Lamentations,* New York: Ktav, 1974,

또한 오토 카이저(Otto Kaiser)는 다섯 편의 노래 모두가 예루살렘 함락보다 훨씬 늦은 시기인 기원전 450-300년 사이에 쓰여졌다고 봅니다.[11]

애가의 내용을 전체적으로 살펴보면 그 시기가 꼭 예루살렘 성전의 멸망 직후일 것이라기보다 외세의 침략으로 한 나라 혹은 도시가 황폐해진 처참한 비극적 상황을 떠올리도록 해줍니다. 실제로 바벨론 군대가 586년 성을 함락시키고 성전을 파괴시킨 침략 이외에도 유대인들이 총독 그달리야를 살해했을 때도 바벨론 군대는 예루살렘을 세 번째 침공하여 사람들을 죽이고 포로로 잡아가기도 했습니다. 애가는 전쟁으로 인한 대대적인 파괴와 백성들의 포로로 잡혀간 국가적 대재난의 경험을 바탕으로 쓰인 탄식의 노래로 특정시기에만 적용되지 않고 보편화된 공동체 애도의 노래로 불려지고 그런 점에서 애가는 예전으로서의 가치를 지니게 됩니다.

3) 정경에서의 위치

첫 머리에서 밝혔듯이 히브리 성서와 기독교 성서에 애가는 그 책 이름뿐 아니라 정경에서의 배치 순서도 다릅니다. 먼저 히브리 성서는 애가를 마지막 성문서(케투빔)에 속해 있는 다섯 편의 절기서인, “두루마리, Megilloth”의 네 번째 책으로 배치해 놓고 있습니다. 메길로트는 유대교의 절기에 읽혀지는 다섯 권의 책으로 룻, 아가, 전도서, 애가, 에스더의 순서로 놓여 있습니다. 메길로트가 5권으로 구성된 이유는 히브리 성서가 경전으로 편집되면서 5권의 책들로 틀을 갖추는 전통의 한 결과입니다. 히브리 성서에서 토라와 시편 모두 5권으로 구성되어 있습니다. 실러(Schiller)의 “피콜로미니(Piccolomini)” 2막 1장은 “5는 인간의 영혼이다. 인간은 선과 악으로 이루어지는데, 5는 짝수와 홀수가 모두 들어 있는

126-127.

11) Otto Kaiser, “Klagelieder”, in H. Ringren and O. Kaiser, *Das Hohelied/Klagelieder/Das Buch Ester*, 4th ed.; Goettingen: Vandenhoeck & Ruprecht, 1991, 109-110; 하우스, 『예레미야 애가』, 423-449.

최초의 수이기 때문이다."[12]고 설명합니다. 메길로트 안에서 다섯 권의 책의 정경순서가 던져주는 의미는 히브리 성서 전통에서 애가는 성전의 파괴를 기억하며 이를 애도하는 아빕월의 제 9일에 드리는 회당 예배와 연관되어 '위로'와 '애도'의 성격이 강조되고 있습니다.[13] 히브리 경전에서 애가는 절기 때마다 그 선조들의 슬픔과 고난의 경험이 예전을 통해 다시 들려지고(retelling) 현재화되어 나의 경험으로 재해석됨으로써 '나의 노래, 나의 슬픔'으로 변화합니다. 예배의 자리에서 애가는 유대 공동체에게는 과거와 현재의 고난 경험을 연결해주며, 고난의 상황에 있는 개인에게는 '위로의 책'의 기능을 담당합니다.[14] 이러한 신학적 입장은 그 책이름이 "에이카"라는 점과도 잘 어울립니다.

반면 칠십인역(LXX)은 1장 1절 서두에 이 노래는 예레미야가 예루살렘 멸망을 목도하고 지은 것이라는 서언을 덧붙여 번역하면서 예레미야 예언서 다음에 배치시킴으로써 애가가 '애도'를 위한 절기서가 아닌 '탄식'의 성격이 더 드러나는 예언서의 하나로 읽습니다. 차후에 애가의 '탄식'이 단순한 넋두리가 아니라 저항과 도전을 동반한 예언의 목소리로 하나님의 구원을 촉구하는 힘이 되고 있음을 살펴볼 것입니다.

이 두 가지 성서전통을 통해 현대의 해석공동체로서 우리가 애가를 어떻게 해석할 것인가를 생각해 봅니다. 먼저 히브리 성서의 독법을 통해서

---

12) 이 진술은 1이 수로 간주되지 않았음을 반영한다. 1이 숫자였다면 짝수와 홀수가 결합된 초초의 수는 3(1+2)가 되어야 하기 때문이다. 1이 숫자로 인식된 것은 1585년 소수의 기법을 소개한 스테린(S. Sterin)이다. 그는 "3에서 숫자가 아닌 것을 빼면 3이 남는다. 그러나 3-1=2이다. 따라서 1인 숫자가 아닌 것이 아니다. 1은 수이다."라고 주장하였다. 카를 메닝거, 『수의 문화사: 동서양의 수 언어와 수 상징』, 김량국 옮김, 열린책들, 2005에서 재인용.

13) 로마교회는 거룩한 주간의 마지막 3일간 애가서의 구절들을 읽고, 개신교의 몇 전통은 삼위일체일 후의 제 10 성일에 애가서의 구절들을 읽는다. 퀴스트, 『예레미야, 예레미야 애가』, 220. 미국장로교(PCUSA)의 예식서는 애 1:1-6, 3:19-26 본문이 Ordinary Time의 27번째 주일에 읽도록 제시되어 있다. *The Common Book of Worship*, Louisville: Westminster/ John Knox Press, 1993, 1047.

14) "애통하는 자는 복이 있나니 저희가 위로를 받을 것이요"(마 5:4)을 상기시킨다.

우리는 애가가 당신 혹은 그들의 노래가 아니라 고난에 동참하며 공감하는 마음으로 시공간을 넘어 삶의 터를 잃은 민중공동체의 슬픔을 함께 나누는 예전문으로서 애통하는 마음의 공감대를 나눕니다. 또한 칠십인역의 독법을 통해서 우리는 슬픔의 애도가 단순히 슬픔의 공유를 넘어서 하나님의 응답을 촉구하며 해석공동체로 하여금 애가를 통해 구원의 주체자로 나아가게 하는 예언자적 영성을 발견합니다.

2. 애가의 문학적 특성

다섯 편의 짧은 노래책이면서도 애가는 그 안에 다양하고 때로는 불협화음을 보이는 듯한 문학적 특성들을 지닌 복합적인 문학작품입니다. 예를 들어 애가의 각 노래 속에는 다중적인 화자들의 목소리가 담겨져 있으며, 탄원시의 양식을 띠면서도 전형적인 탄원시 구조를 유지하지 않고 오히려 문학관습을 깨뜨리는 도발적인 탄식으로 끝나고 있습니다. 뿐만 아니라 다섯 편의 노래들은 그 형태가 첫 단어를 알파벳 순서에 따라 시작하는 알파벳(acrostic) 노래들이면서[15] 각 노래들의 길이가 다르고, 알파벳 순서를 소개하는 방식도 다양하며, 심지어 다섯 번째 노래는 알파벳 순서대로 시작하지 않고 절수를 알파벳 수자 22절에 맞추어 알파벳 시의 형태를 간접적으로 모방하고 있습니다. 문학적 기교도 다양하게 사용되고 있는데, 도시를 여성으로 의인화시켜 생동감을 더해주고 있으며 역동적이고 다채로운 언어구사와 이미지 사용으로 문학적 풍부함을 한껏 보여주고 있습니다. 애가의 다양성은 주제를 발전시키는 과정에서도 발견되는데, 다섯 편의 노래는 모두 고난경험을 다루고 있지만 고난에 대한 이해에 있어서 뚜렷한 일관성을 드러내기 보다는 다양성을 보여줍니다.[16] 이처럼

15) 구약의 알파벳 시(부분적인 알파벳 시 포함)는 나 1:2-8; 시 9-10, 25, 34, 37, 111, 112, 119, 145; 잠 31:10-31 등이 있다.

애가가 문학적 양식이나 그 주제에 있어서 일관성을 띠지 못하고 때로는 전형적인 패턴을 파괴하기까지 하면서 다양성을 보여주는 점은 오히려 고난에 대한 애가의 신학을 분명하게 드러내주는 결과를 가져옵니다.

1) 다중적인 화자들의 목소리

애가의 다섯 편의 노래 속에는 다중적인 목소리가 등장합니다. 삼인칭 화법의 설화자의 목소리와 일인칭으로 노래하는 한 사람 또는 두 사람의 목소리가 주로 등장하고 일인칭으로 노래하는 목소리는 의인화된 여성시온의 음성으로 소개되기도 합니다. 그리고 3장에서는 정체가 밝혀지지 않은 남성의 목소리도 등장합니다. 삼인칭으로 말하고 있는 설화자는 첫 번째 두 노래에 등장하고, 이와 함께 시온 그리고 일인칭 화자가 주인공으로 등장합니다. 세 번째 노래는 앞 장의 일인칭 화자로 보이는 공동체의 대표자에 의한 독백입니다. 그리고 마지막 노래는 공동체의 합창과 같이 공동의 목소리가 등장합니다. 애가 전체에서 이들 목소리들은 서로 조화를 이루기보다는 서로 모순되고 갈등을 일으킵니다.

애가의 다섯 편의 노래들은 그들 사이의 대화적 수사기법을 통해 신학을 전개합니다.[17] 대화적 수사기법은 1장과 3장, 2장과 4장이 대조를 이루고 있는 점에서도 나타납니다.[18] 나아가 대화적 수사기법은 화자의 인칭

---

16) B. S. Childs, *Introduction to the Old Testament as Scripture,* Minneapolis: Augusberg Fortress, 1979, 594; Claus Westermann, *Lamentations, Issues and Interpretation.*, trans. by Charles Muenchow, Minneapolis: Fortress Press, 1994, 66.

17) Elisabeth Boase, *The Fulfillment of Doom: The Dialogic Interaction between the Book of Lamentations and Pre-Exilic/Early Prophetic Literature*, Library of hebrew Bible/Old Testament Studies 437; London/ New York: Clark, 2006; Carleen R. Mandolfo, *Daughter Zion Talks Back to the Prophets: A Dialogic Theology of the Book of Lamentations,* Atlanta: Society of Biblical Literature, 2007; W. F. Lanahan, "The Speaking Voice of the Book of Lamentations", *JBL* 93(1974), 000.

18) Gottwald, "Lamentations", 329.

수(그와 우리)와, 성별(남성 시인과 여성 시온)의 조화를 보여주기도 합니다. 더욱이 애가에 직접 화자로 등장하는 여성 시온이 과부로 묘사되는데, 여성 시온과 남성 저자의 병행적 목소리는 이사야 49-55장에서의 야웨의 종과 여성시온이 병행해서 등장하는 점과 유사하여 흥미를 자아냅니다.[19] 과부, 혹은 어머니로서의 시온 은유는 성서와 성서 밖의 전통에서 계속 이어지는데, 이사야나 스가랴서에서 언급되는 것은 물론, 제4에스라와 갈라디아서 4장 25절의 하늘 어머니로서의 예루살렘, 그리고 Titus 기념주화에 새겨진 황폐해진 여성으로서의 예루살렘, 'Judaea Capta' 등이 그 예입니다.[20]

그런데 애가에는 다중적인 화자들이 애타게 듣기를 원하고 애가를 읽는 독자들도 기다리는 하나님의 목소리가 빠져 있습니다. 유일하게 하나님의 목소리로 인용되고 있는 대목은 3장 57절입니다: "내가 주께 아뢴 날에 주께서 내게 가까이 하여 이르시기를, '두려워말라' 하셨나이다." 이 말은 하나님의 목소리라기보다 절박한 상황에서 기다리고 또 기다렸던 사람들에게는 충분한 답변이 되기엔 너무도 짧게 느껴집니다.

애가에 다중적인 화자들이 등장함으로써 우리는 국가의 멸망이라는 대재난을 경험하는 한 공동체의 고통을 다양한 시각에서 들을 수 있는 효과를 얻게 됩니다. 애가의 저자가 이러한 목적으로 다중적인 화자들을 등장시켰는지는 모릅니다. 그러나 다양한 화자들이 자기의 입장에서 다르게 고난에 대한 이해를 목소리를 통해 들려줌으로써 제 삼자적 입장과 일인칭적 고백, 그리고 고난을 대신 짊어지는 지도자적 인물의 고뇌와 헌신의 목소리, 그리고 개인이 아닌 공동체의 절규 등을 고스란히 보여주고 있습니다. 이것이 애가의 매력이기도 합니다.

하나님의 목소리가 애가의 노래들에 빠져 있는 점도 많은 시사점을 던져줍니다. 고난 속에서 하나님 앞에 절규하면서 우리 인간은 너무도 많은

19) 이영미, 『이사야의 구원신학』 참조.
20) N. Gottwald, *Studies in Lamentations*, London: SCM Press, 1954, 112.

경우 즉각적인 하나님의 응답을 체험하지 못합니다. 기도만 하면 모든 문제가 해결된다는 식의 도깨비 방망이식 응답은 우리가 실제 삶 속에서 거의 경험하지 못합니다. 애가의 노래들은 "두려워 말라"는 하나님의 위로의 말 이외에 즉각적인 해결을 마련하겠다는 하나님의 어떠한 약속도 유보함으로써 값싼 보상의 신학을 제시하기를 거부하고 있습니다. 고난의 심연의 바다 깊이에서 애가는 희망이 보장되지 않은 절망의 끝없는 나락의 경험을 고스란히 보여주고 있는 점에서 애가는 인간의 절망 앞에 솔직히 직면하여 서 있으며 즉각적인 희망을 부여잡고 해결점을 제시하기보다 고난의 고통을 그대로 보여주고 이와 씨름하는 고난의 신학을 펼치고 있습니다.

2) 탄원시의 전형적 틀을 깬 애가

애가를 양식비평적 구분에 따라 살펴보면, 1, 2, 4장은 만가(dirge; qinah)이고, 3장은 개인 애가일지라도 개인 탄원시와 공동체 탄원시를 모두 포함한 혼합된 장르에 속하며,[21] 5장은 공동체 탄원시의 예를 보여줍니다.[22] 전형적인 탄원시 양식의 구성은 다음과 같습니다.[23]

1) 도입구

2) 하나님을 향한 탄식 내지는 고발, 일인칭 탄식 그리고 적에 대한 탄식

---

21) 제3장은 1, 2, 4장이 에이카로 시작하는 것과 달리 일인칭 인칭대명사 "아니"로 시작한다.

22) Hermann Gunkel, *Introduction to Psalms,* Mercer University Press, 1998, 95; Westermann, *Lamentations: Issues and Interpretation*, Edinburgh, 1994, 1-23; T. Linafelt, *Surviving Lamentations: Catastrophe, Lament, and Protest in the After life of a Biblical Book*, Chicago and London, 2000, ch. 2; N. C. Lee, *The Singers of Lamentations: Cities Under Siege, From Ur to Jerusalem to Sarajevo*, Leiden: Brill, 2002, 1-46; Jill Middlemas, "Did Second Isaiah Write Lamentations III?" *Vetus Testament* LVI, 4(2006), 505.

23) 탄원시의 구조에 대해서는 C. Westermann, *Lamentations*, (1981), 48ff를 참조하라.

3) 신뢰고백
4) 간구
5) 찬양서원

이와 같은 탄식시편의 특징은 탄식에서 찬양으로의 갑작스러운 전이를 손꼽을 수 있습니다. 예루살렘의 함락을 언급하는 시편들(74, 77, 79, 89) 중에서 고난에 대한 탄식이 하나님의 놀라우신 행위와, 미래를 이끌어 나가실 하나님의 능력에 대한 회상과 찬양으로 전이되는 대표적인 예는 시 74편 12절에서 볼 수 있습니다. 심판의 고통에 대한 탄식에서 하나님의 능력에 대한 회상과 그분에 대한 신뢰로 급전환하는 근거는 뚜렷하게 제시되지 못하더라도[24] 전형적인 히브리 탄원시는 이러한 요소들을 공통되게 보여주고 있습니다. 탄식은 인간의 고통과 하나님의 응답 사이의 긴 공백에서 터져 나오는 울부짖음입니다. 하나님에 대한 신뢰와 의지가 한계에 이르렀을 때, 시인은 하나님을 고소하기도 합니다(시 22:3). 시인의 호소는 탄식에서 찬양으로 상황을 반전시키는 동기가 됩니다.

그러나 히브리 성서에는 탄식에서 찬양으로의 전이가 이루어지지 않는 탄원시가 발견되기도 합니다. 탄원시가 하나님의 응답이나 하나님에 대한 신뢰고백이 없이 끝나버리는 경우, 즉 히브리 탄원시의 전형을 따르지 않고 그 양식을 파괴하는 시편의 예로는 제왕탄식시로 분류되는 시 89편을 들 수 있습니다. 이 시편은 찬양이나 찬양에 대한 약속으로 끝맺고 있지 않습니다.[25]

---

24) 탄원시에서 탄식에서 신뢰고백으로의 급전환을 설명하려는 신학적 해석은 다양하게 제시되었다. 가령 김이곤은 이를 거룩한 전쟁에서의 승리에 근거한 공동체적 경험에서 기인한다고 본다. 그밖에도 이 전환을 심리적인 이유, 혹은 제의적 이유로 설명하는 입장들이 있다. 김이곤, "A Study of the Rapid Change of Mood in the Lament Psalms, with a Special Inquiry into the Impetus for its Expression", (Ph. D. Dissertation, Union Theological Seminary, 1984).

25) 52절은 이 시에 속하지 않고 시편 3권의 마지막 송영이다. 시편의 각 권은 송영으로 끝맺는다.

"주여, 주의 성실하심으로
다윗에게 맹세하신 그 전의 인자하심이 어디 있나이까
주는 주의 종들이 받은 비방을 기억하소서
많은 민족의 비방이 내 품에 있사오니
여호와여 이 비방은 주의 원수들이
주의 기름 부음 받은 자의 행동을 비방한 것이로소이다(49-51절).

또 다른 예는 시 137편인데, 이 시의 마지막 연은 다음과 같이 끝나고 있습니다:

기억하소서, 주님!
에돔의 자손들을 예루살렘의 날과 함께
그들은 말한 자들이다, "헐어버려라, 헐어버려라. 그 기초까지." 라고
딸 바벨론아! 파괴되고 있는 자여,
복이 있다, 너에게 되갚는 자는, 네가 우리에게 행한 대로
복이 있다, 너의 아이들을 붙잡아서 바위에 내던지는 자는 (7-9절)

시 137편은 탄식시의 전형적인 양식을 뒤바꿔놓고 있을 뿐 아니라 유아살해의 무시무시한 결론으로 끝맺고 있기 때문에 이 시를 해석하고 신학적 의미를 현대 독자들에게 적용하는 데 있어서 가장 어려운 성서본문들 중 하나입니다.

성서의 난해한 본문들을 대면하면 독자들은 흔히 본문에서 어려운 구절이나 절을 생략하거나 이를 은유적으로 읽어서 그 긴장을 쉽게 해소하려는 경향이 있습니다. 그러나 본문의 어려움을 상징적 은유로 해석함으로써 쉽게 피해가는 것은 본문의 본래 기능을 너무 신앙화, 미화시키는 결과를 낳을 수 있습니다. 성서 본문이 문자적으로 불편한 언어와 신학을 담고 있을지라도 본문과의 대화를 통해 그 신학적 의미를 찾기 위해 씨름해

볼 필요가 있습니다. 137편의 끝맺음의 경우, 저주의 말들이 외관상으로 패배한 것처럼 보이는 사람들에게 힘의 언어로서 저항을 호소하기도 하고, 충성에 대한 맹세만이 아니라 모든 일들이 순리대로 재조정되고 형성될 것을 촉구하기도 하는 저주의 기능을 통해 포로기 저항의 시로 재해석될 가능성도 있습니다.[26] 이처럼 인간의 고통 호소와 하나님의 응답 사이의 긴 공백이 공백으로 남아있을 때, 아니 그 고통이 너무 무거워 탄원이 저주로까지 이어지는 침묵의 자리에, 교회 혹은 신학은 무엇을 말해줄 수 있는가 고민해 봐야 할 것입니다. 이것이 해석공동체에 던져진 신학적 과제이며 요청입니다.

시 137편과 마찬가지로 애가 역시 희망을 제시하거나 해결점을 보여줌으로써 노래를 끝맺는 것이 아니라 하나님을 향한 도발적인 질문으로 끝을 마무리하고 있습니다. 그리고 중간에 탄식에서 신뢰로의 전이도 없습니다. 세 번째 노래가 다른 네 편의 노래와 달리 희망을 노래하는 듯하지만 3장의 끝에서도 탄식에서 희망으로 노래를 끝나지 않고 다시금 하나님께서 원수들을 향해 보복하며 저주를 더해줄 것을 요청하면서 심판과 탄식의 말로 끝맺고 있습니다. 애가의 노래들은 탄원시의 요소들을 포함하지만 일정한 구조적 형식을 공유하지 않는 점은 다중적인 화자의 목소리가 던져주는 문학적 효과와 비슷한 기능을 하고 있습니다.[27] 렌케마(Renkema) 역시 애가의 다섯 편의 노래가 탄원시의 요소들을 포함하면서도 전형적인 형식을 그대로 따르기보다는 함께 어우러져 독특한 문학적 특성을 창출한다고 말합니다.[28] 애가는 계속되는 고난 속에서 한때 희

---

26) Anastasia Bonafia-Malle, "Singing a Foreign Song at Home: Analogy from Psalm 137", 「성경원문연구」 24호 (2009년 4월), 283-310.

27) C. Westermann, *Praise and Lament in the Psalms*, Westminster John Knox Press, 1981, 95-98.

28) J. Renkema, "The Literary Structure of Lamentations (I-IV)", in W. Van der Meer and J. C. de Moor eds., *The Structural Analysis of Biblical and Canaanite Poetry*, JSOTSup 74; Sheffield: JSOT Press, 1988, 41.

망을 보며 간청의 기도를 드리면서도 뚜렷한 변화 없는 지난한 시간 속에 희망을 뒤엎고 원수를 향한 분노의 탄식의 소리가 잠잠해진 듯한 내면에서 다시 끓어오르는 우리의 경험을 고스란히 드러내 주고 있는 듯합니다. 탄원시의 전형적인 틀을 깨고 쉽게 탄식에서 희망 혹은 신뢰로의 전이를 보여주지 않고 있는 애가는 고난에 대한 인간의 솔직한 경험을 그대로 반영한 결과로 보여집니다. 이런 점에서 애가는 하나님 앞에 솔직한, 너무도 솔직한 인간의 노래입니다.

3) 알파벳 노래의 다양한 변형

애가 중 다섯 번째 노래를 제외한 네 개의 노래는 히브리어 자음 숫자에 따라 22연(stanza)으로 이루어진 알파벳 노래입니다. 다섯 번째 노래도 알파벳 자음으로 각 절을 시작하지는 않지만 알파벳 자음 22개 숫자에 상응하는 절 수로 구성하고 있습니다. 알파벳 노래로서의 애가의 특징은 힐러스(Hillers)가 그 책에서 가장 명확하게 정리하고 있어 여기 인용합니다.

> 1장과 2장은 상대적으로 단순한 유형에 속하고, 거기서 연은 세 소절을 갖고 각 연의 첫 소절만이 알파벳에 상응함으로써 1연은 알렙으로 시작하고 2연은 베트로 시작하는 등 히그리 알파벳의 22문자 순으로 쭉 이어진다. 4장은 동일한 형태에 속하지만 이 장에서 각 연은 오직 두 소절만을 가진다. 3장은 더 정교하다. 각 연은 세 소절을 가지며 각 소절은 동일한 자음으로 시작한다. 즉 알렙으로 세 소절이 시작되고, 다음으로 베트로 세 소절이 시작되며 그런 식으로 쭉 이어진다. 5장은 알파벳 순서를 따라 시작되지는 않지만 정확히 22소절을 갖고 있어 알파벳에 상응한다. 22소절을 갖는 다른 성서의 시편들이 존재하고—시 33, 38, 103편—이 모든 경우에 소절의 수는 의도적으로 선택한 것으로 여겨진다.[29]

히브리 성서에서 전체가 알파벳 시의 양식을 취하고 있는 책은 애가가 유일합니다. 그렇다면 애가는 의도적으로 알파벳 시의 형태를 다섯 편의 노래에 적용했다고 볼 수 있는데 그 이유가 무엇일까 의문을 던져봅니다. 폴 하우스는 히브리 성서의 시편이나 노래가 알파벳 시의 형태를 취하는 목적에 관한 학자들의 설명을 네 가지로 요약합니다.[30] 첫째, 알파벳 시가 마술적인 힘을 가지고 있다고 믿기 때문에 저자들이 그런 형식을 사용했다는 견해입니다. 둘째, 알파벳에 따른 두운 법은 특별히 포로 중에 있는 이스라엘 성도들의 암기에 도움이 되었을 것으로 보는 견해입니다. 셋째, 알파벳 노래가 가지는 심미적인 아름다움과 문학적 예술성이 있기 때문입니다. 끝으로 저자가 시의 완성도를 통해 감정을 절제된 형태로 전달하려는 목적에서 알파벳 시 형태를 취했다고 보는 입장입니다. 이상의 각 견해들이 어느 정도 설득력있는 요소들이 있긴 하지만 만일 알파벳 시가 암기에 도움이 되기 위한 것이었거나 마술적 힘을 발휘하기 위한 목적에 쓰인 것이라면 시편에 더 많은 알파벳 시가 없는 점이 쉽게 설명되지 않습니다. 그리고 알파벳 시의 심미적인 아름다움으로만 설명하기엔 이 시의 예전적 의미를 다소 간과하고 있습니다.

애가의 삶의 자리(sitz im leben)가 예배라는 점은 많은 지지를 얻고 있는 결론입니다. 예루살렘의 멸망을 애도하는 예배는 도성의 멸망이 있었던 때에 이미 있었고 그 이후 지속되었음을 성서가 보여줍니다. 예레미야 41장 4-8절은 수염을 깎고, 옷을 찢으며, 몸에 상처를 내며, 바벨론의 통치자인 게달리야가 죽은 직후에 제물을 가지고 모여든 애곡자들을 설명합니다. 스가랴 7장 3-5절과 8장 19절에 다르면 애곡과 금식은 다섯 번째 달과 일곱 번째 달에 있었습니다. 성서는 성전이 멸망한 때를 아브월 일곱 번째 날(왕화 25:8-9)과 열 번째 날(렘 52:12)을 제시하는데 두 번째 성전

29) Delbert R. Hillers, *Lamentations: Introduction, Translation, and Notes,* AB; Garden City: Doubleday & Co, 1972, xxiv-xxv.

30) 하우스, 『예레미야 애가』, 454-455.

이 아브월 아홉 번째 날에 함락되었고, 바르 코크바 요새인 바타르가 135년 동일한 날에 무너졌던 전승 때문에 유대 전통은 아브월 아홉 번째 날을 선택하여 대중적인 통회의 날을 지키고 있습니다.[31] 에탄 레빈은 애가가 먼저 절기 동안에 개인적으로만 읽혀지다가 시간이 흐르면서 회당예배에 포함되었다고 지적합니다. 그의 설명에 따르면 회당이 모든 치장을 벗고, 거룩한 궤의 휘장을 벗기며, 책을 읽을 수 있는 작은 초를 제외하고는 모든 불을 껐으며, 회중들은 마루나 걸상에 맨발로 앉아서 작은 나지막한 소리로 노래를 부릅니다. 이 노래의 음악적 양식은 전통적인 유대 레퍼토리와 유사하지는 않지만 그것을 시리아 기독교인들 가운데서(마론파 교도와 제임스파)와 애굽의 곱트 교도들 사이에서 발견할 수 있습니다."[32]

애가가 공통되게 알파벳 시의 형태를 취하거나 모방한 이유는 참을 수 없는 큰 고통을 여과없이 퍼붓는 것이 아니라 알파벳이라는 문학적 틀을 사용하여 절제된 감정으로 승화시켜 표현하는 효과를 얻기 위한 것으로 여겨집니다.[33] 특별히 애가는 고난의 경험을 개인적으로 넋두리하는 탄식을 넘어 공동체의 고난 경험을 예배의 형태에서 공동체 구성원들 사이의 대화와 하나님을 향한 탄식과 간청을 통해 함께 나누며 그 아픔을 극복하려는 예전적 노래임을 고려할 때 절제되지 않는 분노의 분출이 아닌 정제된 언어로 승화된 탄식의 표현이 알파벳 시를 통해 드러난 예라고 할 것입니다. 알파벳에 맞춰 시를 쓰는 그 과정에서 걸러지지 않은 감정의 폭은 조금씩 정제될 수 있을 것입니다.

---

31) Hillers, *Lamentations*, xli. 유대 전승에서 아브월 아홉 번째 날은 예루살렘 멸망뿐 아니라 다섯 가지 재앙을 귀속시키는데, 애굽을 떠났던 히브리인 중에 갈렙과 여호수아를 제외한 누구도 약속된 땅에 들어가지 못한다는 선포, 첫 번째 성전과 두 번째 성전의 파괴, 바르 코크바의 반란 동안에 마지막 요새인 바타르의 함락, 로마인들에 의한 예루살렘의 약탈 등이 이에 속한다.

32) 하우스, 『예레미야 애가』, 451에서 재인용.

33) Kathleen M. O' Connor, *Lamentations & The Tears of the World*, Maryknoll, NY: Orbis Books, 2002, 11-14.

4) 다양한 문학적 기교와 생생하고 다채로운 이미지의 사용

(1) 키나 운율

애가는 문학적 기교와 이미지 사용에 있어서 문학적 수준이 높습니다. 부데(Budde)는 애가에서 한 소절에서 세 단어를 두 단어가 뒤따르는 3:2 운율을 특징적 요소로 발견하였습니다. 그는 이 운율 형식을 이사야 14장과 에스겔 27장에서도 발견하고 이는 죽은 자를 애도하는데 사용된 형식이라고 주장하였습니다.[34] 힐러스(Hillers)는 키나 운율이 독특한 구문론적 구조를 가지는데, 표준적인 동사-주어-전치사-구 형식을 따르는 경우가 2/3에 해당된다고 말합니다. 그러면서도 그는 키나 운율이 장례적인 애가의 전형적인 특징이라고 보지는 않습니다. 사무엘하 1장 17-27절과 같이 이 운율 없이도 장례적인 애가가 불린 사례도 있고 그 반대의 경우도 발견되기 때문입니다.[35] 한편 윌리암 세아(William H. Shea)는 키나 형식의 논의를 진전시켜 애가 전체가 키나 형식에 따른 작품으로 구성되어 있음을 주장합니다. 그는 논의를 좀 더 확장시켜서 애가 전체 노래가 1-3장은 세 소절 항목에 기초한 알파벳 노래이고 4-5장은 두 소절 항목으로 형성되어 커다란 규모의 키나 운율(3:2)을 반영한 노래라고 주장합니다.[36]

(2) 의인화된 여성 예루살렘

애가의 중심 은유 중 하나가 첫 번째 두 번째 노래에 여성으로 의인화된 도시은유입니다. 이 여성은유는 간접적으로 무너진 예루살렘을 대표하여 여성의 다양한 사회적 역할—과부, 어머니, 사랑하는 자, 성폭행의 피해자—을 통해 도시 혹은 백성들의 고난 상황을 생생하게 묘사하고 있습니다. 예를 들어 애가의 첫 대목에서 예루살렘의 폐허된 상황은 다음과 같

---

34) K. Budde, "Das hebraeische Klagelied", *ZAW* 2 (1882), 4-25.

35) Hillers, "Lamentations, Book of", *ABD* 4, 139.

36) William H. Shea, *Bib* 60(1979), 106; 하우스. 『예레미야 애가』, 459에서 재인용.

은 도시 여성 은유를 통해 묘사되고 있습니다:

> 슬프다 이 성이여, 적막하게 앉았구나
> 거민이 많더니, 과부와 같이 되었구나
> 열국 중에 크더니, 열방 중의 공주였던 자가 복역하는 자가 되었구나 (1:1)

자식이 죽은 것은 아니지만 남편의 사망으로 인해 자식을 돌보기 어렵게 된 과부의 사회적 지위에 대한 관용적 이해는 멸망으로 더 이상 거민들을 보호하지 못하는 도시와 유배된 백성들의 관계를 대표하는 은유로 활용되고 있습니다. 멸망으로 추락된 명성도 공주와 복역된 자의 대비를 통해 강조되고 있습니다.

여성으로 의인화된 도시는 “딸 시온”(1:6; 2:1, 4, 8, 10, 18), “딸 예루살렘”(2:15), “딸 유다”(2:2), “처녀 딸 유다”(1:15), “처녀 딸 시온”(2:13), “딸 내 백성”(2:11) 등의 이름으로 불리기도 합니다. 도시 자체를 딸로 지칭하는 “딸 시온”이란 명칭, 히브리어 ‘바트 찌온’은 오랫동안 “시온의 딸”로 번역되어 왔지만 스타인스프링(W. F. Steinspring)이 바트 찌온의 문법 형태가 동격 소유격(appositional genitive)의 관계를 취하며, 이를 “딸 시온”으로 번역할 것을 주장한 이후 학계에서는 이를 “딸 시온”으로 번역하는 것이 널리 수용되고 있습니다.[37] 1911년 완역된 한글성경에는 ‘녀ᄌᆞ ᄯᆞᆯ 시온’으로 직유법을 사용하여, 개역개정은 의인화의 수사적 효과를 살려 번역하고 있지만, 새번역과 공동번역은 문학적 기교를 무시한 채 도성 예루살렘(2:13) 혹은 유다의 도성(2:2) 등으로 번역함으로써 시적 묘미를 살리지 못하고 있습니다.

성서에서 도시가 여성으로 표현되게 된 기원을 많은 학자들은 고대 이

37) W. F. Steinspring, “No Daughter of Zion: A Study of the Appositional Genitive in Hebrew Grammar”, *Encounter* 26(1965), 133-141.

스라엘의 주변 문학전통에서 찾습니다. 가령, 아놀드 피츠제럴드(A. Fitzgerald)는 구약에서 성읍과 공동체에 대한 은유로 "딸"이 사용되는 것은 서부 셈족 전통에서 한 지역의 수도를 그 도시의 수호신과 결혼한 여신으로 지칭했던 관례에 영향을 받은 탓이라고 설명합니다.[38] 스택(O. H. Steck)도 이 의견에 동의합니다.[39] 반면 폴리스(E. Follis)는 이를 헬레니즘의 영향을 받은 것으로,[40] 그리고 비들(Mark E. Biddle)은 고대 메소포타미아의 영향이라고 주장합니다.[41] 히브리 성서에서 도시가 여성으로 의인화된 것은 이와 같은 주변 국가들의 문학적 관례에 영향을 받은 탓도 있겠지만 도시가 여성형 명사인 히브리어의 문법상 특성 때문이기도 합니다. 그러나 도시의 여성은유의 기원에 대한 연구보다 더 중요한 질문은 도시 혹은 백성을 남성이 아닌 여성으로 의인화해서 얻어지는 문학적 효과가 무엇인가를 묻는 것입니다.

도시의 의인화는 바벨론 제국에 의해 도시의 멸망을 객관적이고 관찰자적 입장이 아니라 좀 더 개인적이고 나와 밀접하게 관련된 하나의 사건으로 바라볼 수 있도록 감정을 이입하도록 돕는 효과가 있습니다. 도시 멸망에 대한 동정과 애도의 감정은 그 사회 안에서의 강자보다는 약자, 보호받아야 할 사람의 의인화를 통해 더 큰 효과를 볼 수 있습니다. 특별히 애가의 주요 독자가 남성인 점을 고려할 때 도시와 여성은 모두 남성이 보

---

38) A. Fitzgerald, "BT WLT and BT as Titles for Capital Cities", *Catholic Biblical Quarterly* 37 (1975), 167-183.

39) Odil Hannes Steck, "Zion as Gelander und Gestalt", *Zeitschrift für Theologie und Kirche* 86(1989), 261-281.

40) E. Follis, "The holy City as Daughter", in *Directions in Biblical Hebrew Poetry,* ed. Elaine R. Follis: Sheffield: JSOT Press, 1987, 178-184.

41) Mark E. Biddle, "The Figure of Lady Jerusalem: Identification, Deification and Personification of Cities in the Ancient Near East", in *The Biblical Canon in Comparative Perspective: Scripture in Context IV,* eds., K. Lawson Younger, Jr. William W. Hallo, and Bernard F. Batto; Lewiston/Queenston/Lampeter: The Edwin Mellen Press, 1991, 173-194.

호해 주어야 할 사회적 책임이 있는 대상이기도 합니다. 자신의 아내와 딸을 보호해주고 행복을 보장해 주어야 할 가장으로서의 책임 있는 남성 청중들에게 땅바닥에 앉아 밤새도록 울며 애통하는 여인의 모습은 동정을 넘어서 자신들을 자책하기까지에 이르게 할 것입니다. 도시 멸망으로 인해 발생되는 비참한 상황들이 거리에서 어린 아이들이 굶주려 쓰러지고 살려달라고 애원하는 모습으로 그려지고 있는 대목들(2:18)도 보호의 대상이 되는 나약한 어린아이의 불행을 통해 책임 있는 존재들의 자괴감을 한층 더 높여주며 감정이입을 돕는 효과가 있습니다. 또한 이 도시는 하나님의 도성으로 하나님의 보호의 대상이기도 합니다. 이러한 도성과 하나님의 관계가 딸과 가부장(父)의 관계로 의인화되고 있습니다.

3. 애가의 구조적 특징

애가의 다양한 문학적 특성, 특별히 화자의 다중적 목소리와 주제의 발전에 있어서의 일관성의 결여는 애가의 구조를 분명하게 단정지어 하나로 제시하기 어렵게 만듭니다. 통일된 구조를 가지지 않는 점 자체가 애가의 의도적인 구조적 특징으로 볼 수도 있을 것입니다. 여기서는 애가의 통일된 단일구조를 소개하기보다 애가의 구조에 대한 두 학자의 견해를 소개하면서 애가의 구조적 특성을 살펴보려고 합니다.

1) 해터(H. Heater): 이분화된 알파벳 시(the split acrostic poem)[42]

해터는 애가의 다섯 편의 노래가 히브리 알파벳에 따라 두 부분으로 나누어지는 이분화된 알파벳 시의 구조를 띤다고 봅니다.[43] 첫 번째 부분은

42) Homer Heater Jr., "Structure and Meaning in Lamentations", *Bibliotheca Sacra* (July 1992), 304-315.

43) Heater, "Structure and Meaning in Lamentations." 306.

알파벳 알레프(א)에서 카프(כ)까지에 해당하며 그 내용은 주로 현실고발이 나오고, 두 번째 부분은 알파벳 라메드(ל)에서 타브(ת)까지로 호소의 내용이 뒤따릅니다. 즉 애가 1장은 두 단원(1:1-11, 12-22)으로 구성되는데, 화자의 변화가 가장 뚜렷한 구분의 근거가 됩니다. 첫 번째 단원(1-11절)은 의인화된 도시 예루살렘의 현재 상황을 묘사하는 시인(the narrator)의 목소리로 시작되고, 시온은 3인칭으로 언급됩니다. 두 번째 단원(12-22절)에서는 의인화된 예루살렘이 야웨께 자신의 비통함을 돌아봐 달라고 간청합니다. 이 단원의 끝에서 시온은 주의 반포하신 날에 자신이 겪은 일을 원수도 동일하게 겪게 해달라고 탄원합니다(21-22절). 내용상으로 전반부(1-11절)는 도시의 절망적 현실을 고발하고, 하반부(12-22절)는 이 절망적 사건에 대한 하나님의 전적인 주권에 대한 확신과 적에 대한 보복을 호소하고 있습니다.

해터는 계속해서 자신의 알파벳 구분에 따라 2장을 알레프에서 카프까지의 첫 번째 부분(1-11절)과 라메드에서 타브까지의 두 번째 부분(12-22절)으로 나눕니다. 첫 번째 부분은 하나님이 그 백성을 얼마나 혹독하게 다루는지 생생하게 묘사합니다. 그러나 2장의 경우 해터의 구분은 그의 의도와 일치하지 않는 부분들이 발견됩니다. 만일 그의 알레프-카프, 라메드-타브의 이분법적 구조를 그대로 적용하려면, 일인칭 화자의 목소리는 12절부터 시작되어야 하지만 이 목소리는 11절부터 나오고, 또한 12-13절(카프, 라메드)은 여전히 굶주린 아이들에 대한 애통한 현실을 묘사하기 때문입니다. 그러나 해터가 제시한 것처럼 두 번째 노래가 11, 12절의 카프와 라메드를 기준으로 두 부분으로 구분되지 않더라도, 화자의 변화에 따라 그리고 그 내용의 차이에 따라 두 단원, 즉 1-10절과 11-22절로 구분(2:1-10, 11-22)되는 점은 첫 번째 노래와 유사합니다. 즉 두 번째 노래의 전반부는 시인의 목소리로 시작되고(1-8절), 하반부에서 여성 시온이 하나님의 책임에 관한 주제로 화답합니다(12-20절). 그리고 그 끝(20ff)은 자신의 처지를 감찰해 달라는 탄원으로 끝납니다.

해터는 세 번째 노래 역시 두 가지 주제, 폐허된 상황묘사와 하나님의 구원을 알파벳에 따라 두 부분으로 나누어 묘사하고 있다고 설명하면서, 카프와 라메드로 시작되는 31-36절이 세 번째 노래의 중심이라고 봅니다. 2장과 마찬가지로 3장도 원수에 대한 보복의 탄원으로 끝을 맺는 특징을 보여주고 있습니다(59-66절). 그러나 화자의 변화에 따른 구분은 해터의 결론과는 다소 차이를 보여 세 단원(3:1-39, 40-47, 48-66)으로 나누어집니다. 여성 시온이 일인칭으로 말하는 첫 번째 두 노래와 달리 여기서는 설화자적 화자 이외에 또 다른 개별 남성 화자가(그이) 등장합니다.[44] 또한 주제별로 구분을 하자면 네 단원으로 구분되는데, 그 주제는 절망(1-18절), 희망(19-39절), 회개(40-47절), 탄원(48-66절)를 다루고 있습니다.[45]

해터는 네 번째 노래 역시 알파벳에 따라 이분(1-11, 12-22)되고 있다고 보는데,[46] 알레프에서 카프까지에 해당하는 첫 부분(1-11)은 시온의 백성의 폐허된 상황을, 라메드에서 타브까지에 해당하는 두 번째 부분(12-22)에서는 희망과 탄원을 다루고 있습니다. 이 노래 역시 마지막은 에돔을 향한 보복의 탄원(21-22)으로 끝납니다.

다섯 번째 노래는 양식에 있어서 1-18절의 공동체 탄원시와 19-22절의 탄식으로 구분됩니다. 두 번째 단원인 19-22절은 하나님에 대한 도전과

---

44) 3장에 등장하는 목소리는 세 가지로 구분된다. 먼저 1-39절에서는 개인의 '나'가 '그이'에게 대해서 말하고 있다. 40-47절에서는 단수 '나'가 복수 '우리'로 변하고 있다. 48-66절에서는 다시 개인의 '나'가 야웨께 말하고 있다. H. T. 퀴스트, 『예레미야, 예레미야 애가』, 225. 헤터는 3장의 화자는 애가의 저자라고 본다. 이 시인은 백성과 함께 고통을 겪은 자이다. 그는 자신의 백성들의 조롱거리가 되었고(3:14), 백성들은 그를 웅덩이에 넣어 죽이려 하였다(53-57). 그가 하나님께 기도하여 하나님이 그를 구원하였다(61-62). Heater, "Structure and Meaning in Lamentations", 308.

45) 퀴스트, 『예레미야, 예레미야 애가』, 225-226.

46) 알파벳의 16번째와 17번째 문자가 순서가 바뀌고 있으나 사상적인 순서에는 아무 단절이 없다. 문자의 순서가 바뀐 이유에 대해서는 명쾌한 해답이 없다.

고발의 내용을 담고 있어 신학적으로 많은 논쟁을 야기한 구절이기도 합니다. 이 노래는 애가에서 유일하게 알파벳을 그 순서에 따라 절의 첫음으로 시작하고 있지는 않지만 해터는 오히려 이러한 결과는 의도적이라고 주장합니다. 즉 앞의 네 편의 노래들은 알파벳에 따라 내용이 이분되는 (the split alphabet) 문학적 장치에 따라 노래가 구성되었는데,[47] 다섯 번째 노래의 경우는 다른 노래들처럼 전체 노래의 각 절을 알파벳 순서에 따라 시작하지 않고 있습니다. 단 전체적인 절의 수자는 알파벳 수자와 일치하는 22절로 구성되어 있습니다. 다섯 번째 노래에 적용된 또 다른 알파벳 시의 특성은 19-20절의 두 소절이 알파벳에 따른 이분구조를 압축적 형태로 반영하여, 소 알파벳 시(mini acrostic)의 구조를 띠고 있는 점입니다.[48] 즉 19절은 알레프로 시작되고 (아타; "너"), 카프로 끝나고 있으며 (키세아카; "너의 왕관"), 그 안에 하나님의 주권에 관한 신학적 내용을 담고 있으며 20절에서 하나님께 도전적인 질문을 던지는데, 이 질문은 라메드(라마, "왜")로 시작해서 타브(타아즈베누, "당신이 우리를 버렸다")로 끝납니다. 나아가 해터는 첫 단원인 1-18절은 19-20절의 알파벳에 따른 이분 구조를 강조하기 위하여 알파벳 시의 두운법을 사용하지 않은 것이라고 주장합니다.[49]

결론적으로 다섯 편의 노래를 이분화된 알파벳 시로 본 해터는 애가 5장 19-20절이 알파벳 카프와 라메드를 경계로 내용이 이분되는 압축된 알파벳 시(mini-acrostic)라고 봅니다. 알파벳 시의 형태를 이 두소절에 축약적으로 표현함으로써 19-20절은 애가 전체의 내용인 하나님은 전적인 주권과 정의 선포, 그리고 시온의 고통 호소를 잘 요약하면서 애가를 마무리하고 있습니다.[50] 애가 전체를 음악에 비유하자면 첫 번째 두 노래에서 절

47) 1, 3, 4장은 카프와 라메드를 경계로 이분되어 두 개의 단원을 가지고, 2장은 명확하지는 않지만 동일한 구조를 찾아볼 여지가 있다. Heater, "Structure and Meaning in Lamentations", 310.

48) 5:19-20의 압축된 알파벳 시 구조는 다음 단락에서 논의할 것이다.

49) Heater, "Structure and Meaning in Lamentations", 311.

망과 희망의 이중주(알파벳에 따른 이분)로 시작하여, 세 번째 노래에 이르러 그 절정(행의 확장에 의한 크레센도 효과)을 보이고, 네 번째 노래에서는 첫 번째와 두 번째 노래와 유사한 주제를 낮은 음으로(행의 축소) 진행시킵니다. 그리고는 마침내 마지막 노래에 와서 속삭이는 정도로의 더 낮은 음(두운법의 부재)으로 잔잔하게 연주하다가, 5장 19-20절에서 다시 한 번 전체 주제를 연주함으로써 상황을 상기한 후(압축된 알파벳 시), 맨 마지막의 도전(21-22절)을 담은 심버린의 합성으로 노래는 끝나는 것입니다.[51)]

2) 라이머(David Reimer): 죽음을 대면한 자의 심리변화를 단계적으로 반영한 애가[52)]

애가에 나타난 주제가 일관된 발전 형태를 보이지 않는다는 비판에 대하여, 최근 몇몇 학자들이 심리학적 접근을 통해 애가의 주제의 일관성을 찾아보려고 시도를 하였습니다.[53)] 특별히 라이머(David Reimer)는 엘리자베스 퀴블러-로스(Elisabeth Kübler-Ross)가 그녀의 책, 『죽음과 죽어감』(On Death and Dying)[54)]에서 200여 명의 죽음을 대면한 환자들을 인

50) Heater, "Structure and Meaning in Lamentations", 310.

51) 한편 5:19-20의 압축적 알파벳 이분 유형을 드러내기 위해 5장은 알파벳 시 구조를 따르지 않고 있는 듯하다Heater, "Structure and Meaning in Lamentations", 311.

52) David J. Reimer, "Good Grief?: A Psychological Reading of Lamentations, *ZAW* 114(2002), 542-559.

53) P. Joyce, "Lamentations and the Grief Process: A Psychological Reading", *Biblical Interpretation* 1 (1993), 304-320; M. S. Moore, "Human Suffering in Lamentations", *RB* (1983), 534-55. B. Johnson, "Form and Message in Lamentations, *ZAW* 97(1985), 58-73. David J. Reimer, "Good Grief?: A Psychological Reading of Lamentations, *ZAW* 114(2002), 542-559. 조헌정 목사는 애가를 엘리자베스 큐블러가 주창한 '죽음의 심리학' 단계에 맞춰 분석하면서 그에 상응하는 한국의 시를 병행하면서 상황적 설교를 제시하고 있다. 조헌정, 『양심을 습격한 사람들』, 서울: 한울, 2009, 247-270.

54) 엘리자베스 퀴블러 로스, 『죽음과 죽어감』, 이진 옮김, 서울: 이레, 2008.

터뷰한 결과를 분석한 후 제시한 다섯 단계의 심리변화 단계를 애가에 적용하여 이 시의 주제의 발전단계를 살펴보기도 하였습니다. 퀴블러-로스가 제시하는 다섯 단계는 (1) 부정과 고립, (2) 분노, (3) 협상, (4) 절망, (5) 수용입니다. 그녀는 환자의 개인차에 따라 예외는 있을지라도 대부분은 이러한 다섯 단계를 순차적으로 거친다고 봅니다.

라이머의 분석에 따르면 애가의 첫 번째 노래는 퀴블러-로스가 말하는 (1) 부정과 고립의 단계를 반영합니다. 직접적인 부정은 나타나지 않지만 지배적인 심리상태는 고립의 상황에 대한 탄식으로 대표됩니다. 첫 절에서 폐허가 된 도시는 과부로 의인화되어 소개되고, 뒤따르는 구절에 도시의 고립된 상황은 다양한 표현과 반복을 통해 강조되고 있습니다. 도시의 고립된 상황은 2절의 "위로할 자가 없고, 친구도 다 배반하여 원수가 되었도다."는 표현 속에 잘 나타납니다. 위로할 자가 없다는 표현은 9, 17, 21절에 다시 나타난다. 비슷하게 "도울 자가 없다"는 표현이 7절에, 나를 위로할 자가 멀리 떠났다는 표현이 16절에 나옵니다. 3-4절은 그 도시의 시민들은 사로잡혀가고, 거리는 처량하여 절기에도 사람이 없음을 한탄합니다. 1장에서 화자로 등장한 여성 시온이 자신의 폐허된 상황을 부정하기 보다는 이를 현실로 받아들이고 그 심판이 자신의 죄임을 인정한다 할지라도, 지금의 심판을 자신만이 부당하게 받고 있음을 지적하면서 적들도 그들의 죄로 인해 심판 받고 같은 폐허의 경험을 할 것을 호소합니다. 시온의 마음은 탄식이 많고 곤비합니다(22).

두 번째 노래는 퀴블러-로스가 말하는 (2) 분노의 단계를 반영합니다. 이 노래는 분노를 주된 주제로 다루면서도 고통당하는 자의 분노보다는 하나님의 분노가 전면에 등장합니다. 하나님의 분노와 분노에 의한 심판이 반복적으로 나옵니다. 하나님의 분노는 1절을 시작하고 끝을 맺고 있습니다. 분노는 애가에서 총 9번 언급되는데(1:12; 2:1, 3, 6, 21, 22; 3:43, 66) 그 중 다섯 번이 두 번째 노래에 나오고 있습니다. 분노로 인한 참혹한 심판행위를 나타내는 단어, 빌라("삼키다" "파괴하다")는 2장에서 5번 언급되고 있습니다(2, 5절에서 두 번, 8, 16). 맹렬한 분노로 하나님은 야곱을 사르셨고(3절), 4절은 마치 하나님이 이스라엘을 적이 된 것과 같이 노를 쏟아놓았다고 말합니다. 1장에서 백성은 이 모든 심판이 자신의 죄로 인한 결과라고 고백하는데 반하여 2장에서는 죄책고백을 암시하는 언급이 없습니다.

하나님의 분노는 두 개의 격렬한 반응을 불러일으킵니다. 첫째 반응은 13-19절에서 설화자가 시온을 향해 한 말 속에 재현됩니다. 18-19절에서 설화자는 시온이 밤낮으로 눈물을 강물처럼 흘리고 한밤중에도 일어나 울부짖으며 주의 얼굴 앞에 마음을 쏟아놓는 절박한 상황을 진술하고 있습니다. 시온은 어린 자녀의 생명을 위해 주를 향해 손을 들어 간청하고 있습니다. 즉 시온의 간절한 요청이 하나님의 분노에 대한 첫 번째 반응이라 할 수 있습니다. 두 번째 반응은 시온 자신의 일인칭 목소리를 통해 나오는데, 시온이 "어찌하여" 이런 고통을 당하는지를 스스로 묻습니다. 두 번째 노래의 끝은 첫 번째 노래의 끝맺음과 비교되는데 첫 번째 노래가 적에 대한 저주를 퍼붓는 것으로 끝났다면 두 번째 노래는 하나님을 향해 고난의 이유를 묻는 질문으로 끝납니다.

세 번째 노래는 퀴블러-로스가 말하는 (3) 협상의 단계에 해당됩니다. 세 번째 노래에서도 시온의 비극적 상황에 대한 묘사는 계속되지만(1-18), 19-21절은 상황의 전환을 보여주고 있습니다. 이어서 22-48절은 하나님의 자비(헤세드)와 긍휼(레헴; 3:22, 32)에 호소하면서 희망을 노래합니다. 하나님의 긍휼에 대한 고백은 출애굽기 34장 6절 이하와 연관이 있습니다. 퀴블러-로스가 말하는 협상이란 좋은 행동을 통해 보상받으려는 시도를 뜻합니다. 세 번째 노래에서 개인(게벨, 3:1)과 공동체(우리, 3:40-47)는 자신들의 생명의 근원인 하나님으로부터 떼어지게 됨을 두려워하며 하나님의 속성에 의지하여(22-39), 스스로 행위를 조사하고 하나님께로 돌아갈 것을 촉구합니다. 올바른 행동, 회개를 통한 구원을 바라는 마음이 반영되어 있습니다.

네 번째 노래는 퀴블러-로스가 말하는 (4) 절망의 단계에 해당됩니다. 네 번째 노래의 중심 주제는 한때는 소중하고, 귀하고 생동력 있던 것들이 가치없고, 무의미한 것들로 변해버린 반전의 상황에 대한 묘사입니다. 도시의 절망적인 상황은 부녀가 손으로 자기 자녀를 삶아 식물을 삼고(10), 도시의 지도자들이 죄악을 일삼고 의인의 피를 흘리는 모습(13-16)을 통해 그려집니다. 이 노래가 애가에서 유일하게 기도문이 빠져 있는 장이란 점도 이 장이 절망의 단계로 볼 수 있는 하나의 근거가 됩니다. 퀴블러-로스는 절망의 단계를 두 가지 의미로 설명합니다. 절망은 상실에 대한 반응을 뜻합니다. 그러나 절박한 상실감에 뒤따르는 절망은 미래에 대한 기대가 완전히 사라진 것을 뜻하지는 않습니다. 네 번째 노래에서 미래에 대한 기대는 에돔의 멸망으로 표현되고 있습니다.

퀴블러-로스에 따르면 마지막 단계는 (5) 수용입니다. 그러나 애가의 다섯 번째 노래는 수용과 해결점을 제시하지 않음으로써 퀴블러-로스의 5단계 틀을 깨고 있습니다. 다섯 번째 노래의 끝맺음이기도 하고 애가 전체의 마무리이기도 한 애가 5장 19-22절은 하나님께 대한 여성 시온은 직접적인 호소로 끝맺습니다. 시온의 호소는 희망에 대한 감사와 수용이 아닌 구원의 촉구와 하나님에 대한 고발입니다.

결국 애가는 퀴블러-로스의 다섯 가지 단계 중 처음 네 단계를 반영하지만 마지막에 이르러서는 다른 결론으로 나아가고 있음을 볼 수 있습니다. 애가가 퀴블러-로스의 5단계 틀을 깨고 수용이나 감사 대신 구원의 촉구와 고발로 끝나는 점은 앞선 애가의 문학구조에서 각 장의 시가 탄원으로 끝나고, 전체적인 시의 마지막 구절인 5장 19-22절이 고발과 구원의 촉구로 끝나는 점, 그리고 애가가 탄원시의 전형적 요소인 탄원 → 찬양으로의 전이를 보여주지 않고 갑작스런 탄원으로 끝나는 특징과도 상응합니다.

지금까지 살펴본 애가의 형식적인 특징은 절망의 상황에서 구원에 대한 찬양과 하나님에 대한 신뢰로 끝맺지 않고 하나님의 침묵 앞에 탄식의 목소리를 높이는 것으로, 결말 없는 결론(open ending)을 내놓고 있음을 보여주었습니다. 인간의 고난과 하나님의 침묵 사이에 우리는 서 있습니다. 그 고난과 침묵 사이에서 애가는 우리에게 분명한 해답을 제시해 주기보다 인간의 솔직한 절규로 끝을 마무리하면서 우리 독자에게 성서와 각자의 고난의 현장에서 찾아보도록 초대하고 있습니다.

4. 다섯 편의 애가 : 애가의 문화번역

성서의 문학적 관습(literary convention)에 익숙하지 않은 현대 독자들에게 성서본문의 의미를 생생하게 전달하기 위해서 번역자는 낯설지만 원천어 문학의 특징을 고수하는 번역을 할 것인지(형식일치), 원문 내용의 묘미를 살려내기 위해 현대 독자에게 익숙한 그 내용에 맞는 현대문학의 형식을 빌려 번역할 것인지(내용일치)를 끊임없이 고민하게 됩니다. 이때 번역의 목적이 히브리 본문의 의미를 최대한 충실하게 한글번역에 드러내기 위한 것이므로 이를 위해 히브리어 문법 지식뿐 아니라 성서학(biblical scholarship), 성서의 역사, 문화적인 상황 등을 잘 반영해야 합니다. 번역은 단순히 언어의 실존 단위인 본문의 어휘소를 한 언어에서 다른 언어로 옮기는 작업이 아니라 언어를 둘러싼 제반 역사적, 문화적 정황을 고려해야 합니다. 번역자는 주체의 인지과정과 그것을 둘러싼 문화 층위의 매개변수를 살펴야 합니다. 따라서 번역을 할 때는 비단 문법형식에만 등가의 원칙을 단일하게 적용하는 것이 아니라, 다수의 번역등가, 즉 원문과 번역문의 성격, 대상 독자, 두 문화 간의 차이, 그리고 각 문화가 지니는 도덕적, 지적, 정서적 특징 등을 고려해야 합니다.[55)]

특별히 은유나 압축적인 언어가 사용되는 시의 번역은 더 많은 어려움

55) Eugene A. Nida & Charles Taber, *The Theory and Practice of Translation: With Special Reference to Bible Translating*, Brill Academic Pub., 1982, 14.

이 있습니다. 비유적인 언어는 서로 다른 문화 속에서 문화적 가치나 표현 방식이 크게 차이가 나는 경우는 흔히 발생하기 때문입니다. 이러한 문화적 이미지가 충돌할 때 번역자는 원천어 본문의 이미지를 수용언어 본문의 독자가 이해할 수 있는 이미지와 접목시켜 번역할 수 있어야 원문의 의미를 정확하고 충실하게 전달할 수 있게 됩니다. 이런 점에서 비유언어의 번역은 두 문화의 특성을 잘 이해하는 배경적인 지식이 필수적입니다. 여기서는 앞으로 이 책에서 살펴볼 다섯 편의 애가를 개역개정을 기초로 그 문학적 특성을 살려 다소 사역을 가미했습니다. 히브리 시의 문학적 특징으로는 평행법, 반복기교, 그리고 풍부한 은유의 사용을 손꼽을 수 있고, 애가는 알파벳시라는 특징도 가집니다. 알파벳 시의 특성을 다른 언어로 옮기면서 살려낼 수 있는 방법이 어려워서 히브리 자음을 그대로 앞에 배열하였습니다.[56)]

1장

1. א 슬프다,[57)] 이 성이여, 적막하게 앉았구나!
거민이 많더니, 과부와 같이 되었구나.
열국 중에 크더니, 열방 중의 공주였던 자가 복역하는 자가 되었도다.

2. ב 밤에 슬피 우니 눈물이 뺨에 흐름이여
사랑하던 자들 중에 그를 위로하는 자가 없고
신실했던 친구들도 다 배반하여 원수들이 되었도다.

3. ג 유다는 고통과 많은 고난 가운데에 사로잡혀 갔도다.

---

56) 영어의 Jewish Publication Society 번역이 히브리 자음을 문두에 제시하고 있다.
57) 칠십인역은 1절 전반부에 "이스라엘 백성이 포로로 잡혀가고, 예루살렘이 황폐화된 다음에 이 책이 나타났다. 예레미야는 앉아서 울면서 예루살렘에 대한 이 애가로 통곡했다고 그는 말했다"는 문구로 시작하면서 번역한다.

그가 열국 가운데에 거주하면서 쉴 곳을 얻지 못함이여
그를 핍박하는 모든 자들이 궁지에서 그를 뒤따라 잡았도다.

4. ד 시온의 도로들이 애도에 잠겨있고 절기를 지키려 나아가는 사람이 없도다.
모든 성문들이 적막하며 제사장들이 한숨지으며
처녀들이 곤고케 되고, 비통이 시온에게 있구나.

5. ה 그의 대적들이 우두머리가 되고 그의 원수들이 형통함은
주께서 그의 많은 죄로 인해 그를 곤고하게 하였음이라
그의 자녀들이 대적들이 보는 앞에서 사로잡혀갔도다.

6. ו 딸 시온의 영화가 떠나가고,
그의 지도자들은 풀을 찾지 못한 사슴들과 같구나
그들이 뒤쫓는 자 앞에서 힘없이 달아났도다.

7. ז 예루살렘이 그의 고통과 고난의 날에, 옛날의 모든 소중한 것들을 기억함이여,
그의 백성이 대적의 손에 넘어질 때 그를 돕는 자가 없었고
그의 대적들이 그를 보고 그의 멸망을 비웃는 도다.

8. ח 예루살렘이 크게 범죄함으로 조롱거리가 되었으니,
그에게 영광을 돌리던 모든 사람들이 그의 벌거벗은 모습을 보고 업신여기며
그는 한숨지으며 등을 돌리도다.

9. ט 그의 부정함이 치마에 있으나 그 다음을 기억하지 아니함이여
그가 놀랍도록 낮아져도 그를 위로할 자가 없도다,

주여, 나의 고통을 보소서, 원수가 우쭐댑니다.

10. י 대적이 손을 펴서 그의 모든 보물을 빼앗았나이다,
당신께서 '그들이 회중 안에 들어가지 못하도록 하여라' 고 명령하셨던 열국들이
그의 성전으로 들어간 것을 예루살렘이 보았나이다

11. כ 그의 모든 백성이 한숨지으며 음식을 찾고
보물로 먹을 것을 바꾸어 생명을 회복시키려 하나이다,
주여 보시고 돌보소서 내가 비천하게 되었나이다.

12. ל 지나가는 모든 이들아 너희와는 상관이 없는가
나를 괴롭게하는 나의 슬픔과 같은 슬픔은 없다,
주께서 진노하신 날에 나를 곤고하게 하신 것이로다.

13. מ 높은 곳에서 불을 보내어 나의 골수에 깊이 들어가게 하시고,
그물을 내 발 앞에 치사 나로 등을 돌리게 하시며,
나를 적막하게 만드시고 종일 기절하게 하셨도다

14. נ 내 죄악의 멍에를 그의 손으로 묶고 내 목까지 올리시어 내 힘을 쇠진하게 하시고,
나의 주님이 내가 감당할 수 없는 자의 손에 나를 넘기셨도다.

15. ס 나의 주님이 내 모든 용사들을 하찮게 여기시고
나의 청년들을 부수기 위해 성회를 부르시도다,
나의 주님이 처녀 딸 유다를 술틀에 밟으셨도다.

16. ע 이 일로 내가 눈에 눈물을 흘리니
내 눈에 눈물이 물같이 흐르니 나의 생명을 회복시켜줄 자가 멀리 떠났음
이로다,
원수들이 우세하니 나의 자녀들이 적막하다.

17. פ 시온이 그 손을 폈으나 그를 위로할 자가 없구나
주께서 야곱의 사방에 있는 자들에게 명령하여 그의 대적이 되게 하셨으니,
예루살렘이 그들 사이에서 불결한 자가 되었도다.

18. צ 주는 의로우시다 내가 그의 말씀을 거역하였으니,
들으라 모든 백성들아 그리고 내 슬픔을 돌아볼지어다
나의 처녀들과 나의 청년들이 사로잡혀 갔도다.

19. ק 내가 나의 사랑하는 자들을 불렀으나 그들이 나를 속였고
나의 제사장들과 장로들이 그들의 생명을 회복시킬 먹을 것을 구하다가 성
안에서 숨이 다하였도다.

20. ר 주여, 보소서
내가 환난을 당하여 내 심장을 다 태우고 내 맘이 상하오니 내가 크게 거역
함이니이다,
밖에서는 칼이 내 자식을 앗아가고 집 안에서는 죽음과 같은 것이 있나이다.

21. ש 그들이 내가 한숨짓는 것을 들었으나 나를 위로하는 자가 없으며
나의 모든 원수들이 나의 재난을 듣고 당신께서 행하신 일을 기뻐하나이다,
당신이 선포하신 날이 오게 하시어 그들이 나와 같이 되게 하소서.

22. ת 그들의 모든 악이 당신 앞에 상달되게 하시어

나의 모든 죄악들로 나를 괴롭게하신 것같이 그를 괴롭게하소서,
나의 한숨이 깊고 나의 맘이 병들었나이다.

2장

1. א 슬프다, 나의 주님이 어찌 그의 진노로 딸 시온을 구름으로 덮으셨는가
이스라엘의 아름다움을 하늘에서 땅으로 던지셨음이여,
그의 진노의 날에 그의 발판을 기억하지 않으셨도다.

2. ב 나의 주님이 야곱의 모든 거처들을 삼키시고 하나도 남기지 않으셨다
노하사 딸 유다의 견고한 성채들을 허무시고 땅에 엎으시며,
그 나라와 지도자들을 욕되게 하셨도다.

3. ג 타오르는 분노로 이스라엘의 뿔을 자르셨음이여
원수 앞에서 그의 오른 손을 뒤로 거둬들이시고,
맹렬한 불이 사방을 삼키듯 야곱을 불사르셨도다.

4. ד 원수같이 그의 활을 당기고
대적처럼 그의 오른 손을 들고 서서 눈에 띄는 모든 소중한 자들을 죽이셨음이여,
딸 시온의 장막에서 그의 노를 불처럼 쏟으셨도다.

5. ה 나의 주님이 원수같이 되어 이스라엘을 삼키셨음이여
모든 궁궐들을 삼키셨고 견고한 성채들을 무너뜨리사,
딸 유다에 애통에 애통을 더하셨도다.

6. ו 그가 그의 초소를 동산처럼 헐어버리고 그의 장막을 폐하셨도다,
주께서 시온에서 절기와 안식일을 잊어버리게 하시고

그의 분노로 왕과 제사장을 멸시하셨도다.

7. ז 나의 주님이 그의 재단을 버리시며
그의 성소를 미워하시고 궁전의 성벽들을 원수의 손에 넘기셨으니,
그들이 주의 전에서 떠들기를 절기의 날과 같이 하도다.

8. ח 주께서 딸 시온의 성벽을 헐기로 결심하시고
줄을 띠고 무너뜨리는 일에서 손을 거두지 아니하사,
성벽과 성곽으로 애곡하게 하시니 그들이 함께 쇠하였도다.

9. ט 그의 성문이 땅에 묻히며 그의 빗장이 부서지고,
그의 왕과 지도자들이 율법 없는 열국들 중에 있으며
그 성의 선지자들은 주께로부터 온 묵시를 발견하지 못하도다.

10. י 딸 시온의 장로들이 땅에 앉아 잠잠하고
티끌을 머리에 덮어쓰고 굵은 베를 허리에 둘렀음이여,
예루살렘의 처녀들이 머리를 땅에 숙였도다.

11. כ 내 눈이 눈물에 상하며 내 창자가 끊어지고 내 간이 땅에 쏟아졌으니
이는 딸 내백성이 패망함이라,
어린아이와 젖먹이 아이들이 성 안 광장에서 기절하는도다

12. ל 그들이 어머니들에게 묻기를 "곡식과 포도주가 어디 있느냐" 하도다
그들이 성 안 광장에서 상한 자처럼 기절하고 그들의 혼이 그들의 어머니
품을 떠날 때

13. מ 내가 무엇으로 네게 증거하며 무엇으로 네게 비유할까, 딸 예루살렘아

내가 무엇으로 네게 비교하여 너를 위로할까, 딸 시온아,
너의 파괴됨이 바다와 같이 크니 누가 너를 고쳐줄소냐

14. נ 네 선지자들이 너에 관해 헛되고 어리석은 묵시를 보았으므로
네 죄악을 드러내어 네가 사로잡힌 것을 돌이키지 못하였도다,
그들이 거짓 경고와 미혹하게 할 것만 보았도다.

15. ס 길의 모든 행인들이 너를 향해 박수치며 딸 예루살렘을 향해 비웃고
머리를 흔들며,
"이것이 모든 세상 사람들의 기쁨이라 일컫던 그 성이냐?" 하도다.

16. פ 네 모든 원수들이 너를 향해 그들의 입을 벌리며 비웃고 이를 갈며 말
하기를
"우리가 그를 삼켰다",
"과연 이날이 우리가 바라던 날이라. 우리가 찾기도 하고 보기도 하였다."
하도다.

17. ע 주께서 이미 정하신 일을 행하시고 이전에 명령하신 말씀을 다 이루
셨음이여
긍휼히 여기지 아니하시고 무너뜨리사 원수가 너로 말미암아 즐거워하게 하며
네 대적자들의 뿔로 높이 들리게 하셨도다.

18. צ 그들의 마음이 나의 주님을 향하여 부르짖기를,
딸 시온의 성벽아 너는 밤낮으로 눈물을 강물처럼 흘릴지어다
스스로 쉬지 말고 네 눈동자를 멈추게 하지 말지어다.

19. ק 초저녁에 일어나 파수꾼들의 수장에게 부르짖을지어다

네 마음을 나의 주님 앞에 물붓 듯 쏟아놓을지어다,
주를 향해 너의 손을 들지어다,
길거리마다 굶주려 지친 네 어린 자녀들의 생명을 위하여

20. ר 주여 보소서, 당신이 누구에게 이렇게 행하셨는지요?
여인들이 어찌 그들의 열매, 그들의 어린 자녀를 먹으며
제사장들과 선지자들이 어찌 나의 주님의 성소에서 죽임을 당하오리까

21. ש 젊은이와 늙은이가 땅에 엎드러졌고
내 처녀들과 청년들이 칼에 쓰러졌나이다,
당신이 당신의 분노의 날에 죽이시고 살해하시며 긍휼히여기지 아니하셨나이다.

22. ת 당신께서 내 두려운 일들을 사방에서 부르시기를 절기 때 부름과 같이 하였나이다
주의 분노의 날에는 피하거나 남는 자가 없나이다,
내가 돌보고 고이 키운 아이들을 내 원수가 다 멸하였나이다.

3장

1. א 주의 진노의 지팡이로 인한 고통을 목격한 그자가 나로다.
2. א 나를 그가 이끌어 빛이 아닌 어둠 속을 걷게하셨다.
3. א 정녕 종일토록 그의 손을 들어 나를 치시는도다.

4. ב 그가 나의 살과 가죽을 쇠하게 하시며 나의 뼈들을 꺾으시고
5. ב 그가 나를 대항하여 담을 쌓고, 괴로움과 수고로[58] 나를 에워싸는도다.

58) 70인역은 로쉬("쓴")를 케팔렌 무(kephalen mou, "나의 머리")로 고쳐 읽지만 같은 장 19절에 로쉬가 라아나와 짝말로 나오면서 전반절의 '고통(아니)과 재난(마루

6. ב 그가 나로 어둠 속에 살게하기를 죽은 지 오래된 자 같게 하셨도다.
7. ג 나를 둘러 벽을 쌓아 나가지 못하게 하시고 내 구리사슬을 무겁게 하셨으며
8. ג 내가 부르짖어 도움을 구하나 내 기도를 물리치시며
9. ג 다듬은 돌로 벽을 쌓아 내 길들을 막으시고 내 길목을 굽게 하셨도다.

10. ד 그는 나에게 엎드려 기다리는 곰과 은밀한 곳에 있는 사자 같으사
11. ד 나의 길들로 치우치게 하시며 나를 갈갈이 찢으시어 적막하게 하셨도다
12. ד 활을 당겨 나를 화살의 과녁으로 삼으심이여

13. ה 화살통의 화살들로 내 허리를 맞추셨도다
14. ה 나는 내 모든 백성에게 웃음거리 곧 종일토록 그들의 노랫거리가 되었도다
15. ה 쓴 나물로 나를 배불리시고, 소태즙으로 나를 취하게 하시며

16. ו 조약돌로 내 이들을 부스러뜨리시고 재로 나를 덮으셨도다
17. ו 내 영혼이 평화를 얻지못하니 내가 복을 잊었나이다
18. ו 내가 이르기를 "나의 힘과 주께 대한 나의 기다림이 끊어졌다" 하였도다

19. ז 내 고통과 재난, 곧 쓰디쓴 소태와 독약을 기억하소서
20. ז 내 영혼이 이를 분명하게 기억하여 내가 낙심될지라도
21. ז 내가 이것을 마음에 담아 두었더니 오히려 기다림이 되었도다

22. ח 주의 인자하심이 정녕 끝나지 않았고, 그의 긍휼하심이 정녕 진멸되

드)' 과 동의평행구로 나오고 있고, 신명기 32장 33절에서 뱀과 연결되어 독을 가리키고 있어 마소라 본문을 따라 읽으면서 그 은유적 의미를 살려 '괴로움' 으로 번역한다.

지 아니하였다.
23. ח 이것들이 아침마다 새로우니 당신의 성실하심이 크시도소이다
24. ח 내 영혼에 이르기를 "주는 나의 기업이시니 내가 그를 기다리리라" 하도다.

25. ט 그를 갈망하는 자들에게나 그를 찾는 영혼들에게 주는 선하시도다.
26. ט 주의 구원을 잠잠히 기다리는 이에게 선하시도다.
27. ט 젊었을 때 그의 멍에를 메는 자에게 선하시도다.

28. י 혼자 앉아서 잠잠할 것은 주께서 그것을 그에게 담당하게 하셨음이라
29. י 그대의 입을 땅의 티끌에 댈지어다 혹시 소망이 있을지로다
30. י 자기를 때리는 자에게 뺨을 돌려대어 치욕으로 배불릴지어다

31. כ 주께서 영원히 거부하지 아니하실 것이며
32. כ 비록 근심하게 하시나 그의 풍부한 인자하심으로 긍휼히 여기실 것이며,
33. כ 인생으로 근심하게 하심은 본심이 아니기 때문이라

34. ל 세상의 모든 갇힌 자들을 발로 짓밟는 것과
35. ל 지존자 앞에서 사람의 재판을 굽게 하는 것과
36. ל 사람의 언약을 억울하게 하는 것은 다 주께서 기쁘게 보시는 것이 아니로다

37. מ 누가 이것을 능히 말하여 이루게 하겠느냐? 주의 명령이 아니면
38. מ 화와 복이 지존자의 입으로부터 나오지 아니하느냐
39. מ 무엇을 원망하랴? 사람은 각자의 생명이 그 죄에 달렸거늘

40. נ 우리가 스스로 우리의 행위들을 철저히 조사하고 주께로 돌아가자

41. נ 우리의 마음 높이고 손을 하늘에 계신 하나님께 들자
42. נ 우리의 범죄함과 우리의 반역함을 당신, 당신께서 용서하지 아니하시나이다.

43. ס 당신께서 진노로 자신을 가리시고 우리를 추격하시며 죽이시고 불쌍히여기지 아니하시도다
44. ס 당신께서 구름으로 자신을 가리시어 기도가 상달되지 못하게 하시고
45. ס 당신께서 우리를 뭇 나라 가운데에서 쓰레기와 폐물로 삼으셨으므로

46. ע 우리의 모든 원수들이 우리를 향하여 그들의 입을 크게 벌렸나이다
47. ע 두려움과 함정과 파멸과 멸망이 우리에게 임하였도다
48. ע 딸 내 백성의 파멸로 말미암아 내 눈에는 눈물이 시내처럼 흐르도다

49. פ 내 눈에 흐르는 눈물이 그치지 아니하고 쉬지 아니함이여
50. פ 주께서 하늘에서 살피시고 돌아보실 때까지니라
51. פ 내 성읍의 모든 딸들로 인하여 내 눈이 내 영혼을 상하게 하는도다

52. צ 나의 원수들이 마구잡이로 나를 새처럼 무고히 사냥하는도다
53. צ 그들이 웅덩이에 넣어 내 생명을 끊고 그 위에 돌을 던짐이여
54. צ 물이 내 머리 위로 넘치니 내가 스스로 이르기를 이제는 멸절되었다하도다

55. ק 주여 심히 깊은 웅덩이에서 당신의 이름을 불렀나이다
56. ק 당신께서 나의 음성을 들으셨나이다 나의 탄식과 부르짖음에 당신의 귀를 가리지 마옵소서
57. ק 내가 당신께 아뢴 날에 당신께서 내게 다가와 이르시되 두려워하지 말라 하셨나이다

58. ר 나의 주님, 당신께서 내 영혼의 송사를 풀어주시고, 내 생명을 속량하셨나이다
59. ר 주여 당신께서 나의 억울함을 보시고 나의 재판을 판결하셨나이다
60. ר 그들이 내게 보복하며 나를 모해함을 당신께서 다 보셨나이다

61. ש 주여 당신께서 그들이 나를 비방하며 나를 모해하는 모든 것을 들으셨나이다
62. ש 곧 일어나 나를 치는 자들의 입술에서 나오는 것들과 종일토록 나를 비방하는 노래를
63. ש 그들이 앉고 서는 것을 주목하여 보소서, 내가 그들의 조롱거리이나이다

64. ת 주여 당신께서 그들의 손이 행한 대로 그들에게 보응하사
65. ת 당신께서 그들에게 거만한 마음을 주시고 그들에게 저주를 내리소서
66. ת 당신께서 진노로 뒤쫓으사 주의 하늘 아래에서 그들을 멸하소서

4장

1. א 슬프다 금이 빛을 잃고 순금이 변질하였고
성소의 돌들이 거리 어귀마다 쏟아졌구나.

2. ב 순금에 비할 만큼 보배로운 시온의 자식들이
슬프다, 토기장이가 만든 질항아리 같이 여김이 되었구나.

3. ג 들개들도 젖을 주어 그들의 새끼를 먹이나
딸 내 백성은 잔인하여 마치 광야의 타조 같구나.

4. ד 젖먹이가 목말라서 혀가 입천장에 붙었고

어린 아이들이 떡을 구하나 떼어 줄 사람이 없구나.

5. ה 맛있는 음식을 먹던 자들이 외롭게 거리 거리에 있으며
이전에는 붉은 옷을 입고 자라난 자들이 이제는 거름더미를 안았도다

6. ו 사람의 손을 대지 아니하였는데도 소돔이 순식간에 무너졌구나
딸 내 백성의 죄가 소돔의 죄악보다 무겁도다.

7. ז 그들의 존귀한 자들의 몸이 눈보다 빛나고 젖보다 눈부시며
그들의 뼈는 산호들보다 붉고, 그들의 윤택함이 갈아낸 청옥 같았도다.

8. ח 이제 그들의 얼굴이 숯보다 검고 그들의 가죽이 뼈들에 붙어 막대기 같이 말랐으니
어느 거리에서든지 알아볼 사람이 없구나.

9. ט 칼에 죽은 자들이 주려 죽은 자들보다 나음은
토지 소산이 끊어지므로 그들은 찔림 받은 자들처럼 점점 쇠약해짐이로다.

10. י 딸 내 백성이 멸망할 때에 자비로운 부녀들이 자기들의 손으로 자기들의 자녀들을 삶아 먹었도다

11. כ 주께서 그의 분을 내시며 그의 맹렬한 진노를 쏟으심이여
시온에 불을 지르사 그 터를 사르셨도다.

12. ל 대적과 원수가 예루살렘 성문으로 들어갈 줄은
세상의 모든 왕들과 천하 모든 백성이 믿지 못하였었도다.

13. מ 그의 선지자들의 죄들과 제사장들의 죄악들 때문이니
그들이 성읍 안에서 의인들의 피를 흘렸도다.

14. נ 그들이 거리 거리에서 맹인 같이 방황함이여
그들의 옷들이 피에 더러워졌으므로 그들이 만질 수 없도다.

15. ס 사람들이 그들에게
"저리 가라 부정하다, 저리 가라, 저리 가라, 만지지 말라" 외치도다.
그들이 도망하여 방황하게 될 것이기 때문이다.
그들이 말하기를, "그들이 다시는 이방인들 사이에서 더 이상 살지 못하리라" 하였도다.

16. ע 주께서 노하여 그들을 흩으시고 다시는 돌보지 아니하시리니
그들이 제사장들을 높이지 아니하였으며 장로들을 대접하지 아니하였기 때문이다.

17. פ 우리가 헛되이 도움을 바라므로 우리의 눈이 상함이여
우리를 구원하지 못할 나라를 바라보고 바라보았도다.

18. צ 그들이 우리의 걸음을 엿보니 우리가 거리마다 다 다닐 수 없음이여
우리의 끝이 가깝고 우리의 날들이 다하였으며 우리의 종말이 이르렀도다.

19. ק 우리를 뒤쫓는 자들이 하늘의 독수리들보다 빠름이여
산 꼭대기까지도 뒤쫓으며 광야에서도 우리를 잡으려고 매복하였도다.

20. ר 우리의 콧김 곧 주께서 기름 부으신 자가 그들의 함정에 빠졌음이여
우리가 그를 가리키며 전에 이르기를

우리가 그의 그늘 아래에서 이방인들 중에 살겠다 하던 자로다

21. ש 우스 땅에 사는 딸 에돔아 즐거워하며 기뻐하라
잔이 네게도 이를지니 네가 취하여 벌거벗으리라

22. ת 딸 시온아 네 죄악의 형벌이 다하였으니
주께서 다시는 너로 사로잡혀 가지 아니하게 하시리라.
딸 에돔아 주께서 네 죄악을 벌하시며
네 허물을 드러내시리라.

5장
1. 주여, 기억하소서. 우리가 당한 것을
우리가 받은 치욕을 살펴, 보소서.

2 .우리의 기업이 낯선 자들에게,
우리의 집들이 이방인들에게 돌아갔나이다.

3. 우리는 아버지 없는 고아들이오며
우리의 어머니는 과부들 같으니

4. 우리가 은을 주고 물을 마시며
값을 주고 나무들을 가져오며

5. 우리를 뒤쫓는 자들이 우리의 목을 눌렀사오니
우리가 지쳐 쉴 수 없나이다.

6. 우리가 애굽 사람과 앗수르 사람과 악수하고 양식을 얻어 배불리고자 하

였나이다

7. 우리의 조상들은 범죄하고 없어졌으며 우리는 그들의 죄악을 담당하였나이다

8. 종들이 우리를 지배함이여 그들의 손에서 건져낼 자가 없나이다

9. 광야에는 칼이 있으므로 죽기를 무릅써야 양식을 얻사오니

10. 굶주림의 열기로 말미암아 우리의 피부가 아궁이처럼 검으니이다

11. 대적들이 시온에서 부녀들을, 유다 각 성읍에서 처녀들을 욕보였나이다

12. 지도자들은 그들의 손에 매달리고 장로들의 얼굴도 존경을 받지 못하나이다

13. 청년들이 맷돌을 지며 아이들이 나무를 지다가 엎드러지오며

14. 노인들은 다시 성문에 앉지 못하며 청년들은 다시 노래하지 못하나이다

15. 우리의 마음에는 기쁨이 그쳤고 우리의 춤은 변하여 슬픔이 되었사오며

16. 우리의 머리에서는 면류관이 떨어졌사오니 오호라 우리의 범죄 때문이니이다

17. 이러므로 우리의 마음이 피곤하고 이러므로 우리 눈들이 어두우며

18. 시온 산이 황폐하여 여우가 그 안에서 노나이다

19. 주여, 주는 영원히 계시오며 주의 보좌는 대대에 이르나이다

20. 주께서 어찌하여 우리를 영원히 잊으시며
우리를 이같이 오래 버리시나이까

21. 주여 우리를 주께로 돌이키소서
우리가 주께로 돌아가겠사오니
우리의 날들을 다시 새롭게 하사 옛적 같게 하옵소서

22. 비록 주께서 우리를 아주 버렸었고
우리를 향한 진노가 컸을지라도.

에이카! : 고난과 탄식의 신학

3

제3장
에이카! : 고난과 탄식의 신학

1. 슬프다! (에이카, 애가 1, 2, 4장)

애가의 세 노래는 첫머리가 "에이카"로 시작되는 만가(dirge)의 양식을 띠고 있습니다. 한글 번역은 이를 "슬프다"로 번역하고 있으며 히브리 성서의 애가의 책이름으로 쓰이는 말이기도 합니다. 성서에 만가는 사무엘하 3장 33-34절에서 다윗이 아브넬의 죽음을 애도하는 대목에서 발견되며 그밖에도 사무엘하 1장 19-27절, 아모스 5장 2절, 이사야 1장 21-23절, 예레미야 2장 20-21절과 9장 9절, 미가 2장 4절, 에스겔 26장 17-18절 등을 그 예로 들 수 있습니다.

1) 성서와 고대 메소포타미아의 애가

애가의 노래들은 인간의 죽음을 다룬 장례식의 만가와는 다른 도시의 멸망을 애도하는 도시멸망 애도가(the city lament)입니다. 도시라는 비인격 물체의 멸망을 인격체로 의인화함으로써 감정의 도를 더해주는 문학적 기교를 활용하기도 합니다. 도시의 멸망과 파괴를 애도하는 도시 애가는 고대 메소포타미아 문헌에서도 쉽게 발견할 수 있습니다.[1] 고대 메소포타미아의 애가와 성서의 애가에 연관관계에 대한 연구로는 사무엘 크래이머(Samuel N. Kramer)가 개척자입니다.[2] 크래이머는 여신 닌갈(Ningal)이 자신의 성소의 파괴를 애도하는 노래와 애가의 의인화된 시온의 애도가 유사한 점을 지적하면서 수메르의 도시 애가를 성서의 애가의 전형으로 봅니다.[3] 가드(C. J. Gadd) 역시 수메르의 도시 애가가 히브리의 저자에게 영향을 미쳤다고 봅니다.[4] 이들 도시 애가들은 공동체 탄원시로서의 형식적인 틀이 유사합니다.[5]

고대 메소포타미아의 도시 애가는 다섯 개의 주요 도시-우르, 우르와 수메르, 니푸르, 우룩, 에리두-에 대한 애가가 전해지는데,[6] 한 예로 우르

---

1) W. C. Gwaltney, "The Biblical Book of Lamentations in the Context of Near Eastern Lament Literature", in *Scripture in Context II: More Essays on the Comparative Method*, ed. W. W. Hallo, J. C. Moyer and L. G. Perdue; Winona Lake, IN: Eisenbrauns, 1983, 191-211. F. W. Dobbs-Allsopp, *Weep, O Daughter of Zion: A Study of the City-Lament Genre in the Hebrew Bible,* BibOr 44; Biblical institute Press, 1993, 154-156을 참조하라.

2) 두안 가렛 & 폴 R. 하우스, 『아가, 예레미야 애가』, 채천석 옮김, WBC 23B; 솔로몬, 2010, 438. S. N. Kramer, "Sumerian Literature and the Bible", in ed. Pontificio Instituto Biblico, *Studiesa Biblica et Orientalia 3: Oriens Antiquus,* AnBib 12; Rome: Biblical institute Press, 1959; "The Weeping Goddess: Sumerian Prototypes of the Mater Dolorosa", *Biblical Archaeologist* 46(1983), 69-80.

3) Kramer, "Sumerian Literature and the Bible", 201. 토마스 맥다니엘도 수메르의 도시 애가가 성서의 애가에 영향을 끼쳤다고 본다. Thomas F. McDaniel, "The Alleged Sumerian Influence upon Lamentations", *Vetus Testamentum* 18(1968), 198-209.

4) C. J. Gadd, "The Second Lamentation for Ur", in G. R. Driver, D. W. Thomas and W. D. McHardy ed. *Hebrew and Semitic Studies,* Oxford: Oxford University Press, 1963, 59-71. 하우스, 『아가, 예레미야 애가』 438에서 재인용.

5) 성서 시편의 공동체 탄원시로는 시 9-10, 12, 14, 44, 53, 58, 60, 67, 74, 79, 80, 82, 83, 85, 89, 90, 94, 106, 108, 137, 144 등이 있다. 공동체 탄원시의 공통된 양식으로 (1) 이름을 부름(invocation), (2) 탄식(lament), (3) 간구(petition), (4) 신뢰고백(affirmation of trust in God), (5) 찬양서약(vow to praise God)을 꼽는다.

6) 우르 멸망에 대하여, S. N. Kramer, "Lamentation over the Destruction of Ur", *ANET,* Princeton, 1969, 455-463; 우르와 수메르 멸망에 대하여, Kramer, "Lamentation over the Destruction of Sumer and Ur", *ANET,* 611-619; 니푸르 멸망에 대하여, Kramer, "Lamentation over the Destruction of Nippur", 우룩 멸망에

3왕조 다섯 번째 왕인 입비-신(Ibbi-Sin, 기원전 2028-2004경) 때에 엘람인과 수발인에게 우르가 멸망한 것을 주제로 쓰인 436행의 "우르 멸망에 대한 탄식" 시를 소개합니다. 이 시는 총 11편(키루구; kirugu)으로 구성되어 있는데 각 편(篇)이 끝나는 줄에 첫 번째 노래, 두 번째 노래 등과 같은 어구를 표기해서 편을 구분해주고 있습니다. 크래이머는 이 시의 전체 내용을 키루구 별로 다음과 같이 요약해서 보여주고 있습니다.[7]

첫째 키루구 (1-36행): 멸망 당한 도시들과 수호신의 이름을 열거하면서 기도 시작.

둘째 키루구 (37-73행): 신들의 회의에서 우르를 위해 애곡하도록 명령이 내려짐.

셋째 키루구 (74-134행): 닌갈이 우르의 멸망을 탄식함.

넷째 키루구(135-170행): 닌갈이 아누와 엔릴에게 우르를 위해 간청하지만 거절당함.

다섯째 키루구 (171-205행): 엔릴이 우르를 멸망시킴.

여섯째 키루구 (206-251행): 우르에 시체들이 쌓임.

일곱째 키루구 (252-329행): 닌갈이 멸망한 사람과 사물을 열거하며 우르를 위해 탄식함.

여덟째 키루구 (330-385행): 시인이 닌갈에게 우르의 중건을 간청함.

아홉째 키루구 (386-397행): 시인이 난나에게 폭풍우를 제지해 줄 것을 간청함.

열 번째 키루구 (398-415행): 시인이 난나에게 폭풍우를 제지해 줄 것을 간

대하여, Margaret W. Green, "The Eridu Lament", *Journal of Cuneiform Studies* 30 (1978), 127-167, 에리두 멸망에 대하여, Margaret W. Green, "The Eridu Lament", *Journal of the American Oriental Society* 104(1984), 253-279를 보라.

7) 박춘식, "고대 도시 멸망에 관한 공동체 탄식시: 갈대아 우르와 레반트 예루살렘을 중심으로", 제85차 한국구약학회 추계학술대회 자료집 (한국 구약학회, 2010년 9월 30일), 154-155. 크래이머의 연구를 박춘식이 요약한 것을 재인용.

청함(전과 동일).

열한 번째 키루구(416-436행): 시인이 난나에게 우르의 옛 번영을 회복해주기를 간청함.

박춘식은 우르멸망에 대한 탄식시와 애가를 공동체 탄원시의 형식에 따라 분석하면서 이 두 시의 공통점과 차이점을 일곱 가지로 요약합니다. 즉 이 두시는 모두 도시의 멸망을 수호신이 그 도시를 버린 것으로 이해하며 그 슬픔을 고대인들에게 친숙했던 장례문화와 관련된 음악적 요소를 통해 탄식무드를 조성합니다. 각 시는 신의 이름을 부르면서 도시와 성전의 멸망, 백성의 고난을 탄식하며 원수의 멸망과 도시의 회복을 간구한 후 신에 대한 찬양으로 끝맺고 있습니다. 차이점으로는 우르 멸망에 대한 탄식시에는 신뢰의 고백이 결여되어 있고 애가에는 포함되어 있습니다.[8] 이렇듯 고대 메소포타미아의 도시 애가가 성서 애가와 형식과 내용 면에서 유사한 특성을 보이는 이유는 성서의 시편기자들이 고대 메소포타미아 문학에 익숙했고 그 문학관습들을 공유했던 때문으로 여겨집니다. 성서 애가를 포함한 고대 메소포타미아의 도시 애가에서 보이는 가장 두드러진 주제는 도시의 전멸이 그려지고 있는 점이며 다른 주제들로는 도시의 파괴는 그 도시의 주신이 이를 포기한 결과라는 인식입니다. 도시 애가는 아울러 그 주신이 결국에는 다시 돌아와 도시를 회복시켜 주리라는 확신을 포함하고 있습니다.[9]

2) 한국의 애가

한국의 고전 문학에서는 도시 혹은 국가의 멸망을 애도하는 애가의 특별한 양식이 따로 전해오는 것은 찾아보기 어렵습니다. 단지 그 내용에 있어서 국가의 멸망을 애도하는 노래들은 발견됩니다.

8) 박춘식, "고대 도시 멸망에 관한 공동체 탄식시", 154-155.

9) Dobbs-Allsopp, *Weep, O Daughter of Zion*, 30-96.

첫 번째 예로 고려의 멸망을 애도했던 한시를 소개합니다. 길재와 원천석은 위화도 회군으로 이성계 일파가 정권을 장악하고 왕을 다른 사람으로 갈아 치자 병을 빙자하고 고향으로 돌아가 학문을 연구하고 제자들을 기르며 살아갑니다. 조선이 건국된 후 조정에서 그를 등용하고자 높은 벼슬을 주려고도 하였으나 끝내 '두 임금을 섬길 수 없다' 하여 고향에서 남은 생애를 마쳤던 그들은 고려의 멸망을 애도하며 다음과 같은 한시를 남깁니다.

오백년 도읍지를 필마로 돌아드니
산천은 의구하되 인걸은 간데없네
어즈버 태평연월이 꿈이런가 하노라.

홍망이 유수하니 만월대도 추초로다
오백년 왕업이 목적에 부쳐시니
석양에 지나는 객이 눈물겨워 하노라.

두 번째 예는 을사조약이 체결된 후의 애도시들입니다. 한국의 근대사에서 예루살렘의 멸망사건에 견줄 만한 사건은 외교권을 박탈당하고 통감부를 설치하게 된 을사조약(乙巳條約)의 강압적 체결과 5년 후 실제적인 한일 합병으로 인한 국권의 상실을 들 수 있습니다. 을사조약은 소위 을사오적[10]의 서명에 의해 체결되었고 대한제국은 을사조약의 체결로 명목상으로는 일본의 보호국이나 사실상 일본의 식민지가 되었는데 장지연은 그 애통함을 "시일야방성대곡"이란 사설에 담아 발표합니다.[11]

---

10) 을사오적이란 1905년 을사조약을 강제 체결할 당시, 한국 측 대신 가운데 조약에 찬성하여 서명한 다섯 대신을 일컫는다, 즉 박제순(朴齊純, 외부대신), 이지용(李址鎔, 내부대신), 이근택(李根澤, 군부대신), 이완용(李完用, 학부대신), 권중현(權重顯, 농상부대신)을 일컫는다.

論說

是日也放聲大哭

◎曩日伊藤侯가韓國에來ᄒᆷ의愚我人民이逐逐相謂曰侯ᄂᆞᆫ平日東洋三國의鼎足安寧을自擔周旋ᄒ던人이라今日來韓ᄒᆷ이必也我國獨立을鞏固히扶植ᄒᆯ方略을勸告ᄒ리라ᄒ야自港至京에官民上下가歡迎ᄒᆷ을不勝ᄒ얏더니天下事가難測者ㅣ多ᄒ도다千萬夢外에五條件이何로自ᄒ야提出ᄒ얏ᄂᆞᆫ고此條件은非但我韓이라東洋三國의分裂ᄒᄂᆞᆫ兆漸을釀出ᄒᆷ인즉伊藤侯의原初主意가何에在ᄒᆫ고雖然이나我大皇帝陛下의強硬ᄒ신聖意로拒絶ᄒᆷ을不已ᄒ셧스니該約의不成立ᄒᆷ은想像컨ᄃᆡ伊藤侯의自知自破ᄒᆫ바어ᄂᆞᆯ噫彼豚犬不若ᄒᆫ所謂我政府大臣者가榮利를希覬ᄒ고假嚇를恇㤼ᄒ야逡巡然觳觫然賣國의賊을甘作ᄒ야四千年疆土와五百年 宗社를他人에게奉獻ᄒ고二千萬生靈으로他人의奴隷를敺作ᄒ니彼等豚犬不若ᄒᆫ外大朴齊純及各大臣은足히深責ᄒᆯ것이無ᄒ거니와名爲叅政大臣者ᄂᆞᆫ政府의首揆라但以否字로塞責ᄒ야要名의資를圖ᄒ얏던가金淸陰의裂書哭도不能ᄒ고鄭桐溪의刃刺腹도不能ᄒ고偃然生存ᄒ야世上에更立ᄒ니何面目으로強硬ᄒ신皇上陛下를更對ᄒ며何面目으로二千萬同胞를更對ᄒ리오嗚乎痛矣며嗚乎憤矣라我二千萬爲人奴隷之同胞여生乎아死乎아檀箕以來四千年國民精神이一夜之間에猝然滅亡而止乎아痛哉痛哉라同胞아同胞아

雜報

◉五件條約請締顚末

本月十日下午七時에日本大使伊藤博文氏가京釜鐵道列車로搭乘入城ᄒ야直時賓館(孫擇孃邸)으로入處ᄒ얏ᄂᆞᆫᄃᆡ翌日上午十二時에皇上陛下께 陛見ᄒ고日皇陛下의親書를奉呈ᄒ얏ᄂᆞᆫᄃᆡ其親書의槪意ᄂᆞᆫ如左ᄒ다ᄒ니

朕이東洋의平和를維持ᄒ기爲ᄒ야大使를特派ᄒ노니大使의指揮를一從ᄒ야措處ᄒ소셔ᄒ고又曰國防의防禦ᄂᆞᆫ朕이鞏固케ᄒᆯ지오皇室의安寧도朕이保證ᄒ다ᄂᆞᆫ意味로ᄒ얏다더라

十四日에伊藤氏가仁港으로下往ᄒ얏다가翌十五日에歸來ᄒ야下午三時에日館書記官國分象太郞과帝室審査局長朴鏞和氏로共히 陛見ᄒ셔伊藤氏가三大條件을提出ᄒ야上奏要請ᄒᆷ이如左ᄒ다ᄒ니

一은外部를廢止ᄒ고外交部를日本東京에

이를 풀어보면 다음과 같습니다.

지난번 이등(伊藤) 후작이 내한했을 때에 어리석은 우리 인민들은 서로 말하기를, "후작은 평소 동양삼국의 정족(鼎足) 안녕을 주선하겠노라 자처하던 사람인지라 오늘 내한함이 필경은 우리 나라의 독립을 공고히 부식케 할 방책을 권고키 위한 것이리라." 하여 인천항에서 서울에 이르기까지 관민상하가 환영하여 마지 않았다. 그러나 천하 일 가운데 예측키 어려운 일도 많도다. 천만 꿈밖에 5조약이 어찌하여 제출되었는가. 이 조약은 비단 우리 한국뿐만 아니라 동양 삼국이 분열을 빚어낼 조짐인 즉, 그렇다면 이등 후작의 본뜻이 어디에 있었던가? 그것은 그렇다 하더라도 우리 대황제 폐하의 성의(聖意)가 강경하여 거절하기를 마다 하지 않았으니 조약이 성립되지 않은 것인 줄 이등 후작 스스로도 잘 알았을 것이다. 그러나 슬프도다. 저 개돼지만도 못한 소위 우리 정부의 대신이란 자들은 자기 일신의 영

11) 황성신문 2101호(1905. 11. 20). 을사조약은 11월 17일에 체결되었다. 황성신문은 제1452호 음력 7월 19일(경신)에 폐간되었다. 황현, 『매천야록』, 임형택 외 옮김, 문학과 지성사, 2005, 659.

달과 이익이나 바라면서 위협에 겁먹어 머뭇대거나 벌벌 떨며 나라를 팔아 먹는 도적이 되기를 감수했던 것이다.

아, 4천년의 강토와 5백년의 사직을 남에게 들어 바치고 2천만 생령들로 하여금 남의 노예되게 하였으니, 저 개돼지보다 못한 외무대신 박제순과 각 대신들이야 깊이 꾸짖을 것도 없다 하지만 명색이 참정(參政)대신이란 자는 정부의 수석임에도 단지 부(否)자로써 책임을 면하여 이름거리나 장만하려 했더란 말이냐. 김청음(金淸陰)처럼 통곡하며 문서를 찢지도 못했고, 정동계(鄭桐溪)처럼 배를 가르지도 못해 그저 살아남고자 했으니 그 무슨 면목으로 강경하신 황제 폐하를 뵈올 것이며 그 무슨 면목으로 2천만 동포와 얼굴을 맞댈 것인가.

아! 원통한지고, 아! 분한지고. 우리 2천만 동포여, 노예된 동포여! 살았는가, 죽었는가? 단군.기자 이래 4천년 국민정신이 하룻밤 사이에 홀연 망하고 말 것인가. 원통하고 원통하다. 동포여! 동포여!

이후 을사조약 체결에 항거한 죽음이 잇따랐고 단재 신채호[12]는 1905년 12월 28일 <대한매일신보>에 "시일야우방성대곡"이란 제하의 사설을 싣습니다.

한.일의 새로운 조약이 체결되던 날에 한국 서울 안팎의 일반 시민들은 큰 소리로 통곡하지 않은 사람이 없었고, 민영환. 조병세 두 충정공이 순국하는 날에 남녀 노유가 일제히 통곡하여 천지가 죽은 것처럼 비통해하였고,

12) 신채호(1880-1936)는 독립운동가로서 국권을 회복하고자 모든 수단을 강구한 민족주의자로, 국사 연구와 교육을 중시하였다. 기존의 왕과 영웅 중심의 전근대적인 사학의 한계를 극복하고, 민중을 중심으로 하는 사학을 내세웠다. 그의 민족사관은 일제에 의한 식민사관을 극복하고 근대적, 주체적 역사관을 확립하는 데 기여하였다. 저서 《조선상고사》에서 특히 역사를 아(我)와 비아(非我)의 투쟁으로 보았다. 1930년 5월 대련법정에서 유가증권위조 및 동행사, 치안유지법위반 혐의로 10년형을 선고받았고 1936년 2월 21일 여순 감옥에서 뇌일혈로 옥사하였다.

또한 주일 공사가 철수하여 돌아온 날에 이 나라의 관립, 사립 학도 4백여 명이 정차장에 좇아 나와서 전별할 때에 다 큰 소리로 울음을 터뜨렸으니, 본 기자가 듣고 서러워하며, "아, 슬프다! 대한 동포여. 오늘날의 정경이 참으로 가련하고 슬픈 일이오" 하고 탄식하였다.

4천년 조국이 지금은 쓸쓸한 곳으로 변하였고, 2천만 형제가 괴롭고 고통스럽게 되었으니, 어찌 곡하여 울지 아니하겠소. 그러나 대한의 제군들은 행여 울음을 잠시 멈추고 나의 한 마디 말을 들으시오.

대체로 오늘날 나라의 형편이 이와 같이 되었으니, 대한의 백성들은 삼한 갑족의 좋은 가문이 많은 것도 노예가 되기는 마찬가지요. 일품에 해당하는 대신의 훌륭한 자격도 붙들려가기를 당하는 것은 한 가지요, 드높은 담장의 훌륭한 집도 남의 사는 집이 될 것이요, 상권도 남의 상권이요, 공업도 남의 공업이요, 화물 수송권도 다른 사람의 것이니, 대한의 백성들은 어떠한 자산 활동을 할 것인가? 앞으로 하와이의 이민과 같이 미국 영토에 붙어 살까, 블라디보스토크의 유민과 같이 러시아 땅에 예속할까. 천지간에 나라 없는 백성은 어디에 살든지 노예는 고사하고 생명을 보전하기 어려울 것이오. 백 번을 생각하여도 한국 동포를 죽음에서 구하는 방법은 학문 이외에 다른 방책은 없으니, 시간을 헛되이 보내지 말고 바로 오늘부터 외국의 학문에도 힘써 보시오. 골패. 화투가 왠일이오(이하 생략).

신채호는 난국을 헤쳐 나가기 위해 백성들이 기생과 축첩에 힘쓰지 말고 재산을 자손에게 물려주지 말고 학업으로 자손을 길러보며 농업과 공업, 상업에 힘써 나라를 살릴 것을 촉구하고 있습니다. 그리고 사업의 왕성한 발달을 위해 교육에 힘쓸 것을 독려하고 있습니다. 장지연은 을사조약의 부당한 체결에 대해 탄식하지만 신채호는 을사조약으로 국권상실의 위기에서 기생과 축첩, 도박 등의 나태한 생활에 대한 경고와 교육과 농공상의 실질적인 경제활동을 통해 나라를 살려야 한다는 촉구의 글을 발표한 것입니다.

세 번째 예로 한국 현대사에 있어서 한 도시의 부당한 침탈과 시민의 고통을 묘사한 탄식의 노래로 광주에 대한 애가(에이카)를 들 수 있습니다. 1980년 5월 광주의 민주화투쟁 진압과정에서 이루어진 참혹한 실상을 묘사한 시, '오월 광주' 에서 김준태는 다음과 같이 읊습니다.

아아, 광주여 무등산이여
죽음과 죽음 사이에
피눈물을 흘리는 우리들의 영원한 청춘의 도시여
우리들의 아버지는 어디로 갔나
우리들의 어머니는 어디서 쓰러졌나
우리들의 아들은
어디에서 죽어 어디에 파묻혔나
우리들의 귀여운 딸은
또 어디에서 입을 벌린 채 누워 있나
우리들의 혼백은 또 어디에서
찢어져 산산이 조각나 버렸나?

광주여 무등산이여
아아, 우리들의 영원한 깃발이여
.
.
.
하느님도 새떼들도
떠나가 버린 광주여
그러나 사람다운 사람들만이
아침 저녁으로 살아남아
쓰러지고, 엎어지고, 다시 일어서는

우리들의 피투성이 도시여
죽음으로써 죽음을 물리치고
죽음으로써 삶을 찾으려 했던
아아 통곡뿐인 남도의
불사조여 불사조여 불사조여

해와 달이 곤두박질 치고
이 시대의 모든 산맥들이
엉터리로 우뚝 솟아 있을 때
그러나 그 누구도 찢을 수 없고
빼앗을 수 없는
아아, 자유의 깃발이여
살과 뼈로 응어리진 깃발이여?

아아 광주여! 우리나라의 십자가여

예레미야 선지자는 전쟁의 나팔 소리와 경보소리를 듣고 "슬프고 아프다 내 마음속이 아프고 내 맘이 답답하여 잠잠할 수 없다"고 절규합니다(렘 4:19). 전쟁으로 인한 도시의 멸망과 혼돈 속에서 마치 죽음은 우리의 평화를 위한 기도를 외면하는 듯 여겨질지라도 역사 속에서 불의에 대한 저항과 고난의 아픔의 소리는 멈추지 않고 계속되어 왔습니다.

2. 애가의 탄식

에이카로 시작되는 세 편의 애도가(애 1, 2, 4장)는 예루살렘의 멸망을 애도하며 부른 탄식의 노래입니다. 특별히 첫 번째 애가는 이 도시의 멸망과 그로 인한 백성들의 고통을 생생하게 들려줍니다. 고통의 깊이와 그 내용의 비참함에도 불구하고 노래는 세련되고 정제된 문학적 틀 속에서 우리의 심연을 후벼 팝니다. 첫 번째 노래는 여러 단어들의 반복과 대조를 통해 도시 멸망의 비참한 상황과 슬픔의 강도를 설명하고 있습니다. 먼저 예루살렘의 비극적 상황을 묘사하는데 애가 1장에는 과거의 영광과 현재의 재난을 생생하게 대조하는 방식(공주되었던 자와 과부같고 조공드리는 자, 1:1)과 상반되는 개념의 대비(친구와 원수, 1:2; 높이던 자와 업신여김, 1:8; 두 손을 폄과 위로할 자가 없다, 1:17 등)를 사용합니다. 여기서 예루살렘의 비참함은 그 도시를 여성으로 의인화함으로써 묘사하고 있습니다. 또한 첫 번째 노래의 첫 절과 마지막 절에 *랍빠티/라보트*("많은"/"큰")란 단어를, 그리고 2절과 21절에서 에인 라 *메나헴/ 에인 메나헴 리*("그녀를 위로하는 자 없고"/ "나를 위로하는 자 없고")가 반복되면서 고통의 크기와 위로받지 못함을 강조합니다. 예루살렘이 위로받지 못하다는 주제는 1장의 곳곳에서 반복되어 언급됨으로써 더 분명해집니다(1:2, 7, 9, 16, 17, 21). 비참함의 강도는 히브리어 콜("모든")의 빈번한 사용으로 더욱 강조되는데 1장에서 열세 개의 구절에서 열여섯 번 사용되고 있습니다.[13)]

전체적인 흐름은 역전된 예루살렘의 상황(1-3절), 적막함과 외로움(4-6절), 불결함(7-9절 상반), 그리고 먹을 것을 위한 고통(10-11절)을 설명하면서 그 황폐함을 생생하게 묘사한 뒤, 행인들에게 도움을 호소하지만(12-16절), 위로할 자가 없으며(17절), 이에 하나님을 향해 그 의에 의지하여 도움을 호소(18-22절)하는 내용을 담고 있습니다. 여기서 예루살렘은 자신의 죄를 인정하고(12절) 처음으로 자신의 죄를 언급하지만(14절), 예루살렘이 처한 곤경을 불쌍히 여기며 동조해주는 친구 하나 없이 위로받지 못하고 하나님의 응답도 듣지 못하는 고립 속에서 울부짖습니다.

13) 1:2, 3, 4, 6, 7, 8, 10, 11, 12, 13, 15, 18, 21, 22. 2절과 22절에는 두 번 나온다.

첫 번째 애가는 도시 멸망의 비참함과 백성들의 고난을 두 개의 목소리—즉 설화자의 목소리를 통해 제 삼자의 관점에서 그리고 일인칭 화자가 당사자의 입장에서—를 통해 묘사하고 있습니다. 먼저, 삼인칭 설화자의 목소리로 들려주는 상반부(1-11절)에서는 많은 문학적 기교들이 도시의 폐허상황을 더 부각시키고 백성들의 고난을 더욱 생생하게 느낄 수 있도록 활용되고 있습니다. 현재의 상황과 과거의 영광 사이의 대비는 지금의 예루살렘의 황폐화된 상황을 더욱 생생하게 묘사해주고 있습니다. 또한 삼인칭적 고난 묘사의 중간 중간에 "나의 고난을 보아달라"(레예)는 일인칭 화자의 갑작스런 호소(1:9 하반절)로 돌출합니다. 갑작스런 인칭의 변화는 주의를 환기시키는 효과를 가져오며 "나의" 고난을 보아달라는 호소는 고난을 개인화시킴으로써 감정적 호소력을 더 높여줍니다. 일인칭 화자의 간청은 다시 삼인칭 화법으로 바뀌었다가 고통을 보아달라는 호소에 와서는 다시 일인칭으로 변합니다. 이를 바탕으로 1장 1-11절의 구조를 살펴보면 다음과 같습니다.

1-11절 고독과 절망 중의 예루살렘 백성들
- 1-9절
  - 1-9a 예루살렘의 비참한 고난의 현장 (3인칭)
  - 9c 보아달라는 호소 (1인칭, 레예)
- 10-11절
  - 10-11a 절규 (3인칭)
  - 11b 보아달라는 호소 (1인칭, 레예)

첫 번째 애가의 전반부(1:1-11)가 제 삼자의 입장에서 예루살렘의 고난에 대하여 노래했다면 후반부(12-22절)에서는 고난의 당사자가 일인칭 화법으로 그 슬픔을 노래합니다. 고통당하는 자의 고난을 지켜보는 입장에서는 그가 위로받을 자 없이 버림받은 상황이 가장 큰 고난의 요소로 부각되었는데 당사자의 입장에서도 어느 누구도 자신의 고난에 관심을 갖지 않자 자신을 돌아봐달라고 호소합니다.

일인칭 화자는 먼저 행인에게 자신이 당한 하나님의 심판을 보아달라고 탄원합니다(12-16절). 이에 삼인칭 화자는 그 고통을 돌아보면서(레예, 17절) "시온이 위로자도 없고 예루살렘이 더렵혀졌음"을 설명하면서 시온이 당한 고난에 대한 안타까움을 표현합니다(17절). 그러자 일인칭 화자는 이번에는 하나님을 향해 하나님이 그녀를 속였다고 한탄하면서 하나님께서 그의 고통을 보아줄 것(레예, 20절)과 대적자들의 죄도 동등하게 다루어줄 것을 간청합니다(18-22절). "보아달라(레예)"의 반복은 상반부(1:1-11)의 일인칭 당사자의 애끓는 호소를 메아리로 다시 듣는 듯합니다. 1장 12-22절의 구조는 다음과 같습니다.

12-17절 행인을 향한 도움의 호소
  12-16절 행인을 향한 절규 (1인칭)
  17절 시온에 대한 설화자의 안타까움 표현 (3인칭, 레예)
18-22절 하나님을 향한 절규와 그 의에 대한 호소 (1인칭)

이처럼 애가의 첫 번째 노래 전체는 화자의 변화, 단어와 주제의 반복, 동일한 단어 사용 등을 통해 구조와 내용의 조화를 잘 보여주고 있습니다. 첫 번째 애가는 그 형식에 있어서 예루살렘의 멸망의 비참함과 고난의 정황을 잘 묘사해주는 예술성을 드러내주고 있습니다. 그러면 아래에서는 노래 속에 그려진 고난의 현장으로 들어가 그 의미를 살펴보도록 합니다.

3. 고난의 현장에서

애가는 예루살렘의 침탈과 멸망의 비참한 현장을 다양한 이미지를 통해 묘사하고 있는데 여기서는 그 이미지들의 의미를 살펴보고자 합니다. 문학적 이미지들은 그 사회의 통념과 관습에 근거하고 있으므로 애가의 본문은 단순한 문학적 기교가 아니라 당시의 사회 이데올로기를 보여주는 거울이 될 수 있습니다.

1) 고난과 민중들

(1) 침탈당하는 도시, 침탈당하는 여성의 몸

도시멸망을 애도하는 첫 번째 애가의 가장 두드러진 특징은 도시를 여성으로 의인화하여 그 파괴를 여성의 몸에 대한 침탈로 묘사하는 점입니다. 도시가 파괴된 이후의 상황은 여성으로 의인화된 도시가 과부, 공주로 등장하여 이전의 영광과 지금의 반전된 상황과의 대비를 통해 묘사됩니다.

> 슬프다, 이 성이여, 적막하게 앉았구나
> 거민이 많더니 과부와 같이 되었구나
> 열국 중에 크더니, 열방 중의 공주되었던 자가 복역하는 자가 되었도다 (1:1).

여성으로 의인화된 도시 예루살렘의 가장 큰 치욕은 명예를 중요시하는 고대 가부장 사회에서 여성이 겪을 수 있는 최대의 수치를 통해 그려집니다.

> 예루살렘이 크게 범죄함으로 조롱거리가 되었으니
> 그에게 영광을 돌리던 모든 사람들이 그의 벌거벗은 모습을 보고 업신여기며
> 그는 한숨지으며 등을 돌리도다.
> 그의 부정함이 치마에 있으나 그 다음을 기억하지 아니함이여

그가 놀랍도록 낮아져도 그를 위로할 자가 없도다
"주여, 나의 고통을 보소서, 원수가 우쭐댑니다"(1:8-9).

도시의 침탈에 의한 고난을 설명하면서 여성의 수치와 불결함을 비유로 사용하여 고난의 깊이를 묘사하는 방법은 현대 독자들에게도 낯설지 않습니다. 전쟁이나 위기 상황에서 여성과 어린이는 보호받지 못하는 대상을 대표합니다. 전쟁의 혼란은 후손을 낳게 될 주체인 여성의 몸의 순결을 보호하기 어렵게 만들고, 스스로의 생계를 책임질 능력이 아직 없는 어린이들을 위험에 노출시키게 되기 때문입니다. 애가의 첫 번째 노래는 이러한 두 가지 요소를 예루살렘의 비참한 상황을 묘사하는데 사용하고 있습니다.

성별화된 사회에서 사람은 인간이기 전에 여성과 남성으로 구별되고, 성별관계의 불평등한 체제 속에서 여성은 사회적 약자로 살아왔습니다. 은유도 이러한 성별화된 위계를 고스란히 반영합니다. 가령 서구와 아시아와의 관계에서 서구는 남성이고 아시아는 여성입니다. 한미 관계에서 한국은 여성이고 미국은 남성으로 간주됩니다. 애가의 노래 속에서도 침탈당한 예루살렘은 여성으로 의인화되고 있습니다. 전쟁의 침탈이 여성의 몸에 가해지는 폭력과 동일시되어 묘사될 수 있는 근거는 가부장제 사회에서 여성의 몸은 남성들 간의 권력관계의 표지이자 점령지로 의미화되기 때문입니다.[14] 국가 간 세력 불균형이 존재하는 상황에서는 약소국은 여성으로 강대국은 남성으로 묘사되고, '전쟁시' 에는 적군이 여성에 대한 집단 강간을 통해 남성정치의 힘을 과시, 계승합니다. 이때 남성과 남성 간의 폭력은 정치적인 사건이지만 남성이 여성에게 행사한 폭력은 비정치적 문제라는 인식이 전제되어, 여성의 몸에 대한 폭력은 심지어 남성 간의 정치적 해결을 위해 가해질 수 있는 자연스럽고 불가피한 문제로 치부

14) 정희진 엮음, 『성폭력을 다시 쓴다 - 객관성, 여성운동, 인권』, 한울 아카데미, 2003, 28.

되기까지 합니다. 일제 식민지 시대 정신대의 맥을 잇는 오늘날 기지촌 지역 성매매는 한국이 외세보다 힘이 약하기 때문에 발생한 불가피한 문제로 보는 견해들이 이러한 인식을 반영한 결과입니다.

벌거벗은 여성의 몸에 비유하고 성폭력을 당한 것에 비유한 예가 예루살렘이 아닌 다른 도시에 적용된 예도 빈번하게 발견됩니다. 애가 4장에서는 에돔이 그 예로 등장하는가 하면, 이사야 47장 1-3절에서는 이사야가 조롱하면서 바벨론의 멸망을 성폭력에 비유하고 있습니다.

> 우스 땅에 거하는 처녀 에돔아
> 즐거워하며 기뻐하라
> 잔이 네게도 이를찌니 네가 취하여 벌거벗으리라(애 4:21).

> 처녀 딸 바벨론아, 내려 티끌에 앉으라
> 딸 갈대아여 보좌가 없어졌으니 땅에 앉으라
> 네가 다시는 곱고 아리땁다 칭함을 받지 못할 것임이니라
> 옛 돌을 취하여 가루를 갈라 면박을 벗으며
> 치마를 걷어 다리를 드러내고 강을 건너라
> 네 살이 드러나고 네 부끄러운 것이 보일 것이라
> 내가 보수하되 사람을 아끼지 아니하리라(사 47:1-3).

전쟁 중에 여성에 대한 성폭력과 이에 대한 집단적 묵인 혹은 합리화는 은유나 상징이 아니라 우리의 역사 속에서 혹은 성서의 본문 속에서 실제 들려지는 이야기입니다. 히브리 성서에서 사사기 19-21장에 나오는 전쟁과 이에 뒤따르는 여성의 집단 유괴와 강간은 이를 극명하게 보여주는 사례입니다. 사사기 19장에서 레위인이 자신의 신변 안전을 위해 아내를 한밤중에 낯선 남자들에게 내어주고 다음날 아침 윤간당한 아내의 생사도 확인하지 않은 채 집으로 데려와 이스라엘 지파들의 전쟁 참여를 촉구하

기 위해 그 시체를 열 두 토막 낸 사건도 어처구니없지만 그 이후 벌어지는 집단적인 유괴나 강간 이야기는 전쟁 중에 여성의 몸에 가해질 수 있는 폭력의 극한을 보여줍니다. 이에 대해 엘리스 바흐(Alice Bach)는 다음과 같이 적습니다.

> 성폭력에 대한 성서의 이런 경우들[삿 19-21장]은 해석자들에 의해 정치적인 긴급 사태로 잘못 읽혀지고 있다. 베냐민 남자들의 아내로 삼고자 필요한 만큼의 처녀들을 찾는 일은 남자들이 해결해야 할 정치적인 사안인 것이다. 야베스-길르앗은 전쟁에서 패배했고 따라서 그들의 딸들을 잡아오는 일에 대한 아무런 정당성도 필요없다. 전쟁의 장(場)은, 그것이 성전이든 내전이든, 남자들에게 여자들을 모욕하고 폭력을 가할 수 있는 완벽한 정신적 환경을 제공한다. 이야기로서의 강간이든 실제 집단 학살의 폭력이든, 전쟁에서 벌어지는 강간은 익숙한 변명을 지닌 익숙한 행위이다.[15]

여성의 몸에 대한 지배는 승리한 자의 권력을 표방하는 하나의 도구로 기호(signifier)가 되며 이러한 성폭력의 은유와 실제 이야기는 듣는 여성들에게 전쟁이라는 더 큰 폭력 앞에서 자신의 소극적 폭력은 희생되거나 정당화될 수 있는 것인 양 침묵하도록 암묵적으로 강요합니다.

현대사에 있어서 전쟁에서의 여성에 대한 강간은 계속되어졌고 세월이 흐르면서 적을 모욕하고 공포감을 조성하는 전략으로 이용되었습니다. 영국의 시사 주간지 <이코노미스트>의 보도에 따르면 1937년 중 · 일 전쟁에서는 2만 건의 강간이 있었었고, 2차 대전 중 독일에 소련군이 진주했을 때는 2만 내지 2백만 명이 강간당했다고 합니다. 방글라데시와 파키스탄의 전쟁에서는 20만 명, 보스니아 전쟁과 시에라리온 내전에서 각각 2만

---

15) Alice Bach, "Rereading the Body Politic: Women and Violence in Judges 21", in Alice Bach ed. *Women in the Hebrew Bible*, New York and London: Routledge, 1999, 398.

명, 르완다 대학살에서는 50만 명이 강간당했습니다. 강간이 전쟁 무기가 되어 조직적으로 자행된 대표적인 사례는 보스니아 전쟁이며, 강간을 처벌하기 시작한 것도 보스니아 전쟁이 처음입니다. 2008년 유엔 안전보장이사회는 강간이 전쟁의 수단으로 이용되고 있음을 처음으로 인정하고 강간범 처벌과 피해자 치료를 규정한 제네바 협정을 체결하였습니다.[16)]

(2) 생명의 위협: 기아와 고독함

고난은 실제적이고 생명을 위협하는 상황입니다. 성전이 더렵혀지는 것을 봐야 하는 정신적인 고통과 함께 소중한 것들을 침탈당하고(1:10), 이외에 그들은 먹을 것을 끊임없이 구해야 했습니다.

> 그의 모든 백성이 한숨지으며 음식을 찾으며
> 보물로 먹을 것을 바꾸어 생명을 회복시키려 하나이다.
> "주여 보시고 돌보소서 내가 비천하게 되었나이다."(1:11)

기아의 문제는 여기 뿐 아니라 애가의 다섯 편의 노래 속에서 중심적인 문제로 대두되고 있습니다. 어린 아이들의 절망적인 굶주림(2:11), 음식의 부족(3:16), 여인들이 자식을 삶아먹는 상황(2:20; 4:10), 그리고 5장 9-10절은 "그 땅에 미친듯이 날뛰는 굶주림"을 묘사합니다. 또한 1장 19절, 2장 19절, 4장 3-5절, 5장 6절은 기근의 주제를 추가합니다. 백성들은 음식을 위해 보물(마하마데힘)을 팔아야 합니다. 1장 7절에서 지도자들과 고귀한 유산을 묘사하기 위해 사용되었고, 1장 10절에서 성전의 소중한 물건들을 묘사하기 위해 사용되었던 단어가 이제는 어떤 소중한 물건이든지 음식을 위해 팔 수 있는 것으로 묘사됩니다.

16) 조홍래, "'강간'을 무기로 삼는 미친 전쟁" 시사저널 2011년 1월 28일자 인터넷 기사에서 재인용 ;http://zine.media.daum.net/sisapress/view.html?cateid=100000&cpid=178&newsid=20110128120413108&p=sisapress)

특별히 2장 20절과 4장 10절에 여인들이 자식을 잡아먹는 끔직한 상황 묘사는 예레미야 19장 9장에서 예언으로 나옵니다. 개역개정은 이를 다음과 같이 번역합니다.

> 그들이 그들의 원수와 그들의 생명을 찾는 자에게 둘러싸여 곤경에 빠질 때에 내가 그들이 그들의 아들의 살, 딸의 살을 먹게 하고 또 각기 친구의 살을 먹게 하리라 하셨다 하고

여기서 개역개정은 마치 하나님이 이런 상황을 주도한 것처럼 사역으로 번역하고 있지만 원문은 동사가 삼인칭 복수 미완료태이므로 새번역이나 공동번역처럼 번역하는 것이 더 적절합니다.

> 그리고 그들은 목숨을 노리는 원수에게 포위되어 곤경에 빠지면, 그들은 제 자식들을 잡아먹고, 이웃끼리도 서로 잡아먹을 것이다.[새번역]

> 잡아죽이려고 달려드는 외적에게 포위되어 시민들은 아들 딸들을 잡아 먹다 못하여 나중에는 저희끼리 잡아먹게 되리라.[공동개정]

예레미야에서는 불특정 다수의 사람들이 아들(베님)이나 딸(베노트), 혹은 이웃을 잡아먹는 것으로 일반적인 묘사를 제시하는 반면, 애가에서는 직접 아이를 낳은 어미가 어린아이(얄라드)를 잡아먹는 것으로 묘사함으로써 그 강도를 더해주는 효과를 보여주기도 합니다.

기아의 문제가 비단 전쟁 중의 고난은 아닙니다. 인간 역사의 어느 시기보다도 생산성이 가장 높고 풍요의 시대를 사는 21세기 최대의 비극이 바로 영양결핍과 기아로 목숨을 잃는 사람이 수백만 명에 달한다는 사실입니다. 지글러(J. Zigler)에 따르면 현재 지구상에서는 5초마다 10세 미만의 어린이 한 명이 기아 또는 영양 결핍으로 인한 질병으로 죽어가고 있

습니다. 2007년 기아로 사망한 사람의 수는 같은 해 일어난 모든 전쟁의 사망자를 더한 수보다 많다고 합니다.[17)]

고난 속에서 실제적인 수치와 생명의 위협만큼이나 고통스러운 것은 고난 속에서 어느 누구도 돌아봐주지 않고 위로해주지 않는 적막함에 대한 경험입니다. 첫 번째 애가의 일인칭 화자는 이 고독함을 처절하게 노래하고 있습니다. 그리고 첫 두 편의 애가가 공통되게 전하는 고난의 아픔은 그 속에서 느끼는 적막함입니다. 예루살렘은 자신의 고난 중에 손을 내밀어보지만 자신의 손을 잡아주며 위로해줄 사람을 찾지 못합니다. 아니 위로할 사람을 찾지 못할 뿐 아니라 사랑하는 사람으로부터도 외면당합니다.(1:2) 첫 번째 애가에는 "위로할 자가 없다"는 말이 후렴구처럼 전체에 걸쳐 계속 반복되어 등장합니다. 1장 1절에서 설화자가 예루살렘이 '적막하게 앉았구나' 고 외치는 이유가 이렇듯 위로받지 못하는 도시의 처지에서 비롯됩니다.

시편 31편의 시인도 고난 중에 주변 사람들의 외면을 탄식합니다. 9-13절에서 시인은 이렇게 외칩니다.

> 야웨여 내가 고통 중에 있사오니 내게 은혜를 베푸소서
> 내가 근심 때문에 눈과 영혼과 몸이 쇠하였나이다.
> 내 일생을 슬픔으로 보내며 나의 연수를 탄식으로 보냄이여
> 내 기력이 나의 죄악 때문에 약하여지며 나의 뼈가 쇠하도소이다.
> 내가 모든 대적들 때문에 욕을 당하고 내 이웃에게서는 심히 당하니
> 내 친구가 놀라고 길에서 보는 자가 나를 피하였나이다.
> 내가 잊어버린 바 됨이 죽은 자를 마음에 두지 아니함 같고 깨진 그릇과 같으니이다.
> 내가 무리의 비방을 들었으므로 사방이 두려움으로 감싸였나이다.

---

17) 장 지글러, 『탐욕의 시대: 누가 세계를 더 가난하게 만드는가?』, 갈라파고스, 2005, 115.

그들이 나를 치려고 함께 의논할 때에 내 생명을 빼앗기로 꾀하였나이다.

그러나 애가서 첫 번째 노래에서 도시여성은 주변의 철저한 외면에도 포기하지 않고 두 대상을 향해 호소합니다. 그 첫 번째 대상이 지나가는 행인들입니다.

지나가는 모든 이들(콜 오베레 데레크)아, 너희와는 상관이 없는가
나를 괴롭게 하는 나의 슬픔과 같은 슬픔은 없다
주께서 진노하신 날에 나를 곤고하게 하신 것이로다(1:12).

주는 의로우시다 내가 그의 말씀을 거역하였으니
들으라, 모든 백성들아 내 슬픔을 돌아볼지어다
나의 처녀들과 나의 청년들이 사로잡혀 갔도다(1:18).

여기서 나의 정체와 지나가는 모든 이들 혹은 모든 백성들이 누구를 상징하는가에 대한 질문을 던지게 됩니다. 일인칭 화자로 탄식하는 이 여인이 도시의 의인화된 인물이라면 여기서 지나가는 모든 이들, 모든 백성들은 예루살렘의 거민들을 가리키게 됩니다. 예루살렘 백성들은 도시의 멸망에도 아랑곳하지 않고 무심하게, 자신들의 죄를 회개하지 않고 시큰둥한 채 자신들의 일상에 매몰된 모습을 질책하고 있습니다.

두 번째 애가는 지나가는 모든 이들에 대해 다시 언급합니다. 그들은 시온의 고난에 기뻐하며 박수를 치는 모습을 보여줍니다.

지나가는 모든 이들(콜 오베레 데레크)이 너를 향해 박수치며
딸 예루살렘을 향해 비웃고 머리를 흔들며,
"이것이 모든 세상 사람들의 기쁨이라 일컫던 그 성이냐?" 하도다(2:15).

그러나 마지막 행의 내용을 볼 때 여기서의 '지나가는 모든 이들' 은 예루살렘 백성으로 보기는 힘듭니다. 그리고 예루살렘이 외부인들을 향해 자신들의 위로자가 되어줄 것을 간청했다고 보기도 어렵습니다. 좀 더 구체적으로 도시 여성이 위로받기 위해 불렀던 대상이 19절에 언급되고 있습니다.

> 내가 나의 사랑하는 자들을 불렀으나 그들이 나를 속였고
> 나의 제사장들과 장로들이 그들의 생명을 회복시킬 먹을 것을 구하다가
> 성 안에서 숨이 다하였도다(1:19).

제사장들과 장로들은 도시의 운명을 책임지고 있는 사람들로 그 도시의 지도자들입니다. 제사장과 장로로 대표되는 예루살렘의 지도자들은 도시의 멸망에 맞서 도시의 회복과 보존을 위해 힘써야 하지만 그들은 오히려 자신들의 안위에만 관심을 가지고 자신들의 생명을 부지하는 데만 전력을 쏟고 있습니다.

고통당하는 민중과 그 고통에 대한 지도자들의 책임, 혹은 연대적 책임이 첫 번째 애가에서 강조되고 있습니다. 개인의 고난이 아니라 공동체의 고난에서 지도자들의 책임은 그 고난의 원인에 있어서 뿐 아니라 결과에 있어서도 막중함을 기억해야 합니다.

4. 애가를 통해 보는 고난의 신학

'인생은 고행이다' 는 불교의 기본적인 가르침이 대변해 주듯이 모든 인간은 고난을 겪습니다. 고난에 처한 인간들은 지금까지 끊임없이 물어온 두 가지 근본적인 질문이 있습니다. 그 질문은 고난은 "왜 오는가?" 그리고 고난은 "어디에서 오는가?" 입니다. 이러한 의문과 더불어 인간은 이

러한 고난이 "언제까지이니까?"는 절규를 외칩니다.

1) 고난은 왜?

고난은 인간에게 풀기 어려운 문제입니다. 고난은 하나님의 선하심을 의심하게 만들기도 합니다. 그러나 신학이 고난에 답하려는 노력을 포기할 수 없습니다. 신학이 고난을 완전히 제거할 수 없다 할지라도 새로운 관점을 제공할 수는 있습니다. 상황은 변하지 않을 수도 있지만 상황에 반응하는 방식은 변할 수 있습니다. 첫 번째 애가는 그러한 고난의 문제와 씨름하면서 하나님께 솔직히 고백하며 도전하며 탄식하는 노래입니다. 지금까지 고난이란 문제와 씨름했던 많은 글들은 고난을 허용하시는 것처럼 보이는 하나님이 흠이 없는 분이심을 확인하고 변호하는 데 더 큰 관심을 기울여온 경향이 있습니다. 이러한 논의는 하나님의 정의를 복잡한 신학으로 변론하거나 심지어 고난이 필요악이라는 미묘한 논리를 펼침으로써 실제 고통을 겪고 있는 사람에게 무익합니다. 이 책은 이러한 장황한 신학적 설명에 관심이 없으며, 하나님을 변론하려는 뜻은 더욱 없습니다. 대신 첫 번째 애가의 저자가 노래하는 고난의 목소리를 통해 고난의 신학적 의미를 현재 우리의 자리에서 해석해 보려 합니다.

(1) 신명기의 인과응보적 고난 이해

성서에는 왜 고난을 당하는가?에 대한 단일한 대답을 제시하고 있지 않습니다. 그러나 가장 대표적이고 전통적인 가르침은 고난을 하나님에 대한 불순종의 인과응보적 결과로 해석하는 입장입니다. 대표적인 본문으로 신명기 27-28장과 시 1편을 들 수 있다. 율법 준수 여부에 따라 뒤따를 축복(28:1-14)과 저주(28:15-68)의 항목이 열거되는데 이때는 축복보다 저주의 항목이 더 많습니다. 여섯 지파의 대표자들이 저주하기 위해 에발 산에 서고(27:13), 나머지 여섯 지파의 대표자들이 축복하기 위해 그리심 산에 섭니다(27:12). 그러나 실제로 27장 후반부에서는 복의 내용이 나오지 않습니다.[18] 28장이 말하는 이스라엘의 불순종에 대한 하나님의 저주는 질병과 기근(20-24절), 군사적인 패배(25-26절), 마음과 몸의 질병 및 아내와 가축떼의 죽음(27-35절), 포로기의 처량하고 비생산적인 삶(34-46절), 적군의 포위공격(47-57절) 등입니다.

율법을 지켜 행하면 축복을 받고, 그렇지 않으면 저주를 받을 것이라는 명확한 인과응보적 가르침은 욥의 친구 엘리바스의 입을 통해서도 전해집니다. 욥기 4장 7-9절에서 그는 말합니다.

> 생각하여 보라 죄 없이 망한 자가 누구인가?
> 정직한 자의 끊어짐이 어디 있는가?
> 내가 보건대 악을 밭 갈고 독을 뿌리는 자는 그대로 거두나니.
> 다 하나님의 입 기운에 멸망하고 그의 콧김에 사라지느니라.

한편 시 35편 기자는 "나는 의인의 버림을 당하거나 그의 자손이 걸식함을 보지 못하였다"(시 35:25)고 확언하기도 합니다.

그럼에도 이러한 고백들에 공감하는 사람은 그렇게 많지 않은 것이 현실입니다. 신명기적 축복과 저주에 관한 간단한 등식이 얼마나 현실을 반영하고 있는가?에 대한 의문은 끊임없이 제기되었습니다. 오히려 율법을 잘 지켰으나 하나님께 버림받은 느낌을 호소하는 경우(시 22, 73편)가 더 실감이 갑니다. 지혜문학 역시 지혜로운 자와 어리석은 자 모두에게 똑같은 운명이 찾아옴을 호소합니다(잠 2:14; 9:2; 2:16; 3:19; 6:2).

성서에는 고난이 어떤 행동의 결과가 아니라 혹은 무엇을 위한 의도적인 기획이 아니라 하나의 벌어진 상황으로 인식하고 거기서부터 출발하는 견해가 있습니다. 사무엘 하 11장 25절은 전쟁에서는 "칼이 이 사람이나 저 사람이나 똑같이 삼키는……" (삼하 11:25), 다시 말하면 고난이 개인

18) 이 점 때문에 27장이 26장을 28장으로부터 격리시키기 위해 삽입된 본문으로 간주되기도 합니다.

적 행동의 근원이 아니라 상황적인 것으로 묘사된다. 이때 고난은 인과응보라기보다 그냥 벌어지는 현상이다. 내가 왜 그 상황에 있었는가?의 개인적 질문은 소용이 없다. 인간의 공동체적 악의 상황이다. 전쟁에서의 죽음(아브넬 삼하 3:33-34; 놉의 제사장들 삼상 22:18; 아베멜렉의 형제들 삿 9:5) 등은 죽음이 보상적인 정의와 전혀 무관함을 보여주는 사례들이다.

또한 요한복음 9장 2절은 예수께 던지는 질문을 통해 고난에 대한 인과응보적 이해를 도전합니다. 사람들이 예수께 "이 사람이 맹인으로 난 것이 누구의 죄 때문입니까? 자신의 죄 때문입니까? 아니면 그의 부모의 죄 때문입니까?고 묻습니다. 예수의 대답은 고난이 개인의 품성과 운명 사이의 실제적인 관계가 없음을 보여줍니다. 누가복음 13장 1-5절(마 5:45 참조)에서 실로암 망대가 무너져 죽은 18명의 고난이 그들의 행동에 대한 결과로 해석되지 않습니다. 그러나 이들 경우는 모두 개인적 고난의 원인을 다루고 있기 때문에 첫 번째 애가에서 다루는 공동체의 고난과는 구별될 필요가 있습니다.

(2) 죄의 멍에로 인한 고난

첫 번째 애가는 예루살렘의 고난을 그들의 죄의 결과로 해석합니다. 삼인칭 설화자는, "주께서 그[예루살렘]의 많은 죄로 인해 그를 곤고하게 하였음이라"(1:5a), "예루살렘이 크게 범죄함으로 조롱거리가 되었으니"(1:8a)라고 말하면서 예루살렘의 고난은 그의 죄로 인한 결과라고 설명합니다. 후반부에서 들려지는 일인칭 목소리 역시 예루살렘의 고난은 자신의 죄악의 멍에(1:14)로 인해 고난을 받게 된 것이라고 고백합니다. 일인칭 화자는 외칩니다.

> 주는 의로우시다. 내가 그의 말씀을 거역하였으니
> 들으라 모든 백성들아 그리고 내 슬픔을 돌아볼지어다
> 나의 처녀들과 나의 청년들이 사로잡혀 갔도다(1:18).

> 주여, 보소서 내가 환난을 당하여 내 심장을 다 태우고 내 맘이 상하오니
> 내가 크게 거역함이니이다.
> 밖에서는 칼이 내 자식을 앗아가고 집안에서는 죽음과 같은 것이 있나이다(1:20).

두 번째 애가는 이를 좀 더 분명하게 예루살렘의 지도자들의 책임으로 돌립니다.

> 네 선지자들이 너에 관해 헛되고 어리석은 묵시를 보았으므로
> 네 죄악을 드러내어 네가 사로잡힌 것을 돌이키지 못하였도다
> 그들이 거짓 경고와 미혹하게 할 것만 보았도다(2:14).

첫 번째 애가의 일인칭 화자와 두 번째 애가의 삼인칭 화자도 예루살렘의 고난의 원인을 고난에 대한 히브리 성서의 전통적인 교리 이해에 근거를 두고 설명하고 있습니다. 율법에의 순종은 축복을 낳고 불순종은 저주를 낳습니다. 이러한 고난이해는 애가가 개인의 고난이 아닌 공동체의 고난을 다루고 있음을 기억해야 할 것입니다.

(3) 공동체 고난 속의 무고한 개인의 고난

그럼에도 애가에는 공동체의 고난 속에서 당하는 개인의 고난에 대한 묘사가 등장합니다. 예루살렘의 멸망으로 "처녀들과 청년들이 사로잡혀 가고"(1:18), "어린아이와 젖먹이 아이들이 성 안 광장에서 기절하는"(2:11) 개인적인 고난을 겪지만 설화자나 일인칭 화자 어느 누구도 그들 개인의 고난의 원인은 질문하지 않습니다. 하박국 선지자가 바벨론 군대의 침략 앞에서 의로운 개인의 고난에 대해 "왜" "언제까지"란 두 질문을 던졌던 상황과는 다릅니다. 즉 애가 1, 2장은 공동체의 고난은 공동체의 죄의 멍에로 인한 결과, 특별히 지도자들의 무책임한 결과로 고발하고 있

으며, 공동체의 고난 현장에서 겪는 개인의 고난은 사건으로 벌어진 "상황"으로 인식하고 있습니다. 고난은 죄의 결과이기도 하지만 그냥 벌어지는 상황이기도 합니다.

공동체의 고난 속에서 당한 무고한 개인의 희생과 고통의 대표적인 예가 식민지 시대 일제에 의해 징병이나 일본군의 성노예로 강제로 끌려간 경우를 들 수 있습니다. 일본군 성노예 생존자들의 고백입니다.

> 14세이던 어느 날 일본인에게 불려갔습니다.
> 그 무렵 조선에는 일본 군대가 많이 있었습니다.
> "좋은 일거리가 있다", "학교에도 갈 수 있다."
> 나는 뛸 듯이 기쁜 마음으로 이야기를 들으러 갔습니다.
> 하지만 그 말은 완전히 사기였습니다.
> 속은 걸 알고 "집에 가고 싶다"며 울면 세게 얻어맞았습니다.
> 계속해서 울면 묶어두었습니다.
> 군대는 귀신처럼 무서웠고, 어린 저로서는 어쩔 도리가 없었습니다.
>
> 기다리고 있는 것은 지옥같은 나날이었습니다.
> 나는 강제로 '위안부'가 되었습니다.
> 좋아하지도 않는 남자들에게 매일매일 당했습니다.
> 고작 14세 아이였는데
>
> 나를 범하기 위해 많은 병사들이 줄을 섰습니다.
> 잇따라 병사가 올라타 덮쳐 누르며 나를 도구처럼 다루었습니다.
> 저항하면 두들겨 맞았습니다.
> 칼로 위협당하고 찢긴 상처는 지금도 몸에 남아 있습니다.
>
> 전쟁이 끝나고 병사들은 일본으로 돌아갔습니다.

그러나 나는 버려져 그 자리에 남겨졌습니다.
그후 가까스로 그리운 고향으로 돌아왔습니다.
하지만 나는 이미 죽은 몸이 되어 있었습니다.

"일본인에게 더럽혀진 여자."
이미 가족과 함께 살 수 없었습니다.
고향집에서 베도 짤 수 없었습니다.
나의 일생은 이렇게 뚝 가지가 부러져 버렸습니다.
나의 무엇이 살아갈 수 없게 한 것일까요?[19)]

"나의 무엇이 살아갈 수 없게 한 것일까요?"라는 질문은 고난 중에 한 개인이 고난의 원인이 자신의 어떤 행동이나 잘못, 죄에 있는 것은 아닌가에 대한 질문이기도 합니다. 전통적인 인과응보적 사고가 낳는 자연스러운 질문이기도 합니다. 그러나 고난의 원인을 한 개인의 행동에 책임을 묻거나 하나님이 한 개인에게 교훈을 주기 위해 고난을 가져왔다는 설명으로는 이러한 공동체의 고난 속에서의 개인의 고난을 도저히 설명할 수 없습니다. 누가 돈을 벌게 해주고 공부도 해주겠다는 제안을 믿고 따라간 한 어린 소녀에게 그건 너의 책임이라고 비난할 수 있겠습니까? 발생한 사건으로서의 고난을 놓고 개인의 책임을 묻거나 하나님을 원망하는 일은 소모적인 사변 논쟁일 뿐입니다. 그럼에도 인간의 고난은 어디로부터 오는가?는 질문은 여전히 그 대답을 기다리고 있습니다.

2) 고난은 어디로부터 오는가? (애 1:12-22; 2:1-17)

도스토예프스키의 『카라마조프가의 형제들』에 한 포악한 러시아 통치

19) 이시카와 야스히로 엮음, "못다 핀 인생", 『일본군 위안부 문제: 일본 여대생들은 어떻게 공부하고 느꼈는가』, 동문선 현대신서 206; 동문선, 2006, 5-33에 소개된 일본군 '위안부' 할머니들의 증언 중에서 발췌함.

자가 한 불행한 어린아이 앞에 수십 마리의 개를 풀어놓고 아이를 갈기갈기 찢어 버리게 하는 장면이 나옵니다. 주인공 중 하나인 이반 카라마조프는 이런 행동에 대해 강력히 항변하면서 하나님이 그 문제를 책임져야 한다고 단언합니다. 이반처럼 우리 인간은 고난의 상황에서 가장 먼저 신에게 항변합니다. 우리는 왜 고난당할 때 하나님께 화를 내는가? 그 이유는 축복의 근원이 하나님인 것처럼 고난의 근원 역시 하나님으로부터 온다고 믿기 때문입니다. 유일하신 한 분의 신이신 하나님을 신앙하는 이들에게 하나님은 축복도 주시고 징벌도 주시는 긍휼하신 하나님입니다. "모순의 코러스"가 아닐 수 없습니다. 이 모순된 두 속성 사이의 조화를 발견할 수 있을까?

애가는 자신의 고난이 하나님께서 자신의 죄를 호되게 심판한 결과라고 이해합니다. 그 심판의 참혹함은 그의 절규 속에 그대로 드러납니다.

> 높은 곳에서 불을 보내어 나의 골수에 깊이 들어가게 하시고
> 그물을 내 발 앞에 치사 나로 등을 돌리게 하시며
> 나를 적막하게 만드시고 종일 기절하게 하셨도다.
> 내 죄악의 멍에를 그의 손으로 묶고 내 목까지 올리시어 내 힘을 쇠진하게 하시고
> 나의 주님이 내가 감당할 수 없는 자의 손에 나를 넘기셨도다.
> 나의 주님이 내 모든 용사들을 하찮게 여기시고
> 나의 청년들을 부수기 위해 성회를 부르시도다
> 나의 주님이 처녀 딸 유다를 술틀에 밟으셨도다(1:13-15).

심판의 이미지 묘사는 13절에서 15절까지 계속됩니다. '높은 곳에서 보낸 불' 은 예루살렘의 황폐화는 철저하며 그것이 신적인 기원을 갖는다는 이해를 근저에 깔고 있습니다. 이 불이 "나의 골수에" 임한다는 표현은 공동체적 심판이지만 그 고난은 개인에게 실제적이고 실존적으로 경험되

고 있음을 생생하게 보여줍니다. "골수"란 감정을 느끼고 경험하는 중심 부위로 예언서에 자주 언급됩니다. 예레미야는 하나님의 예언을 하지 않으려 하나 "그 중심이 불붙는 것 같고 골수에 사무친다"고 고백합니다(렘 20:9). 하나님은 불을 보내셨을 뿐만 아니라 도망하려는 사람들을 잡으려고 그 발 앞에 '그물을 칩니다.' 이로 인해 예루살렘은 적막해졌습니다(쇼메마). 히브리어 쇼메마는 세 경우(출 23:29; 레 26:33; 수 8:28)를 제외하고는 예언서에만 나옵니다.[20] 모두 예루살렘의 황량한 폐허상태를 묘사하는 데 사용됩니다.

일인칭 목소리로 듣는 예루살렘의 절규는 죄 때문에 징벌을 받는 자신의 고난이 너무 지나친 것 아닌가 항변하는 듯한 인상을 줍니다. 렌케마는 이 심판의 잔혹성 때문에 애가의 저자가 의도적으로 하나님에 대한 호칭을 야웨를 사용하기보다 아도나이를 사용하였다고 설명합니다.[21] 아도나이란 호칭은 애가에서 1장 14절에 처음 언급되고 이후 15절에 두 번, 2장 1, 5, 7, 18, 19, 20절, 그리고 3장 31, 36, 37, 58절에 나옵니다. 렌케마의 분석에 따르면 애가에서 이 호칭은 혹독한 심판과 함께 언급됩니다. 하나님은 심지어 예루살렘의 대적자처럼 되시며(2:5), 그녀를 버립니다(2:7; 3:31). 이 점에 대해 렌케마는 하나님에 대한 이 이름(아도나이)은 하나님의 따뜻한 주권성보다는 주님이 벌주시는 주권성을 나타내며, 구체적이고 일반적이지 않은 심판의 형태를 나타낼 때 언급된다고 결론짓습니다.

최근에 초등학교 교사가 학생을 때리는 동영상이 참교육 학부모회에 의해 공개되면서 학교에서의 체벌에 대한 논쟁이 벌어지고 있습니다. 훈계를 위한 체벌과 폭력의 경계점으로 많은 사람들이 체벌에 감정을 싣느냐 아니냐의 정도로 평가합니다. 그런데 일인칭 목소리로 들려주는 시온

---

20) 사 1:7; 6:11; 17:9; 62:4; 64:9; 렘 4:27; 6:8; 9:10; 10:22; 12:10f; 32:43; 34:22; 49:2, 33; 50:13; 겔 6:14; 7:27; 12:20; 14:15f; 15:8; 29:10, 12; 32:15; 33:28f; 35:3f, 12, 14f; 36:34; 욜 2:3; 4:19; 미 1:7; 말 1:3.

21) Renkema, "The Literary Structure of Lamentations (I-IV)", 167.

의 절규에는 하나님의 심판이 자신의 죄로 인한 것임을 인정하면서도 그 심판이 마치 하나님이 진노를 참지 못하고 격하게 예루살렘에게 퍼붓는 것처럼 그려지고 있습니다. 2장으로 이어지는 일인칭 목소리(1-7절)는 이러한 하나님의 격노하심을 하나님이 자신의 원수같이 되어 보복하시듯 심판을 내리고 있다고 한탄합니다.

슬프다, 나의 주님이 어찌 그의 **진노**로 딸 시온을 구름으로 덮으셨는가
이스라엘의 아름다움을 하늘에서 땅으로 던지셨음이여,
그의 **진노**의 날에 그의 발판을 기억하지 않으셨도다.
나의 주님이 야곱의 모든 거처들을 삼키시고 하나도 남기지 않으셨다
노하사 딸 유다의 견고한 성채들을 허무시고 땅에 엎으시며,
그 나라와 지도자들을 욕되게 하셨도다.
타오르는 **분노**로 이스라엘의 뿔을 자르셨음이여
원수 앞에서 그의 오른 손을 뒤로 거둬들이시고,
맹렬한 불이 사방을 삼키듯 야곱을 불사르셨도다.
원수같이 그의 활을 당기고
대적처럼 그의 오른 손을 들고 서서 눈에 띄는 모든 소중한 자들을 죽이셨음이여,
딸 시온의 장막에서 그의 **노를** 불처럼 쏟으셨도다.
나의 주님이 원수같이 되어 이스라엘을 삼키셨음이여
모든 궁궐들을 삼키셨고 견고한 성채들을 무너뜨리사,
딸 유다에 애통에 애통을 더하셨도다.
그가 그의 초소를 동산처럼 헐어버리고 그의 장막을 폐하셨도다,
주께서 시온에서 절기와 안식일을 잊어버리게 하시고
그의 **분노**로 왕과 제사장을 멸시하셨도다.
나의 주님이 그의 재단을 버리시며
그의 성소를 미워하시고

궁전의 성벽들을 원수의 손에 넘기셨으니,
그들이 주의 전에서 떠들기를 절기의 날과 같이 하도다(애 2:1-7).

첫 번째 노래에서와 마찬가지로 시온은 자신의 고난이 하나님의 가혹한 심판의 결과로 해석하면서 하나님의 심판행동을 세세하게 묘사하는데 이때 야웨라는 하나님 칭호가 아닌 나의 주님, 아도나이가 사용되고 있습니다.[22] 하나님의 행동은 분노를 못이긴 채 이를 불처럼 쏟아놓으시며 예루살렘을 무너뜨리고 지도자들을 멸시하고 재단을 버리고 절기조차 잊어버리게 하십니다.

이에 화답하는 설화자의 목소리는 일인칭 화자만큼 격한 어조는 아니지만 묵묵히 예루살렘이 폐허가 된 것은 사실임을 동조합니다. 그러나 삼인칭 화자는 하나님의 징벌이 진노로 인한 우발적 보복이 아니라 하나님의 결심에 따른, 정하신 일의 계획된 결과임을 보여줍니다.

주께서 딸 시온의 성벽을 헐기로 **결심하시고**
줄을 띠고 무너뜨리는 일에서 손을 거두지 아니하사,
성벽과 성곽으로 애곡하게 하시니 그들이 함께 쇠하였도다(2:8).

주께서 **이미 정하신 일을 행하시고** 이전에 명령하신 말씀을 다 이루셨음이여
궁휼히 여기지 아니하시고, 무너뜨리사 원수가 너로 말미암아 즐거워하게 하며
네 대적자들의 뿔로 높이 들리게 하셨도다(2:17).

22) 애가에서 하나님에 대한 호칭은 야웨로 총 32회(1:5, 9, 11, 12, 17, 18, 20; 2:6, 7, 8, 9, 17, 20, 22; 3:18, 22, 24, 25, 26, 40, 50, 55, 59, 61, 64; 4:11, 16, 20; 5:1, 19, 21), 아도나이로 총 14회 (1:14, 15(2x), 2:1, 2, 5, 7, 18, 19, 20; 3:31, 36, 37, 58), 그리고 엘로 1회(3:41) 부른다.

설화자는 반복해서 예루살렘의 멸망이 하나님의 심판의 결과이라는 일인칭 화자의 탄식을 재확인해 주며 그 모습이 원수들의 눈에 비칠 모습에 대한 평가까지 알려주면서 시온의 비참함을 더해 줍니다. 그러나 결정적인 차이는 하나님의 이러한 심판이 분노에 의한 것이란 언급이 없는 점입니다. 자주 등장하던 "분노", "진노", "노하다"는 히브리어가 삼인칭 목소리에서는 나타나지 않습니다.

예루살렘의 고난이 하나님의 진노로 인한 심판의 결과(일인칭 목소리)이며 그 심판은 하나님께서 이스라엘을 긍휼히 여기지 않았던 결과(삼인칭 설화자 목소리)라는 해석이 고난이 하나님으로부터 오는 것이라는 말과 동일시될 수 있는 신학적 진술인가는 잠시 유보해 주고 먼저 애가에서 고백된 하나님에 대한 이해를 살펴보고자 합니다. 여기서의 고백 대로라면 이 하나님은 "심판하시는 긍휼하신 하나님"이라는 모순을 그 진술 속에 담고 있기 때문입니다.

3) 심판하시는 긍휼하신 하나님?: "모순의 코러스" (1:18-22; 2:17-22)

첫 번째 애가에서 일인칭 화자는 18절에서 "주는 의로우시다. 내가 그의 말씀을 거역하였으니"라는 역설적인 고백을 합니다. 예루살렘 위에 그토록 가혹한 심판을 불러온 하나님의 진노는 그분의 의에 따른 결과라고 말합니다. 애가가 선하신 하나님과 인간에게 고통을 선사하고 학대하는 하나님을 동시에 언급하는 점을 캐서린 오카나(Kathleen O'connor)는 "모순의 코러스"라고 부릅니다.[23] 이러한 축복과 저주의 하나님에 관한 모순의 코러스가 극명하게 드러난 장면 중의 하나가 이사야 63장입니다:

1. 에돔에서 오는 이 누구며 붉은 옷을 입고 보스라에서 오는 이 누구냐 그의 화려한 의복 큰 능력으로 걷는 이가 누구냐 그는 나이니 공의를 말하

23) K. O' Connor, *Lamentations & The Tears of the World*, Maryknoll : Orbis Books, 2002, 111-113.

는 이요 구원하는 능력을 가진 이니라. 2. 어찌하여 네 의복이 붉으며 네 옷이 포도즙틀을 밟는 자 같으냐. 3. 만민 가운데 나와 함께 한 자가 없이 내가 홀로 포도즙틀을 밟았는데 **내가 노함으로 말미암아 무리를 밟았고 분함으로 말미암아 짓밟았으므로 그들의 선혈이 내 옷에 튀어 내 의복을 다 더럽혔음이니** 4. 이는 내 원수 갚는 날이 내 마음에 있고 내가 구속할 해가 왔으나 5. 내가 본즉 도와주는 자도 없고 붙들어 주는 자도 없으므로 이상하게 여겨 내 팔이 나를 구원하며 내 분이 나를 붙들었음이라 6. **내가 노함으로 말미암아 만민을 밟았으며 내가 분함으로 말미암아 그들을 취하게 하고 그들의 선혈이 땅에 쏟아지게 하였느니라**.

7. 내가 여호와께서 우리에게 베푸신 모든 자비와 그의 찬송을 말하며 그의 사랑을 따라, 그의 많은 자비를 따라 이스라엘 집에 베푸신 큰 은총을 말하리라 8. 그가 말씀하시되 그들은 실로 나의 백성이요 거짓을 행하지 아니하는 자녀라 하시고 그들의 구원자가 되사 9. 그들의 모든 환난에 동참하사 자기 앞의 사자로 하여금 그들을 구원하시며 그의 사랑과 그의 자비로 그들을 구원하시고 옛적 모든 날에 그들을 드시며 안으셨으나 [중략] 14. 여호와의 영이 그들을 골짜기로 내려가는 가축 같이 편히 쉬게 하셨도다 주께서 이와 같이 주의 백성을 인도하사 이름을 영화롭게 하셨나이다 하였느니라.

이사야 63장에서 대적자를 향한 하나님의 심판은 그야말로 선혈이 낭자할 정도로 폭력적입니다. 그런 가혹한 하나님이 "우리"에게는 모든 자비와 찬송을 말하고 은총을 베푸십니다(7절). 이사야 63장의 본문과 같이 "나의" 하나님과 "너[대적자]의" 하나님이 구분해놓고 나에게 축복을 주시고 적을 심판하는 도식에서 이러한 하나님의 두 가지 속성은 큰 무리가 없습니다. 한 공동체의 이익과 안녕을 대변해주고 편들어주시는 국지적인 신이해는 다신론적 사고에 적합합니다. 하나님의 축복과 저주는 나와 너의 이분법적 이해관계에 의해 결정되며, "내"가 "나의" 신에 충성을 다하는 한 나의 안녕은 보장되는 도식이 쉽게 설정됩니다. 그러나 이러한 이분법적인 상극의 하나님 이해는 한 공동체가 다른 공동체를 자신들의 하나님의 이름으로 정죄하는 극단주의적 신앙관을 만들어내는 근거가 되어 그 자체가 위험한 신이해라고 할 수 있습니다.

그런데 축복하시고, 심판하시는 하나님 이해가 우리 편은 축복하고 적은 심판한다는 두 공동체의 역학관계에 적용되는 것이 아니라 두 공동체가 한 하나님을 신앙의 대상으로 하거나 두 속성의 하나님을 한 공동체의 운명에 적용할 때 신학적인 문제를 낳게 됩니다. 축복하시고, 심판하시는 하나님에게 적을 쳐부수고 자신들을 축복해 달라는 기도를 이슬람 지하드와 부시 정부가 동시에 드릴 때 이 한 하나님이 내릴 수 있는 선택은 무엇이겠습니까? 더욱이 이러한 심판하시는 긍휼하신 하나님의 이분법적이고 상치되는 두 속성이 한 공동체의 한 하나님의 도식에 적용될 때는 불가피한 신학적인 문제를 낳게 됩니다. 한 공동체의 죄에 대하여 동일한 하나님이 심판하시며 그 심판자 하나님이 동시에 공동체의 아픔을 어루만지는 위로자이기도 합니다. 때리시고는 위로하시는 하나님?

후대의 신앙공동체가 성서의 기록들을 고대 신앙공동체가 경험한 하나님에 대한 고백서로 읽고 받아들이지 않고 문자 하나 하나가 하나님의 말씀 그 자체이며 문자그대로의 축자적 권위를 가진다고 주장할 경우 이러한 하나님의 폭력에 대한 성서본문들은 달리 해석할 여지가 없어지게 됩니다. 그 끝은 문제가 되는 본문들을 폐기하는 방법밖에는 해결점이 없게 됩니다. 다시 말해서 이사야 63장 1-6절은 이스라엘 공동체가 자신들의 전쟁과 나라 멸망의 고난경험을 묘사하며, 원수를 물리치고 공동체를 회복시켜주기를 바라는 자신들의 기대와 희망을 반영한 본문이지 이 본문의 문자적 내용이 액면 그대로 하나님의 속성 자체를 묘사한 것으로 받아들이기 어렵습니다. 이스라엘의 하나님 고백은 그들의 상황에서 이루어진 것이지 그 고백이 무시간적, 무상황적 진리로 고백되기에는 상황적인 제약이 뒤따릅니다. 각 신앙공동체는 자신의 상황에서 제기되는 경험과 기대에 따라 고대 신앙공동체의 경험을 받아들이기도 하며 비판하는 성찰적 해석공동체로 자신들의 신앙전통을 쌓아가는 것입니다.

성서의 권위와 해석에 대한 논의는 뒤로하고 다시 고난은 하나님으로부터 오는가에 대한 처음 질문으로 다시 돌아가봅니다. 고난과 하나님의 관계를 생각해 보면 축복과 고난이 한 하나님으로부터 동시에 유래한다고 보는 한 "심판하시는 긍휼하신 하나님에 대한 모순의 코러스"는 그 화음의 조화를 발견할 수 없습니다. 그렇다면 고난은 축복의 근원이신 하나님으로부터 오는 것인가? 축복은 하나님이 주시는 것인가? 결론부터 말하자면 고난과 축복의 근원이 하나님이 아니라, 하나님은 단지 의로우신 분입니다.

첫 번째 애가에서 일인칭 화자는 하나님의 가혹한 심판묘사(1-17절)에서 하나님께 대한 도움 요청(18-22)으로 선회합니다.

주는 의로우시다 내가 그의 말씀을 거역하였으니,
들으라 모든 백성들아 그리고 내 슬픔을 돌아볼지어다
나의 처녀들과 나의 청년들이 사로잡혀 갔도다.
내가 나의 사랑하는 자들을 불렀으나 그들이 나를 속였고
나의 제사장들과 장로들이 그들의 생명을 회복시킬 먹을 것을 구하다가 성 안에서 숨이 다하였도다.
주여, 보소서
내가 환난을 당하여 내 심장을 다 태우고 내 맘이 상하오니 내가 크게 거역함이니이다,
밖에서는 칼이 내 자식을 앗아가고 집 안에서는 죽음과 같은 것이 있나이다.
그들이 내가 한숨짓는 것을 들었으나 나를 위로하는 자가 없으며
나의 모든 원수들이 나의 재난을 듣고 당신께서 행하신 일을 기뻐하나이다,

> 당신이 선포하신 날이 오게 하시어 그들이 나와 같이 되게 하소서.
> 그들의 모든 악이 당신 앞에 상달되게 하시어
> 나의 모든 죄악들로 나를 괴롭게하신 것같이 그를 괴롭게하소서,
> 나의 한숨이 깊고 나의 맘이 병들었나이다.

일인칭 화자가 하나님께서 자신의 탄식을 들어줄 것을 요청하며 처음을 여는 말이 "하나님의 의"입니다. 하나님의 긍휼하심을 불러일으킬 동기는 하나님의 "의"(짜디크 후 아도나이, 18절)와 인간의 "탄식"에 근거합니다. 보다 정확하게 말하자면 하나님께 대한 간청의 근거는 하나님이 복을 주시는 분이기 때문이 아니라, 그분의 의에 근거합니다. 예루살렘은 하나님의 의에 근거하여 하나님께서 자신의 고난을 돌아봐주며 자신의 원수에게도 동일한 심판을 내려줄 것을 요청합니다. 즉 하나님의 의는 인간의 상황이 고난으로 치달을지, 축복으로 보답 받게 될지를 결정하는 주춧돌이 됩니다(1:18). 이런 점에서 하나님은 축복과 저주의 중립적 지점에서 계십니다. 한 하나님이 내키는 대로 축복도 주시고 저주도 내리시는 것이 아니라 하나님의 의라는 속성이 축복과 저주의 경계를 결정하는 요인입니다.

고난 자체도 실제로 중립적인 것입니다. 중요한 것은 우리가 고난을 어떻게 이해하며, 그것이 우리에게 어떤 영향을 미치는가를 판단하는 데 있습니다. 고난은 우리가 하나님으로부터 멀리 있음을 인식하게 하거나 동시에 멀리 있지 않음을 깨닫게 해줍니다. 고난이 우리가 하나님으로부터 멀리 인식할 때, 즉 하나님의 의를 실천하지 못한 결과로 인식될 때 그 고난의 심판의 의미로 해석됩니다. 고난이 우리가 하나님으로부터 멀리 있지 않음을 깨닫게 해줄 때 그 고난은 심판이 아닌 성숙과 기다림의 시간으로 해석됩니다. 성숙이라는 의미는 자신이 하나님의 의로부터 멀어지고 있음을 성찰할 수 있도록 돕는 훈련의 기회이며, 기다림이란 벌어진 고난 상황에서 하나님이 함께 하심을 믿고 기다리는 단련의 기회임을 의미합

니다. 고난은 우리가 하나님과 더 가까이 가고 있다는 것, 우리와 하나님 간의 장벽을 깨트리는 것을 의미한다는 점에서 축복일 수 있습니다. 고난은 무의미하고 파괴적인 것이 될 수도 있고, 동시에 고난은 성숙의 수단이 되며 하나님의 동참과 긍휼을 불러일으키는 계기가 될 수 있습니다. 그 선택은 우리에게 달려있습니다. 그 고난 과정에서 우리가 할 수 있는 일은 탄식의 소리를 멈추지 않는 것입니다.

그들의 마음이 나의 주님을 향하여 부르짖기를,
딸 시온의 성벽아 너는 밤낮으로 눈물을 강물처럼 흘릴지어다
스스로 쉬지 말고 네 눈동자를 멈추게 하지 말지어다.
초저녁에 일어나 부르짖을지어다
네 마음을 나의 주님 앞에 물붓 듯 쏟아놓을지어다,
길거리마다 주려 기진한 네 어린 자녀들의 생명을 위하여
그[주]를 향해 너의 손을 들지어다(2:18-19).

애가는 처절한 고난 속에서 그 고난이 어디로부터 오는가?라는 철학적 질문을 던지지도 않으며 혹은 이 고난이 언제까지인가?라는 종말론적 질문을 던지지 않습니다. 도시의 멸망에 직면하여 애가의 일인칭 화자는 자신이 죄의 결과를 치르는 것과 똑같이 대적자들을 심판해달라는 간청으로 첫 번째 노래를 끝마칩니다(1:22). 고난 중에 부르짖으나 응답이 없는 하나님 앞에 인간의 가장 솔직한 외침은 바로 원수에 대한 복수의 호소로 자신의 탄식의 방향을 돌리는 것일지도 모릅니다. 그러나 일인칭 화자는 여기서 그치지 않고 한 걸음 더 나아가 자신의 애원에도 침묵으로 일관하시는 하나님 앞에 성난 어조로 자신의 고난이 하나님의 분노의 결과라고 고발합니다(2:1-7). 두 번째 애가의 일인칭 화자의 고백은 탄식이라기보다 비난에 더 가까운 탄식의 노래를 우리에게 들려줍니다. 우리는 두 번째 애가를 읽으며 하나님이 감정적으로 분노를 발산하는 것인지 격해진 시온

이 하나님의 심판에 대해 격한 어조로 고발하는 것인가를 구별할 필요가 있습니다.

4) 너는 어디에?: 고난 속의 연대적 책임

애가의 첫 번째 두 노래에서 보여주는 고난에 대한 중요한 신학적 주제는 고난 속의 연대적 책임입니다. 지금까지 살펴본 것처럼 애가의 고난은 개인의 고난이 아닌 공동체의 고난과 공동체의 고난 속에서의 개인의 고난을 다루고 있습니다. 이러한 공동체의 고난에서 애가에서 발견하는 중요한 고난 신학의 요소는 "고난 속에서의 연대적 책임"에 대한 강조입니다. 위기의 상황에서 친구들의 배반은 한 사람에게 두 번의 죽음을 경험하게 합니다. 1장 12절에서 일인칭 화자(예루살렘)는 고난 속에서 "지나가는 모든 사람들"을 향해 자신의 고통을 돌아봐줄 것을 요청합니다. 두 개의 명령어, *하비투 베레우* (보시고 돌보소서)는 바로 앞의 11절에서 예루살렘이 하나님을 향해 청원했던 말이기도 합니다(*레에 아도나이 베하비타*, 보소서 주님, 돌보소서). 히브리어 동사 *레아*(보다)는 하나님께 대한 예루살렘의 간청에서 반복해서 등장합니다(1:19; 2:20).

공동체의 이익과 개인의 이익이 충돌할 때 개인은 공동체의 선을 위해 희생당할 것을 강요당하며 그러한 희생은 공동체의 찬양과 인정을 통해 보상되곤 합니다. 공동체가 고난을 당할 때 의인이나 악인 구분없이 그 고통을 모두 감수하게 됩니다. 이때 의로운 개인은 자신의 신실함에도 불구하고 자신이 고통당해야 하는 이유의 부당성을 호소하게 됩니다. 공동체의 고난 속에 개인의 신실성과 고난의 부당함을 주장하는 배경에는 공동체와 개인의 관계에 대한 그릇된 이해가 깔려 있습니다. 개인의 공동체적 책임을 간과하고 있습니다. 개인의 고난의 근원이 개인의 죄에 있지 않고 공동체적 고난을 감수하는 것으로 접근할 때 개인의 공동체적 책임과 연대의 필요성을 감수할 수 있게 됩니다. 일본군 성노예로 고난당했던 한 여성의 말입니다.

> 만약 당신이 나와 같은 인생을 살았다면……
> 만약 당신의 소중한 사람이 나와 같은 인생을 보내게 된다면……
> 당신은 침묵하고 있을 수 있겠습니까?
> 당신의 힘을 빌려주십시오.
> 나의 소원이 이루어지도록.
> 당신의 힘을 빌려주세요.
> 두 번 다시 전쟁이 없는 평화로운 아시아를 만들기 위해.[24)]

애가는 공동체의 고난 중에 당하는 개인의 고통을 의인의 고통으로 접근하지 않습니다. 전쟁의 와중에 겪는 의인의 고통은 하박국에서 다루는 중심 주제입니다. 하박국에서 의인은 왜? 그리고 언제까지?를 외치며 "의인은 그 의로 말미암아 살리라"는 결론을 내리지만 애가 1장에서 개인은 자신의 의를 주장하지 않습니다. 여기서 개인은 자신이 직접적인 죄를 짓고 있지 않았을지라도, 좀 더 정확히 말하면 지도자들의 죄과로 인한 고난의 경우에도 공동체의 고난을 공동의 상황으로 인식하고 연대하여 그 책임을 감수하는 모습을 보여줍니다. 이와 별개로 지도자는 아니면서도 예루살렘의 고난이 자신의 죄로 인한 것임을 고백하는 삼인칭 목소리의 "그"는 고난에 대한 연대적 책임을 담당하는 공동체 구성원들과는 달리 공동체의 고난을 짊어지는 대리적 책임을 담당하는 모습으로 등장합니다. 이어지는 세 번째 애가가 고난 속에서의 연대를 좀 더 깊게 다루고 있습니다.

24) 이시카와 야스히로 엮음, 『일본군 위안부 문제』, 33에서 재인용.

민중과 함께: ‘나’, ‘그’, ‘우리’의 참여와 연대의 수사학

4

제4장은 "애가 3장과 이사야 53장에 나타난 "나", "그", "우리"의 수사학" 『신학논단』 62(2010), 153-178의 논문 내용을 수정 보완한 글이다.

제4장
민중과 함께 : '나', '그', '우리' 의 참여와 연대의 수사학

1. '나', '그', '우리' 의 수사학: 애가 3장의 구조와 문학적 특성

예루살렘 성전과 국가의 멸망을 탄식하는 애가의 중심(3장)에는 뚜렷한 인칭의 변화로 구별되는 다양한 목소리를 통해 고난에 함께 참여하고 죄책을 고백함으로써 구원을 촉구하는 희망의 노래가 나옵니다. 세 번째 노래에 등장하는 다양한 목소리의 주체를 구분한 후 본문을 따라 그 정체성과 역할을 밝혀 보면 그 속에 나와 그(게벨), 그리고 우리가 고난에 함께 참여하고 연대하여 구원을 이루는 참여와 연대의 수사학을 발견하게 됩니다. 이러한 나, 그, 우리의 수사학은 소위 '네 번째 고난의 종의 노래' 인 이사야 53장에도 발견됩니다.

애가 전체에서 3장의 중심적 위치는 많은 학자들에 의해 논의되었습니다. 애가 3장은 1-2장과 4-5장의 탄식의 노래 중심에서 희망을 노래합니다. 1-2장과 4-5장에는 자식을 잃은 과부, 강간당한 여인, 추락한 왕녀 등의 은유들을 통해 자신의 절박한 처지를 한탄하는 여성 예루살렘-시온의 목소리가 지배적인 반면, 3장에는 회개를 촉구와 구원을 간구하는 남성(용사)의 목소리가 지배적입니다. 이러한 문학적 구도는 예레미야 31장에서 이스라엘의 회개와 회복을 노래한 예언자가 "패역한 딸아 네가 어느 때까지 방황하겠느냐, 주께서 새 일을 세상에 창조하였나니 곧 여자가 남자를 안으리라"(31:22)고 말한 형세와 같이 시온 여성의 탄식의 노래가 남성 용사(게벨)의 희망의 노래를 품고 있음을 보여줍니다.

애가 3장의 구조에 대하여 우선 양식비평적 관점에서 베스터만(C. Westermann)은 애가 3장이 다양한 시편양식을 담고 있다고 해석합니다. 그에 따르면 애가 3장은 세 개의 기본적인 단위와 두 개의 확장으로 이루지는 데, 1-25절과 64-66절은 개인 탄원시, 42-51절은 공동체 탄원시, 52-58은 개인 찬양시로 분류되고, 26-41, 59-63절은 애가 3장을 하나의 시로 최종 편집한 편집자에 의한 확장입니다.[1] 애가의 알파벳 시 형식이 이 양식들을 하나의 시로 묶어주는 역할을 합니다. 그러나 애가 3장은 무엇보다 인칭의 변화가 뚜렷하다는 문학적 특성을 띠는데 베스터만의 양식비평에 따른 구조분석은 이를 반영하지 못하는 아쉬움이 남습니다.

애가 3장 1-39절에서는 개인의 "나"가 "그"에 대해서 말하고, 이어지는 40-47절에서는 일인칭 단수 "나"가 복수 "우리"로 변하며, 48-66절에서 다시 단수 "나"가 야웨께 말합니다. 이러한 인칭의 변화는 본문의 주제의 변화와도 상응하고 있으므로 3장의 구조를 파악하는데 중요한 근거가 됩니다. 폴 하우스(Paul House)도 인칭과 주제의 변화에 주목하면서 3장은 한 사람이 고난을 통해서 깨달은 간증을 시작하고(1-24절), 그 상황에서 어떻게 하는 것이 선한 것인지를 묘사하고(25-39절), 공동체를 향한 기도에 대한 권면과 공동체의 응답 후(40-47절), 주님에 대한 확신의 기도로

1) Claus Westermann, *Lamentations: Issues and Interpretation,* trans. by Charles Muenchow, Edinburgh: T&T Clark, 1994, 168-169. 탄원시편의 양식적 특징은 애가 3장의 곳곳에 반영되어 있다. 가령 1-24절과 64-66절에 쓰인 일인칭 대명사 "나"(아니 혹은 아노키)는 개인 탄원시편의 공통된 특징이고, 2, 6절에 나오는 어둠이나 빛의 은유도 탄원시편에 자주 쓰인다(시 18:29; 35:6; 74:20; 88:6, 12, 18; 105:28; 107:10, 14; 139:11-12; 143:3). 특별히 6절의 "그가 나로 어둠 속에 살게 하기를 죽은 지 오래된 자 같게 하셨도다"는 표현은 시 143편 3절에 공식구(formula)처럼 동일하게 언급되기도 한다. Nancy Lee, *The Singers of Lamentations: Cities Under Siege, From Ur to Jerusalem to Sarajevo,* Leiden, Boston, Koeln: Brill, 2002, 168-170.

끝을 맺고 있다(48-66절)고 설명합니다.[2)]

인칭의 변화에 따른 각 단원은 다시 개인 "나"가 화자로 등장하는 1-39절과 일인칭 단수 "나"가 고난을 설명하는 1-24절, 그리고 "나"가 삼인칭 남성 "그"에 대하여 말하는 25-36절로 세분됩니다. 전반부는 절규하는 불평의 소리를 드높이지만 후반부는 침묵의 성찰적 목소리가 재난의 의미와 주의 대응을 설명함으로써 시적 분위기도 달라집니다. 이 일인칭 단수 "나"는 37-39절에서 단 한 번 직접 화법으로 말합니다.

첫 단원인 1-24절에서 "나"는 고난 상황을 처음에는 어둠(1-6절)과 밀폐된 공간적 이미지를 통해(7-9절), 다음으로는 치명적인 동물이나 무기로(곰, 사자, 활, 화살, 조약돌; 10-16절) 인한 재난으로 묘사합니다. 이 단원의 마지막은 그러한 고난 중에 영혼(네페쉬; 17, 20, 24절)이 평화를 얻지 못할지라도 주의 인자와 긍휼을 믿고 기다리라(18, 21, 24절)는 스스로를 향한 당부로 끝맺고 있습니다(17-24절). 이미지의 변화는 애가 3장이 세 절씩 동일한 알파벳을 반복하는 알파벳 시의 형식을 따르면서도 동일한 알파벳으로 이루어진 연 안에 새로운 은유나 주제를 소개함으로써 시가 세 소절씩 끊겨서 읽히지 않고 전체적으로 연속해서 읽혀지도록 짜여 있습니다.

"나"가 "그"에 관하여 노래하는 두 번째 단원(25-39절)은 24절의 "영혼(네페쉬)"을 언급하면서 앞 단원과 연속성을 유지해주는 반면, 말을 입 밖으로 토해내던 이전의 탄식과 달리[3)] 잠잠히(26, 28절) 고난의 상황에 대처할 것을 당부하면서(25-30절) 분위기 반전을 꾀하고 있습니다. 이러한 순응적인 고난에의 대처는 주의 진정한 의도가 어디에 있으며 주께서 어떻게 대응할 것인지(31-36절)를 알기 때문입니다. 주의 긍휼에 대한 확신

2) 두안 가렛, 폴 R. 하우스, 『아가, 예레미야 애가』, 채천석 옮김, WBC 23B; 솔로몬, 2010, 604.

3) 1-24절은 일인칭 화자가 고난 상황을 직접 진술하며 설명하는 형태를 띠고 있을 뿐 아니라 '말하다'는 동사 *아마르*가 18절과 24절에 언급되어 소리(voice)를 강조한다.

은 일인칭 "나"로 하여금 침묵을 깨고 세 개의 수사학적 질문을 던지도록 합니다(37-39절).

청유형 일인칭 복수형은 "나"의 수사학적 질문에 대한 "우리"의 즉각적인 다짐과 응답을 소개합니다(40-41절). 지금까지 삼인칭으로 지칭되던 하나님은 이인칭 단수("당신")로 바뀌고 백성을 징벌하시는 하나님에 대한 공동체 탄식의 목소리를 다시 높이면서(42-45절), 원수들이 "우리"에게 가한 해학들을 고발(46-47절)하면서 다음 단원에 언급될 원수들에 대한 복선을 마련해 줍니다.

일인칭 단수 "나"가 다시 등장하면서 백성의 파멸로 인해 그 눈에(48, 49, 51절) 눈물이 그치지 않음을 고백합니다(48-51절). "나"는 원수들이 자신을 웅덩이(53, 55절)와 같은 위험상황에 빠트렸음을 고발하며 주께 구원을 요청하니(52-55절), 주께서 그 음성을 듣고 구원해주심을 찬양하고(56-63), 마지막을 그들(원수들)에 대한 복수를 간청하면서 끝맺습니다(64-66절). 지금까지의 논의를 도식으로 나타내면 다음과 같습니다.[4]

"나"의 고난에 대한 탄식노래(1-24절)
- 어둠과 같은 고난의 상황 묘사(1-6절)
- 갇힌(포로된) 자의 고난(7-9절)
- 다양한 함정과 위험들(10-18절)
- 하나님의 선하심에 대한 고백(19-24절)

"나"의 "그"(게벨)에 관한 탄식노래(25-39절)
- 고난당하는 자가 해야 할 일(25-30절)
- 하나님의 본뜻과 대응(31-36절)
- 수사학적 질문을 통한 하나님의 주권 강조(37-39절)

---

4) 하우스, 『예레미야 애가』, 604.

"우리"의 죄책고백과 공동체 탄식노래(40-47절)

참여에 대한 공동체의 다짐(40-41절)

징벌에 대한 공동체 탄식(42-45절)

원수들이 "우리"에게 행한 해악을 고발(46-47절)

"나"의 찬양 노래(48-66절)

백성의 파멸로 인한 "나"의 슬픔(48-51절)

원수들의 해악 고발(52-54절)

주의 구원에 대한 찬양(55-63절)

원수들에 대한 복수 간청(64-66절)

이러한 인칭의 변화는 각 단원이 절망 → 희망 → 회개(40-47절) → 찬양과 간구(48-66절)의 주제로 흐르고 있음을 보여줍니다.[5]

2. 애가 3장의 '나'와 '그(게벨)', 그리고 '우리'

애가 3장에 나오는 일인칭 목소리 "나"와 "나"가 설명하는 "그(게벨)", 그리고 죄책고백과 함께 공동체 탄식의 노래를 부르는 "우리"의 정체성을 밝혀보기 위해서 먼저 개인 "나"가 누구인가를 관찰하고자 합니다.

1) "내가 그자라(아니 학게벨)": "나"는 누구인가? (1-24절)

애가 3장은 *아니 학게벨*(내가 그자라)이란 선언으로 시작됩니다. 여기서의 개인 "나"는 2-24절에서 자신이 처한 고난 상황을 설명하고 있지만 본문에서 게벨(용사, 남성)은 말하거나 따로 언급되지 않습니다. 따라서

5) 퀴스트 역시 동일한 주제 구분을 제시하고 있다. H. T. 퀴스트, 박대선 역, 『예레미야, 예레미야 애가』, 대한기독교서회, 1972, 225-226.

게벨의 정체성에 대해서는 다음 소단원(25-39절)에서 논의하기로 유보하고 우선은 1-24절의 "나"의 정체성에 대한 논의를 살펴봐야 합니다.

애가 3장의 "나"가 누구인가에 대한 연구도 애가 3장의 구조에 대한 논의만큼이나 다양하게 이루어졌고 그 결과도 다릅니다. 우선 예레미야가 애가를 썼다고 보는 전통적인 견해를 따르는 학자들은 3장의 "나"는 예레미야 선지자라고 봅니다.[6] 낸시 리(Nancy Lee)는 예레미야와 애가서의 언어적 연관성을 강조하면서 이러한 결론의 타당성을 지지하지만, 46-51절만이 예레미야의 목소리이며, 1-24절의 "나"는 앞의 여성 예루살렘과 구분되는 새로이 등장한 남성 시인의 목소리라고 봅니다.[7] 그러나 하우스는 애가에 예레미야의 이름이 언급되지 않고 있음을 들어 이 견해를 비판합니다.[8] 그럼에도 이 해석은 그 목소리가 반드시 예레미야나 포로지 이사야 같은 특정 예언자는 아니더라도 여기서의 "나"가 백성들의 중재자이면서 고난당하는 자로서의 예언자들의 역할과 일맥상통하고 있음을 보여줍니다.

다음으로 "나"를 다윗왕조의 왕과 일치시키려는 견해들이 있습니다. 이들 중 요시야나 여호야긴[9]과 동일시하려는 제안은 충분한 근거를 제시하지 못하여 별다른 지지를 받지 못합니다. 반면, M. 새보(M. Saebø)는

---

6) H. Wisemann, "Das 3. Kap. der Klagelieder", *ZKT* 50(1926), 147; M. Saebø, "Who is 'the Man' in Lamentations 3?" in A Graeme Auld ed. *Understanding Poets and Prophets: Essays in Honour of George Wishart Anderson*, Sheffield: Sheffield Academic Press, 1993, 296에서 재인용.

7) 리는 "눈" "딸 내 백성" "눈물 흘리다"는 표현은 예레미야 시의 특징적 표현들이라고 지적한다. Nancy Lee, *The Singers of Lamentations*, 168-174.

8) 하우스, 『아가, 예레미야 애가』, 605.

9) 포티우스는 이를 기원전 597년에 폐위된 요호아긴(왕하 25:27-30; 렘 52:31-34)로 본다. Porteous, "Jerusalem-Zion: The Growth of a Symbol", in *Verbannung und Geimkehr*, W. Randolph ed., Tuebingen: Mohr Siebeck, 1961, 244-245. 힐러스는 이러한 제안이 본문으로부터의 어떤한 근거도 제시받지 못한다고 비판한다. D. Hillers, *Lamentations: Introduction, Translation, and Notes,* AB; Garden City: Doubleday & Co, 1972, 63.

예레미야 52장 4-11절과도 병행되는 열왕기하 25장 1-7절의 예루살렘 함락과 시드기야의 유배기사와 애가 3장 1-24절을 대조하면서 본문에서의 학게벨과 동일시된 "나"는 시드기야라고 주장합니다.[10] 이를 위해 세보는 3장 1-7절의 "나"의 고통묘사가 시드기야의 처지와 세 가지 병행을 이루고 있음을 지적합니다. 즉 두 본문 모두 '구리사슬'을 언급하고(왕하 25:7; 애 3:7), 시드기야의 두 눈이 뽑힌 점과 어둠 속을 걷는다는 표현이 유사하며(왕하 25:7; 애 3:2; cf. 렘 52:11), 6절의 묘사는 시드기야의 감옥 수감생활과 연관이 있습니다(렘 52:11).[11] 이밖에도 그는 애가 2장 9절에서 "왕과 방백들이 율법 없는 열방 가운데 있으며"라는 언급과 4장 20절에 주의 기름 부음받은 자가 열국 중에 살겠다는 언급이 시드기야를 암시하는 것이라고 지적합니다. 나아가 세보는 애가 3장 1절의 "주의 분노의 지팡이"를 사무엘하 7장 14절과 시 89편 31-33절의 심판의 지팡이와 연관시키면서,[12] 애가 3장의 "나"가 단순히 역사적 인물로서의 시드기야가 아니라 왕적 메시야(a royal messiah)를 대표한다고 봅니다.

세보의 해석은 구리사슬이 두 본문에 공통되게 언급되고 있는 점 이외에 다른 예시들은 달리 해석될 수 있는 여지를 남겨두고 있어 애가 3장 1-24절의 "나"의 정체성을 시드기야로 한정시켜야 하는지에 대한 확신을 주지는 못합니다. 리(Nancy Lee)가 지적했듯이 "어둠"은 개인 탄원시에 자주 등장하는 은유표현이며 6절의 "나로 어둠 속에 살게 하기를 죽은 지 오래된 자 같게 하셨도다"는 표현은 동일하게 시 143편 3절에도 나옵니다. 그리고 감옥에 갇힌 경험은 예레미야나 다른 많은 유배자들이 공동으로 겪었을 체험이므로 시드기야만의 특징적 경험으로 해석하기 어렵습니다. 그럼에도, 유대 공동체가 국가 멸망 직후 자신들의 왕적 지도자에 대

10) M. Saebø, "Who is 'the Man' in Lamentations 3?", 302-304.

11) "시드기야의 두 눈을 빼고 사슬로 결박하여 바벨론으로 끌어다가 그 죽는 날까지 옥에 두었더라."(렘 52:11)

12) 이밖에도 애가 3장 17-18절(14-15, 59-61절)과 시 89편 39-46, 51-52절은 그 탄원의 내용이 유사하다.

한 희망을 그렇게 빨리 포기하지 않았을 것이므로 게벨이 반드시 시드기야를 지칭하는 것은 아닐지라도 다윗전승에 따른 한 왕적 메시야에 대한 기대를 반영한 상징적 인물이었을 가능성이 높습니다. 그럼에도 본문 자체에서는 "나"가 왕적 메시야 사상을 내포하고 있음을 보여주는 근거를 찾기 어렵습니다.

많은 학자들이 3장의 "나"가 역사적 인물을 지칭하기보다는 상징적 인물이라고 해석하는 데 동의합니다. 그러나 이 상징적 인물의 정체성 자체에 대해서는 이견이 많습니다. 가령 힐러스(Hillers)와 렌케마(Renkema)는 일반적으로 고난당하는 자 모두를 가리키는 것으로,[13] 거스텐버거(Gerstenberger)는 백성 전체를 대변하는 "나"로,[14] 그리고 알브렉슨(Albreckson)과 하우스(P. House)는 예루살렘-시온으로 상징화된 "나"로 해석합니다.[15] 이러한 논쟁은 이사야 54장의 "고난의 종"의 개인적, 집단적 정체성에 대한 합의되지 못한 긴 논의를 떠올리게 합니다.

게벨을 고난을 당하는 모든 이들을 지칭한다고 보는 첫 번째 견해는 "나"의 고통을 묘사하는 1-16절이 일반적인 고난상황이 아니라 전쟁과 포로라는 구체적인 고통을 구사하고 있으며, 애가가 예루살렘의 멸망에 대한 애도라는 구체적인 역사적 정황을 염두에 두고 있음을 간과하고 있습니다. 그리고 상징적 인물로서의 "나"가 백성 전체를 대변하는 "나"라는 견해는 자신이 당한 고통을 묘사하면서, "나는 내 모든 백성에게 웃음거리 곧 종일토록 그들의 노랫거리가 되었도다."(14절)고 자신을 백성과 분

13) Hillers, *Lamentations*, 122; J. Renkema, "The Literary Structure of Lamentations (I-IV)", in W. Van der Meer and J. C. de Moor eds., *The Structural Analysis of Biblical and Canaanite Poetry*, JSOTSup 74; Sheffield: JSOT Press, 1988, 348-352.

14) Erhard Gerstenberger, *Psalms, Part 2 and Lamentations*, FOTL 15; Grand Rapids, MI: Eerdmans, 2001, 493.

15) Bertil Albreckson, *Studies in the Text and Theology of the Book of Lamentations, with a Critical Edition of the Peshitta Text*, Studia Theologica Lundensia, 21; Lund: Gleerup, 1963, 127-129.

리시키고 있음을 볼 때 설득력이 떨어집니다. 48-49절에서도 "딸 내 백성의 파멸로 말미암아 내 눈에는 눈물이 시내처럼 흐르도다."고 애도하면서 백성과 자신을 분리시키고 있습니다(2:11-12와 비교).

다음으로 1-24절의 "나"를 예루살렘-시온으로 상징화된 "나"로 보는 견해는 애가의 문학적 맥락 속에서 내려진 결론인데, 가령 하우스는 1장 9, 11절의 하나님에 대한 간청의 짤막한 기도, 2장 11절의 애곡, 그리고 2장 18-19절에서의 기도 촉구에 일인칭 "나"가 등장하는 점은 애가 3장의 "나"가 앞의 두 노래에서 등장한 "나"와 이어지는 화자라고 결론에 이르게 한다고 주장합니다. 계속해서 그는 앞의 두 노래에서 "나"는 의인화된 여성 시온으로 상징화되고 있으므로 3장의 "나"는 1, 2장의 "시온"이 일인칭 목소리로 애도하는 것으로 보인다고 말합니다.[16] 이와 함께 하우스는 2장의 "나"와 3장의 "나"가 가지는 공통점으로 두 본문 모두에서 이 "나"가 도시 멸망에서 화를 당한 대상으로 묘사되는 점, 대적자들의 조롱을 강조하는 점, 다른 이들의 기도를 요청하는 점, 하나님이 고통을 야기시킨 것으로 인정하는 점 등을 손꼽습니다.[17] 이 견해는 3장의 "나"의 정체성을 1-2장의 "나"의 문학적 맥락에서 살펴보는 점에서 많은 시사점을 던져줍니다. 그러나 3장이 "나는 그(남)자라"는 자기 선언으로 시작하고 있는 점을 간과하고 있습니다. 게벨이 다음 소단원에서 아담과 병행하면서 사람 일반을 대표하기도 하지만 여성을 지칭하는 용어로 쓰인 예는 없습니다.

그렇다면 1-2장에서 여성으로 의인화된 예루살렘-시온으로 대변되는 "나"와 유사한 3장의 남성 "나"는 누구인가? 이에 대한 해답은 포로지에서 유대의 고통과 구원을 노래한 이사야의 은유사용을 통해 찾아볼 수 있습니다. 많은 성서학자들이 이사야 49-55장에서의 여성 시온과 고난의 종

16) 하우스. 『아가, 예레미야 애가』, 607.

17) Ibid., 607-608. 하우스는 3장 전체를 한 화자에 의한 노래라고 본다는 점에서 필자와 견해를 달리한다.

의 등장에 주목하였습니다. 갓월드(N. K. Gottwald)는 이사야 49-55장에서 남성 은유로서의 고난의 종과 여성 은유로서의 시온-예루살렘이 이스라엘 역사의 과거와 현재를 유추시키는 중요한 도구로 쓰이고 있음을 지적합니다.[18] 고통당하는 종은 궁극적으로는 승리하며, 희망을 잃은 어미와 아내인 시온은 처음에는 짧으나마 버림받았을지라도 곧 구원받고, 위로받고, 결국은 잃은 아이들을 되찾고 남편과의 관계도 회복하게 됩니다. 서이어(John F. A. Sawyer) 역시 여성 시온을 "주의 종(the Servant of the LORD)"의 여성적 대안 은유로 보며,[19] 윌리(P. Tull Willey)는 이사야 49-55장이 시온과 주의 종에 관한 본문이 교차배열을 지적합니다.[20] 즉 포로지 이사야는 한편으로 해산의 고통으로 울부짖는 여인, 아이를 낳지 못하는 여인, 버림받은 아내, 잃어버린 아이를 기다리는 어머니의 모습 등으로 의인화된 예루살렘-시온과 채찍으로 쓰러지고 도살장에 끌려가는 고난받는 종의 은유를 이스라엘/유다의 고난의 역사를 들려주는 문학적 도구로 사용합니다.[21] 남성과 여성의 삶을 이스라엘의 구원묘사에 활용했던 이사야의 경우와 마찬가지로 애가의 저자는 예루살렘의 멸망 중에 겪은 고통을 생생하게 일인칭 화법으로 들려주면서 이를 여성과 남성의 목소리로 들려주는 풍부한 문학적 기법을 활용하고 있는 것입니다.

---

18) Norman K. Gottwald, *The Hebrew Bible: A Socio-Literary Introduction,* Philadelphia: Fortress Press, 1985, 498.

19) John F. A. Sawyer, "Daughter of Zion and Servant of the Lord in Isaiah: A Comparison", *Journal for the Studies of Old Testament* 44 (1989): 89-107.

20) 윌리(Willey)는 이사야 49-54장이 49:1-13 주의 종// 49:14-50:3 시온// 50:4-11 주의 종// [51:1-8 남성복수 이인칭 "너희들"에 선포된 본문]// 51:9-52:12 시온// 52:13-53:12 주의 종// 54:1-17 시온 본문으로 교차되면서 배열되고 있음을 보여주었다. P. Tull Willey, *Remember the Former Things: The Recollection of Previous Texts in Second Isaiah*, SBL Dissertation Series 161; Atlanta, Georgia: Scholars Press, 1998, 105.

21) 보다 자세한 논의는 이영미, "구약 예언서에 나타난 여성 시온을 통한 구원이미지 연구", 『구약논단』 13(2002), 35-56; 이영미, "이사야에는 고난의 남종만 있는가?", 『헤르메니아 투데이』 24(2003), 19-27을 참조하라.

애가 3장 1-24절에 등장한 "나"는 1, 2장의 일인칭 목소리의 주인공인 "나"의 또 다른 "나"입니다. 이사야에서 시온 여성과 고난의 종이 이스라엘을 대표하는 두 개의 상징적 주체로 등장하듯이 애가에 여성 시온-예루살렘(1, 2, 4장)과 남성 용사 게벨(3장)이 이스라엘을 대표하여 예루살렘 멸망을 애도하고 있습니다.

2) "그(게벨)"는 누구인가? (25-39절)

1절에서 "내가 그 자라(아니 학게벨)"라고 진술한 이후, 게벨은 세 번 더 언급되는데(27, 35, 39절), 27절은 1절과 마찬가지로 정관사를 동반하며, 35절과 39절에서는 정관사를 동반하지 않습니다. 정관사를 동반한 게벨은 자음—테트(토브)—로 시작되는 25-27절 가운데 언급됩니다. 이를 히브리 어순을 살려 직역하면 다음과 같습니다.

> 25. ט 주는 선하시도다(토브) 그를 갈망하는 자들에게나 그를 찾는 영혼들에게
>
> 26. ט 선하시도다(토브) 주의 구원을 잠잠히 기다리는 이에게
>
> 27. ט 선하시도다(토브) 젊었을 때 그의 멍에를 메는 자(게벨)에게

27절은 게벨을 멍에를 메는 자로 묘사합니다. 이 게벨은 '주를 갈망하는 자', '구원을 기다리는 자'와 평행구를 이룹니다. 1장 14절은 예루살렘의 죄를 아주 무거운 멍에로 표현하여 주가 그 멍에를 예루살렘의 목에 두었을 때 힘을 소실했다고 한탄합니다. 이는 27절의 멍에가 게벨의 죄에 한정되는 것이 아니라 공동체의 죄를 함께 짊어지는 의미를 함축하고 있습니다. 그의 고난이 일반적인 사람의 고난을 가리키는 것이 아니라는 사실은 30절의 그의 고난에 대한 묘사에서 더 분명하게 드러납니다.

> 30. י 자기를 때리는 자에게 뺨을 돌려대어 치욕으로 배불릴지어다

빰을 돌려대어서 때리는 자가 치욕을 느끼도록 한다는 말은 "그"가 수치와 조롱을 당하지만 자신의 당당함으로 오히려 상대가 수치를 느끼게 될 것이란 의미를 내포합니다.

이어지는 세 개의 부정사절(라메드)은 "그"의 고난이 개인적이라기보다는 사회적 불의에서 비롯되고 있음을 보여줍니다.

34. ל 세상의 모든 갇힌 자들을 발로 짓밟는 것과

35. ל 지존자 앞에서 사람(게벨)의 재판(미스파트)을 굽게 하는 것과

36. ל 인간(아담)의 언약(베리트)을 억울하게 하는 것(아바)은 다 주께서 기쁘게 보시는 것이 아니로다

불의와 억압에 대한 세 항목의 열거는 특별히 지도자(왕, 장로, 제사장)에게 부여된 능력들을 가리킵니다. 첫 번째 부정사는 억눌린 자들에 대한 억압을 비판하고 있으며, 두 번째 부정사는 정의를 굽게 하는 경우를 지적합니다. 사람의 정의(미스파트)를 굽게 하는 것은 성서의 곳곳에서 비판되고 있습니다(출 23:2, 6; 신 16:19; 24:17; 27:19). 세 번째 부정사는 언약을 억울하게 하는 경우를 비판합니다. 히브리어 *아바*는 문자적으로 어떤 일을 왜곡되게 만드는 것을 뜻하는데, 계약을 왜곡되고 치우친 방식으로 만드는 경우가 여기에 해당됩니다. "그"의 고난을 포함한 이스라엘의 고난은 이러한 사회적 불의의 결과입니다. 그리고 여기서 게벨은 정관사 없이 아담과 병행구를 이루어 일반 개인을 뜻합니다.

"그"에 관하여 진술하던 일인칭 "나"는 37절에 이르러 직접화법으로 하나님을 향해 외칩니다.

37. מ 누가 이것을 능히 말하여 이루게 하겠느냐? 주의 명령이 아니면

38. מ 화와 복이 지존자의 입으로부터 나오지 아니하느냐

39. מ 무엇을 원망하랴? 인간(아담)은 자신(게벨)의 생명이 그 죄에 달렸

거늘

세 개의 수사학적 질문은 질문이라기보다 인과응보의 신명기적 전통교리를 확인시켜 줍니다. 인간 사회의 불의와 억압을 인간이 해결할 능력이나 자신의 죄로 인한 벌에 대해 불평할 자격이 없습니다. 하나님이 축복과 저주의 근원지이시며 인간은 주의 명령에 순종할 때 축복받고 죄를 지으면 징벌을 받습니다. 죄에 대한 징벌이나 구원은 전적으로 하나님의 주권에 속한 것입니다. 그러나 이러한 하나님의 주권선포가 인간의 반응을 배제한 것이 아님을 "우리"의 응답을 통해 듣게 됩니다. 37-39절의 자기외침은 즉각적인 공동체의 죄책고백을 불러일으킵니다.

25-39절에서 게벨은 정관사를 가진 경우와 정관사 없이 나오는 경우 의미가 다름을 볼 수 있습니다. 정관사와 함께 나오는 경우(1, 27절) 게벨은 고난을 직접 당하고 죄의 멍에를 지고 가지만 주에 대한 신뢰를 잃지 않은 자입니다. 그러나 애가 3장에서는 게벨이 아직 이사야 53장에서와같이 대속적인 존재로 묘사되지는 않습니다.

3) "우리"의 죄책 고백 (40-47절)

앞서 *멤*으로 시작하는 연(37-39절)에서 일인칭 단수 "나"는 유일하게 직접 소리내어 외칩니다. 그에 대한 "우리"의 응답이 바로 다음 *눈*으로 시작하는 연에 등장합니다.

> 40. נ 우리가 스스로 우리의 행위들을 철저히 조사하고[22] 주께로 돌아가자
> 41. נ 우리의 마음 높이고 손을 하늘에 계신 하나님께 들자

세 개의 청유형 동사는 개인이 아닌 "우리" 공동체의 죄책고백이 이루

22) 히브리 동사 하카르는 어떤 문제를 세심하고 철저하게 검증하는 것을 나타낸다 (BDB, 344, 350).

어지고 있음을 강조합니다. "나"는 공동체의 다른 구성원들과 마찬가지로 예루살렘의 멸망과 성전파괴의 고난을 경험하지만 수치와 조롱의 또 다른 고통을 경험하는 존재로 자신을 공동체와 구별하기도 하고 일체화시키기도 하는 다중적 주체의식을 보여주었는데 여기서는 공동체와 동질화되어 하늘에 계신 하나님께 함께 죄책 고백을 드립니다.

40-41절은 "우리"가 하나님 앞에 자신의 죄를 빈틈없이 성찰하고 회개할 것을 촉구하며 다짐합니다. 회개 촉구는 백성들이 회개하면 하나님이 그들을 벌하시려는 마음을 바꾸실 것이라는 가르침에 근거합니다(렘 18:5-12). 신명기의 기본적인 인과응보적 가르침에서도 축복의 조건으로 회개를 강조하지만 42절의 고백은 회개가 하나님의 용서를 즉각적으로 가져오는 조건이 아님을 보여주어 독자를 다소 놀라게 합니다. 42절의 고백은 회개하면 용서하리라는 전통적인 이해를 뒤집고 있기 때문입니다. 회개가 반드시 즉각적인 용서를 가져오지 않는다는 선포의 예는 예레미야에서도 발견됩니다. 예레미야 14장 19-22절에서의 백성의 간청과 이어지는 하나님의 응답(렘 15:1-9)이 그 예입니다. 20-21절에서 이스라엘 백성은 "우리가 우리의 악과 우리 조상의 죄악을 인정하나이다. 우리가 주께 범죄하였나이다. 주의 이름을 위하여 우리를 미워하지 마옵소서 주의 영광의 위를 욕되게 마옵소서. 우리와 세우신 주의 언약을 기억하시고 폐하지 마옵소서."라고 간청합니다. 이에 하나님은 15장 1절에서 "모세와 사무엘이 내 앞에 섰다 할지라도 내 마음은 이 백성을 향할 수 없나니 그들을 내 앞에서 쫓아내치라."고 대답한 뒤, 3-4절에서 구체적인 징벌을 열거합니다: "내가 그들을 네 가지로 벌하리니 곧 죽이는 칼과 찢는 개와 삼켜 멸하는 공중의 새와 땅의 짐승으로 할 것이며 유다 왕 히스기야의 아들 므낫세가 예루살렘에 행한 바를 인하여 내가 그들을 세계 열방 중에 흩으리라." 그리고 하나님은 실제 이스라엘 백성들을 용서하지 않습니다(7절). 회개는, 적어도 입으로의 회개는 즉각적인 용서를 보장하지 않습니다. 하나님의 구원은 정의 회복을 위한 구체적인 행동을 요구하며 그 과정

은 시간을 필요로 합니다. 그리고 공동체의 고난과 죄책 고백은 개인 "나"의 희생과 헌신을 동반합니다.

4) "우리"를 위한 "나"의 눈물어린 간구 (48-66절)

40-47절의 복수 "우리"는 다시 단수 "나"로 바뀝니다(48-66절). 이 단원은 이미지의 변화에 따라 두 부분으로 나뉘는데, 전반부(48-54절)는 눈과 (눈)물의 이미지로 가득하고, 그 내용에 있어서도 공동체를 향한 애도를 다룹니다. 예루살렘이 눈물로 가득했던 것처럼(1:16; 2:11, 18) "나"의 눈은 눈물로 가득합니다(48절). 마지막 54절에서 물은 고난의 상징으로 이미지화됩니다(54절). 후반부(55-66절)는 55절의 "카라(부르다)" 56절의 "콜(목소리)", "샤마(듣다)", "오젠(귀)", 그리고 57절의 "카라(부르다)", 등의 청각적인 이미지로 가득합니다. 그 내용에 있어서도 간청을 다루고 있습니다.

눈물어린 아픔의 동조는 고난당하는 자를 위한 간청을 불러일으킵니다. 요나와 예레미야처럼, 애가의 "나"는 자신을 구원자를 향해 부르짖습니다. 55-57절의 동사는 모두 완료태를 취하는데 학자들은 완료태의 동사 형태는 간구자가 갖고 있는 온전한 확신을 표현해주고 있다고 지적합니다. 이 기도의 응답은 이미 이루어졌습니다(예언자적 완료태). "우리"를 위한 "나"의 이러한 간청에 하나님은 변론자(립)가 되어주시고 생명의 속량자(가아레타 하야이)가 되어주십니다. 인간이 굽게 했던 재판(미스파트)을(35절) 하나님께서 올바르게 판결하십니다(59절). 하나님의 응답에 시각과 청각의 이미지가 다시금 모두 사용됩니다. 하나님은 나의 억울함을 돌아보아 주셨고(라아; 59절), 당신이 돌아보셨고(60절), 대적자의 조롱도 들으셨습니다(61절). 대적자들은 중얼거리며(시프테, 62절), 조롱하는 노래(만기나탐, 63절)를 부릅니다. 이러한 정의의 실현 뒤에는 "우리"의 죄책고백과 "나"의 눈물어린 간청이 있었습니다.

3. 애가 3장의 게벨과 이사야 40-55장의 고난의 종

지금까지 애가 3장의 "나/그"(게벨)이 여성 시온－예루살렘과 함께 이스라엘을 대표하는 인물로 고난의 멍에를 지고 가는 자이며 이러한 "나"의 회개촉구에 "우리"의 죄책고백이 뒤따르고 있음을 보았습니다. 이러한 "나"와 "우리"의 화음은 대표적인 고난의 종 본문으로 알려진 이사야 53장에도 발견됩니다. 애가와 포로지 이사야의 예언이 동시대의 문화적, 종교적 사상을 공유하고 있음을 언어적, 문학적 유비를 통해 여러 곳에서 발견됩니다.

1) 애가와 이사야 40-66장 사이의 언어적 유비

애가와 이사야 40-66장의 관계에 대해서 대체로 많은 학자들이 이사야 40-66장의 저자가 애가의 영향을 받고 이에 대한 대응으로 신학적 주제들을 도입해서 예언에 활용한 것으로 보지만,[23] 학자들의 견해가 완전히 일치하지는 않습니다. 갓월드는 제2, 3이사야가 애가를 알았다고 보면서 이는 538년 이전에 애가가 하나의 통일된 시가서로 이미 형성되었을 가능성이 있다고 봅니다. 애가는 따라서 바벨론과 팔레스타인에서 회자되었을 것입니다.[24] 애가서와 이사야 40-66장 사이의 문자적 유비를 정리하면 다음과 같습니다.[25]

---

23) 갓월드는 이를 제2이사야가 애가서로부터 많은 문학기교들, 문구, 그리고 전체 시의 구조와 형식을 활용한(사 47) 결과라고 해석한다. N. Gottwald, *Studies in the Book of Lamentations*, Studies in Biblical Theology 14; London: SCM Press LTD, 1954, 116.

24) Gottwald, *Lamentations*, 44-45.

25) 갓월드가 레러의 분석을 근간으로 애가와 이사야 40-66장 사이의 병행구를 정리한 것을 인용하였다. Loehr, "Der Sprachgebrauch des Buches der Klagelieder", 41-49; Gottwald, *Lamentations*, 44-45.

단어	뜻	애가	이사야
마스파티	[시온의] 정의	3:59	40:27; 49:4
레손 바짜마	목마른 혀	4:4	41:17
샤파크	(화를) 발하다	2:4; 4:11	42:25
탄님…… 야아나	들개…… 타조	4:3	43:20
슈브 엘-레브	마음의 회심	3:21	44:19; 46:8
다마…… 샤바	무엇으로 비교할까?	2:13	46:5
바트	딸	4:21-22	47:1
에르바	적신의 수치	1:8	47:3
야샤브…… 다맘	앉다…… 잠잠하다	2:10; 3:28	47:5
히크비드	무겁게 하다	3:7	47:6
로 자칼 아하리타	끝을 생각하지 아니하다	1:9	47:7
야샤바 알마나	과부 같고	1:8	47:8
나탄 레마킴	때리는 자에게 뺨을 주다	3:30	50:6
아짜브…… 샤카흐	[시온을] 버리다 ... 잊다	5:20	49:14
세벨…… 미 아나하메크	파괴…… 어떻게 내가 너를 위로하랴?	2:13, cf. 3:47	51:19; cf 59:7
베로쉬 콜-후초프	각 거리의 어귀	2:19; 4:1	51:20
수루 수루 타메 알-텍가우	가라, 가라, 부정하다, 만지지말라	4:15	52:11
닉짜르	멸절되다	3:54	53:8
사발 아보노트	죄를 담당하다	5:7	53:7
베케세트 빔히르	돈으로 값을주고	5;4	53:8
네고알루 박담	피에 더러워졌다	4:14	53:7
하파크	돌아갔다	5:2	60:5
다라크 가트	술틀에 밟다	1:15	63:2
케로브 하사다브	그의 헤세드로 긍휼히 여기다	3:32	63:7
카파츠 아드 메오드	극도로 분노하다	5:22	64:8
콜-마흐마데	모든 귀한 것들	1:7,10,11;2:4	64:10
파라쓰 야드	손을 뻗치다	4:21	66:10
쑤쓰…… 싸마흐	즐거워하다…… 기뻐하다	4:21	66:10

뉴섬(Carol Newsom) 역시 제2이사야가 애가에 대한 호응으로 애가에서 선택된 이미지들을 통해 포로민들에게 희망을 선포했다고 봅니다.[26)] 솜머(B. Sommer)는 제2이사야가 애가의 주제들을 번복하는 기법을 통해 희망의 메시지를 전한다고 강조합니다.

2) 애가와 이사야 40-55장의 고난당하는 여성(시온)과 남성(게벨, 종)

위에 소개된 언어상의 유비는 물론이고 애가와 이사야에는 공통된 등장인물이 발견되어 두 본문 사이의 친밀성을 더 분명하게 보여줍니다. 한 인물은 여성으로 의인화된 예루살렘/시온 여성(1, 2, 4장)이고 다른 인물은 애가 3장에서는 게벨(남자, 용사)이라 불리고 이사야 53장에서는 야웨의 종으로 불리는 남성입니다. 시온 여성은 애가 1, 2장에서는 일인칭 단수로, 4장에서는 일인칭 복수의 목소리로 노래를 하면서 다중적(단수이면서 복수) 주체의 모습을 띕니다. 더욱 놀라운 점은 이사야에서 여성 시온은 직접화법으로 한 번 얘기하는데, 그 내용이 바로 애가의 마지막 구절과 같은 동사를 사용하고 있는 것입니다.

애 5:22 주께서 우리를 아주 **버리셨사오며** 우리에게 진노하심이 참으로 크시니이다.

사 49:14 주께서 나를 **버리셨사오며**, 주께서 나를 잊으셨다.

린다펠트(T. Lindafelt)는 이사야 40-55장은 애가서의 한 어머니의 절규가 이사야에서 그녀의 가족의 회복이 포로민의 구원의 메시지로 선포되는 것 속에 잔존하고 있다고 지적합니다.[27)] 오카나(K. O' Connor)는 애가

26) C. A. Newsom, "Response to Norman K. Gottwald, 'Social Class and Ideology in Isaiah 40-55", *Semeia* 59(1992), 75-77.

27) T. Linafelt, *Surviving Lamentations: Catastrophe, Lament, and Protest in the After life of a Biblical Book*, Chicago and London, 2000, 62-79.

서의 여성 시온의 절규에 대해 침묵하던 하나님이 제2이사야에서 대답하고 있다고 설명합니다.[28] 티마이어(Lena-Sofia Tiemeyer)는 애가와 이사야 49-55장 사이의 유비를 통해 학자들이 애가가 이사야에 영향을 준 것으로 보는 점을 전면으로 반박하고 두 본문 모두 팔레스타인을 배경으로 한 유다 배경의 저작으로 주장합니다.[29] 성서의 다른 본문에서 유사한 이미지나 주제가 발견되는 경우 그것이 직접적인 저작권의 증거라기보다는 동시대 유사한 문화적 환경 속에서 유사한 종교와 사상을 공유한 것으로 이해됩니다.

여성 시온의 절규는 이사야 54장 7-8절에 이르러 하나님의 응답을 듣게 됩니다.

> 잠은 순간 동안 내가 너를 버렸으나
> 큰 긍휼로 너를 모을 것이요
> 내가 넘치는 진노로 내 얼굴을 네게서 잠시 가렸으나
> 영원한 인자하심(헤세드)으로 너를 긍휼히 여기리라(레헴)
> 네 구속자, 주께서 말씀하신다.

"주께서 말씀하신다"는 말씀공식은 이것이 하나님의 응답임을 강조해주고 있는데 하나님은 잠은 순간 동안 예루살렘을 버렸으나 이제 큰 긍휼로 그를 모아 다시 아내로 받아들여 영원히 그 긍휼함을 베풀 것이라고 다짐합니다. 언어 선택에 있어서도 애가 5장 22절과 이사야 49장 14절의 동사 "버렸다"를 하나님의 응답에 그대로 사용하고 있습니다. 더욱이 하나님께서 이제 돌이켜 백성을 구원하겠다는 다짐의 수사언어들이 애가 3

28) Kathleen O' Connor, "Speak Tenderly to Jerusalem: Second Isaiah' s Reception and Use of Daughter Zion", *The Princeton Seminary Bulletin* 20(1999), 287.

29) Lena-Sofia Tiemeyer, "Geography and Textual Allusions: Interpreting Isaiah xl-lv and Lamentations as Judahite Texts", *Vetus Testamentum* 57(2007), 367-385.

장 22절의 수사언어들(헤세드, 레헴)을 그대로 인용하고 있습니다.

22. ח 주의 인자하심이 정녕 끝나지 않았고, 그의 긍휼하심이 정녕 진멸되지 아니하였다.

23. ח 이것들이 아침마다 새로우니 당신의 성실하심이 크시도소이다

24. ח 내 영혼에 이르기를 "주는 나의 기업이시니 내가 그를 기다리리라" 하도다.

애가의 "나"는 공동체를 향해 주의 인자하심(헤세드)과 긍휼하심(레헴)에 의지하여 기다리라고 촉구하고, 이사야는 주께서 인자(헤세드)와 긍휼(레헴)로 이스라엘을 속량해 주시리라는 말씀을 선포합니다.

3) 애가 3장의 게벨과 이사야 53장의 고난의 종

여성 시온이 애가와 이사야에 공통되게 등장할 뿐 아니라 이사야의 고난의 종과 애가 3장의 게벨은 그 역할과 묘사에 있어서 많은 공통된 요소들을 보여줍니다.[30] 윌리(P. Willey)는 애가 3장과 제2이사야의 고난의 종의 노래 사이의 유사성을 본문간비평(intertextuality)을 통해 잘 보여주고 있는데,[31] 몇 가지 사례만 소개하면 다음과 같습니다.

애 3:30ʼ	자기를 때리는 자에게 뺨을 돌려대어 치욕으로 배불릴지어다
사 50:6	나를 때리는 자들에게 내 등을 맡기며 나의 수염을 뽑는 자들에게 나의 뺨을 맡기며 수욕과 침 뱉음을 피하려고 내 얼굴을 가리우지 아니하였느니라.

30) 두 본문 사이에 나타나는 여성 시온의 유사성에 대해서는 지면상 생략한다. 이사야의 여성 시온에 대한 논의는 이영미, 『이사야의 구원신학』, 서울: 맑은울림, 2004를 참조하라.

31) Willey, *Remember the Former Things*, 207-228.

애 3:56 ק 당신께서 나의 음성을 들으셨나이다
나의 탄식과 부르짖음에 당신의 귀를 가리지 마옵소서
사 50:4-5 나의 귀를 깨우치사 학자같이 알아듣게 하시도다.
주 야웨께서 나의 귀를 열으셨으므로
내가 거역지도 아니하며 뒤로 물러가지도 아니하며
사 50:10 너희 중에 야웨를 경외하며 그 종의 음성을 듣는 자가 누구뇨.

애 3:2 א 나를 그가 이끌어 빛이 아닌 어둠 속을 걷게하셨다.
사 50:10 어둠 중에 걸으며 빛이 없는 자라도

때리는 자에게 그의 뺨을 맡긴다는 표현은 구약성서에서 애가 3장 30절과 이사야 50장 6절에서만 언급되는 특별한 표현입니다.

아울러 이사야 53장의 "종"은 애가 3장의 게벨과 유사한 특성을 보여주고 있는데 그가 다른 사람들에게 수욕당한 것(*나카*, 사 53:4; 애 3:30), 고통당하고(*아나*, 사 53:4; 애 3:33), 짓밟힌 것(*다카*, 사 53:5; 애 3:34), 멸절당한 것(*니가짤*, 사 53:8; 애 3:54) 등의 경험들을 공유합니다. 이처럼 세 번째 종의 노래와 애가 3장의 게벨(남자)은 다른 구절에서는 잘 나타나지 않는 특별한 언어들로 표현된 분화되지 않은 고난의 독백을 공통되게 포함하고 있는 점과 53장의 유사한 묘사들을 강조하면서 윌리는 이사야가 야웨의 종의 "신실함(faithfulness)을 논함에 있어서 애가 3장을 매개로 삼고 있다고 결론짓습니다.[32] 미들마스(Jill Middlemas)는 애가 3장을 제2이사야가 썼다고 주장하기까지 합니다.[33]

32) Willey, *Remember the Former Things,* 220, 226-227.
33) Jill Middlemas, "Did Second Isaiah Write Lamentations III?" *Vetus Testamentum* LVI, 4(2006), 505-525.

4) 고난받는 종은 누구인가?

사도행전 8장은 에디오피아 여왕 간다게의 모든 국고를 맡은 큰 권세가 있는 대신이 예배하러 예루살렘에 왔다가 돌아가는 병거에서 이사야의 글을 읽고 있는데 빌립이 그에게 지금 읽고 있는 것을 깨닫느냐고 묻습니다. 에디오피아의 대신이 읽고 있던 이사야의 본문이 바로 이사야 53장 7-8절의 말씀이었습니다.

> 저가 사지로 가는 양과 같이 끌리었고 털 깎는 자 앞에 있는 어린 양의 잠잠함과 같이 그 입을 열지 아니하였도다. 낮을 때에 공변된 판단을 받지 못하였으니 누가 가히 그 세대를 말하리요. 그 생명이 땅에서 빼앗김이로다(행 8:32-33).

에디오피아 대신이 빌립에게 여기서 이사야가 하는 "그"가 누구인가를 묻습니다: 자기를 가리킴이뇨, 타인을 가리킴이뇨?(34절). 이어지는 35절은 빌립이 그것이 예수를 가리킨다거나 이사야를 가리킨다는 직접적인 대답을 하였다고 말하기보다 그가 "입을 열어 이 글에서 시작하여 예수를 가르쳐 복음을 전하였다."고 기록합니다. 이사야 본문의 종과 예수를 문자적으로 대비시켰다기보다는 이사야의 고난의 종의 모습 속에 예수의 삶과 복음의 의미를 담고 있음을 전하였던 것입니다.

이를 출발점으로 하여 이사야의 네 번째 종의 노래에 삼인칭 "그"로 지칭되는 한 인물에 대해 살펴보고자 합니다. "그"는 누구인가? 네 번째 종의 노래의 "그"에 대한 학자들의 정체성 논의는 대체로 네 가지로 축약됩니다. 그를 제2이사야와 동시대의 익명의 한 인물, 제2이사야 자신, 이스라엘 백성 혹은 예언자 집단을 지칭하는 단수 호칭, 그리고 대망하는 다윗 후손의 메시야이다.[34] 이밖에 종을 역사적 인물인 여호야킨으로 보는가

34) C. R. North, *The Suffering Servant in Deutero-Isaiah. An Historical and Critical Study*, London: Oxford University Press, 1956, 1.

하면,[35] 여기서의 종은 이스라엘을 표상하고 제의 중심지로서의 도시 시온을 가리킨다는 주장도 제기되었습니다.[36] 이사야 53장에서 종을 여성 시온으로 보는 것은 앞에서 본 교차구조의 문학구성을 볼 때 설득력이 떨어질 뿐 아니라 시온이 남성 단수로 묘사된 예가 다른 본문의 지지를 받지 못합니다.

이사야의 고난의 종의 정체성은 빌립이 '그가 예수다.' 라는 단정적인 해답을 제시하기보다 그 말씀에서 출발하여 예수의 복음을 전하기 시작했듯이, 본문의 종이 어떤 역사적 인물인가를 탐구하기보다는 본문이 말하는 고난의 성격을 묻고, 그 속에서의 종의 역할이 무엇인가를 물을 필요가 있습니다. 이사야 53장의 종이 누구인가는 바로 이어지는 이사야 54장의 정경적 맥락에서 살펴볼 수 있습니다. 이사야 54장 4절 이하는 이스라엘을 향해 하나님께서 "너"(이스라엘)가 더 이상 수치를 당하지 않겠고 하나님과 새로운 언약관계를 맺게 될 것이라고 구원예언을 선포하고 있습니다. 여기서 "너", 즉 전체로서의 이스라엘은 여성 시온으로 은유화되고 언약관계의 회복은 결혼관계의 회복으로 묘사되고 있습니다. 따라서 여성 시온과 병행하여 등장하는 고난의 종은 하나님의 언약 대상자로서의 이스라엘을 상징하는 존재입니다. 이 존재는 이스라엘 백성 전체를 대표하지만 집합체로서의 이스라엘과 구별되는 상징화된 야웨의 언약계약의 파트너로서의 이스라엘을 뜻한다고 보여집니다. 이러한 결론은 네 번째 종의 본문 도입부에 하나님이 고난의 종을 "나"의 종(52:13), 혹은 "나"의 의로운 종(54:11)이라고 부르는 점을 통해서도 반증됩니다.

이사야 53장의 "종"은 백성들("우리")의 죄로 인해 버림을 받고 고난을 겪게 됩니다. 그러나 이 멸망이 야웨와 이스라엘의 언약관계가 영원히 끊

35) N. H. Snaith, *Isaiah 40-66. A Study of the Teaching of the Second Isaiah and its Consequences*, Leiden: Brill, 1967, 170.

36) L. E. Wilshire, "The Servant-City: A New Interpretation of the 'Servant of the Lord' in the Servant Songs of Deutero-Isaiah", *Journal of Biblical Literature* 94(1975), 356-367.

어지게 됨을 의미하지는 않습니다. 야웨는 여전히 이스라엘(종)과 언약관계를 유지, 회복하실 것이며 언약의 회복은 "우리"의 죄책고백에서 시작되고 있습니다. 이때 이스라엘은 언약의 대상자로서 언약의 의를 담보해 나갈 주체로 "의"의 종이 되며, "우리" 이스라엘 백성 모두의 죄악(*아온 쿨라누*, 사 53:6) 때문에 겪게 된 도시멸망의 고난은 우리의 죄 때문이라는 죄책고백을 통해 회복될 것입니다.

이사야 53장의 종의 정체성은 바로 이스라엘 백성 전체를 대표하지만 집합체로서의 이스라엘과 구별되는 상징화된 야웨의 언약계약의 파트너로서의 이스라엘입니다. 애가 3장의 "나" 혹은 게벨이 상징적 인물로 공동체를 대표하면서도 공동체와 구별되는 점과 유사합니다. 그러나 이사야 53장의 종은 애가 3장의 게벨과 차이를 보이는데, 그 차이는 이어지는 본문에서 "우리"로 대표되는 이스라엘 공동체의 고백에 잘 드러납니다. 애가 3장의 게벨이 고난 중에서도 하나님을 향한 구원의 희망을 잃지 않았던 신실한 자였다면, 이사야 53장의 종은 백성의 고난을 대신 겪으면서 하나님의 구원회복을 이끌어낼 새로운 대표적 존재로 묘사되고 있습니다. 애가 3장에서 "나"의 회개촉구가 "우리"의 즉각적인 응답을 불러일으켰다면 이사야 53장에서는 "우리"가 종이 고난을 대신 짊어지는 것을 바라보며 그것이 바로 자신들의 죄 때문이라고 죄책을 스스로 고백합니다(1-6절).

4. 이사야 53장의 "우리"의 죄책 고백 (사 53:1-6)

지금까지 고난의 종의 본문에 대한 연구는 주로 종의 정체성에만 집중되었고 거기에 등장하는 "우리"에 대하여는 많은 관심을 기울이지 못했습니다.[37] 그러나 이사야 53장 1-6절에서 반복되어 언급되고 있는 "우리"

37) David J. A. Clines, *I, He, We, & They: A Literary Approach to Isaiah 53*, JSOT Suppl. Series 1; Sheffield: JSOT Press, 1976.

는 포로지 유대 공동체의 고난과 구원신학을 이해하는 데 중요합니다.

1. 누가 **우리**의 들은 바를 믿겠는가?
   주의 팔이 누구 위에 나타났는가?
2. 그는 주 앞에서 자라나기를 연한 순 같고, 마른 땅에서 나온 줄기 같아서
   고운 모양도 없고 풍채도 없은 즉
   우리의 보기에 흠모할만한 아름다운 것이 없도다.
3. 그는 멸시를 받아서 사람에게 싫어 버린 바 되었으며
   간고를 많이 겪었으며 질고를 아는 자라
   마치 사람들에게 얼굴을 가리우고 보지 않음을 받은 자 같아서 멸시를 당하였고
   우리도 그를 귀히 여기지 아니하였도다.
4. 그는 실로 **우리의** 질고를 지고 **우리**의 슬픔을 당하였거늘
   우리는 생각하기를 그는 징벌을 받아서 하나님에게 맞으며 고난을 당한다 하였노라.
5. 그가 찔림은 **우리의** 허물을 인함이요 그가 상함은 **우리의** 죄악을 인함이라
   그가 징계를 받음으로 **우리**가 평화를 누리고
   그가 채찍에 맞음으로 **우리**가 나음을 입었도다.
6. **우리**는 다 양 같아서 그릇 행하여 각기 제 길로 갔거늘
   주께서는 **우리** 무리의 죄악을 그에게 담당시키셨도다.

"우리"의 고백을 담은 이사야 53장 1-6절은 누가 "우리"의 들은 바를 믿겠는가?(1절)는 질문으로 시작하고, 그의 고난은 주께서 "우리"의 죄악을 "그"에게 담당시킨 결과라는 고백으로 끝납니다(6절).

먼저 "우리"는 누구인가?에 대한 질문을 던져 보자면, 가능한 첫 번째 대답은 예언자가 자신의 견해를 다른 화법으로 표현(*쎄무아누*, "우리의

들은 바"; 1절)한 문학적 양식으로 보는 견해입니다. 즉 여기서의 "우리"는 예언자의 내적 목소리의 표출로 간주됩니다. 이사야 40장 6-8절에서 예언자는 "말하는 자의 소리여 가로되 외치라. 대답하되 내가 무엇이라 외치리이까?"라고 스스로 묻고 대답하고 있는 경우와 같습니다.[38)]

두 번째 좀 더 설득력 있는 관찰은 "우리"는 백성을 뜻한다는 견해입니다.[39)] 이사야 52장의 마지막 두 평행절은 야웨의 종이 존귀하게 된 모습에 놀라는 주체를 소개합니다.

> 많은 자들(라빔)이 너를 보고 놀랐고
> 그리하여 그가 많은 나라들(고임 라빔)을 펄쩍 뛰게 할 것이며
> 왕들이 그로 인하여 그들의 입을 닫을 것이라
> 이는 그들이 아직 전파되지 않은 것을 볼 것이요
> 아직 듣지 못한 것을 깨달을 것임이라(사 52:14b-15).

위의 평행절에서 '라빔'과 '고임 라빔'은 동의적 반복을 통해 다른 나라가 야웨의 종의 변화된 모습을 보고 놀란 상황을 묘사하고 있습니다. "그들"이 아직 듣지 못한 것(로 *샤마*)을 깨닫게 될 것이기 때문입니다. 반면 바로 이어지는 53장 1절은 "우리"가 이미 "들은 것"(*쎄무아누*)에 대하여 선포합니다. 또한 "우리"는 6절에서 이 종의 고난이 "우리의 죄악"을 담당했기 때문이라고 고백하는데 8절에서 예언자는 그 종이 백성의 허물로 인해 형벌을 받는다고 선언합니다. 이런 병행점들은 본문의 "우리"가 이스라엘 백성을 가리키는 것이란 결론에 이르게 합니다. 그밖에도 와이브레이(R. N. Whybray)는 "우리"가 이사야 53장을 자신들의 스승인 이

38) B. Duhm, *Das Buch Jesaia*, Goettingen: Vandenhoeck und Ruprecht, 1968, 395.
39) J. Skinner, *The Book of the Prophet Isaiah, chapters XL-LXVI*, Cambridge: University Press, 1917, 136; J. L. McKenzie, *Second Isaiah*, AB; Garden City, NY: Doubleday, 1968, 133.

사야 예언자를 고통(아마도 바벨론 감옥에서의 석방)에서 구원해준 것에 대한 감사찬양시로 쓴 제2이사야의 제자들이라고 설명하기도 하지만[40] 이 주장은 별다른 호응을 얻지 못하였습니다.

이사야 53장 1-6절에 나타난 "우리"의 고백은 "우리의 들은 바" 즉 우리의 경험에서 출발합니다. "우리"는 언약 공동체로서의 이스라엘("그")이 고운 모양도 없고 풍채도 없는, 아무런 세상적 가치가 없는 존재였으며, 사람에게 멸시를 받고 고난을 겪게 되었다고 진술합니다. 이는 언약 공동체인 이스라엘이 자신들의 명성이나 이름으로 인해서가 아니라 하나님의 전적인 은총으로 언약의 대상자가 되었다는 전통적인 자기 이해를 반영합니다. 신명기 7장 7-8절은 "야웨께서 너희를 기뻐하시고 너희를 택하심은 너희가 다른 민족보다 수효가 많은 연고가 아니라 너희는 모든 민족 중에 가장 적으니라. 야웨께서 다만 너희를 사랑하심을 인하여, 또는 너희 열조에게 하신 맹세를 지키려 하심을 인하여 자기의 권능의 손으로 너희를 인도하여 내시되 너희를 그 종 되었던 집에서 애굽 왕 바로의 손에서 속량하셨나니"라고 말합니다. 결국 네 번째 종의 노래는 바벨론 포로지에서 버림받고 멸시받는 유대인 디아스포라 공동체가 자신의 고난을 종의 형상을 통해 상징적으로 묘사하고 동시에 그 고난의 원인을 자신들의 책임으로 고백하면서 하나님의 구원을 희망하는 노래입니다.

5. 끝맺는 말 : 고난 참여와 죄책 고백을 통한 구원신학

지금까지 애가 3장의 "나"/"그(게벨)"와 그의 회개촉구에 즉각적으로 응답하는 "우리"와 이와 유사하게 고난 받는 종과 우리의 죄책고백을 담고 있는 이사야 53장의 "종"과 "우리"의 정체성을 살펴보았습니다. 이로

40) R. N. Whybray, *Isaiah 40-66*, New Century Bible; London: Oliphants, 1975, 172-176.

써, 애가 3장의 "나(게벨)"는 자신을 "우리"의 한 일부로 공동체의 고난을 함께 겪는 자로 보면서도, 자신을, 특별히 하나님께 신실한 자로 구별하고 있음을 보았습니다. 애가 3장에서 이 "나"는 고난을 대신 담당하는 자임을 분명하게 드러내지 않으며, 공동체를 향해 회개를 촉구하는 대표적 인물로 역할을 합니다. 반면 이사야 53장에서 종은 단순한 대표적 인물의 역할을 넘어서서 공동체 대신 고통당하는 자로 등장하며, 공동체 "우리"는 그의 고난이 자신들의 죄 때문이라고 고백하며 그 고난에 동참합니다.

그러나 정체성에 대한 질문보다 더 중요한 것은 성서 본문이 우리 독자에게 던져주는 메시지가 무엇인가를 질문해 보는 것입니다. 앞서 언급했던 것처럼 신약성서에서 에디오피아의 대신은 이사야 53장 7-8절을 읽으면서 빌립에게 여기서 이사야가 말하는 "그"가 누구인가를 묻습니다: "자기를 가리킴이뇨, 타인을 가리킴이뇨?"(행 8: 32-34). 이어지는 35절에서 빌립은 그것이 예수를 가리킨다거나 이사야를 가리킨다는 직접적인 대답은 제시하지 않은 채 이사야의 고난의 종의 모습 속에 예수의 삶과 복음의 의미를 풀어내 예수의 복음을 전하였습니다. 사도행전 8장의 빌립처럼, 애가의 청중이나 포로지 이사야 공동체와 다른 시간과 공간을 살고 있는 현대 독자인 우리는 본문의 게벨과 고난의 종을 읽으면서 그가 누구인가?란 질문보다는 본문이 말하는 고난의 성격을 묻고, 그 속에서 현대 공동체를 향한 복음(구원의 신학)을 찾는 자세가 중요합니다.

애가와 포로지 이사야의 "나", "그" 그리고 "우리"의 수사학을 통해 현대 공동체에 들려지는 메시지는 다름아닌 고난에 대한 공동체적 책임입니다. "나" 혹은 "그"로 대표되는 상징적 인물이 자신의 고난의 경험을 공동체의 경험과 일치시키면서도 스스로를 대중과 분리시키는 이중적 정체성은 개인 고난의 성격과 이에 대한 공동체적 책임의 관계를 돌아보게 합니다. 본문은 공동체의 고난을 개인적인 책임으로 돌리지 않고 "우리"의 죄 때문에, 우리의 멍에를 짊어지는 개인으로 고백하고 있습니다. 주목할 것은 공동체 전체의 불의가 빚어낸 고난일지라도 그 고통의 갈등 고리는 구성원 모두에게 동일한 무게로 지워지지는 않는다는 점입니다. 그 무게는 그 사회의 책임적 지도의 위치에 있는 자들에게 과중한 짐으로 지워집니다. 히브리의 많은 예언자들은 자신들을 파수꾼으로 인식하고 다가오는 고난에 대한 책임적 위치에 대한 자각이 있었습니다. 현대를 살아가는 교회 역시 이러한 예언자적 소명을 다시 일깨워야 할 것입니다.

고난의 과중한 무게는 대표적인 혹은 지도적인 인물이 아닌 사회의 약자에게도 지워집니다. 본문이 비록 약자에 대한 고난을 언급하지는 않고 있지만 사회 약자들의 고난에 대한 공동체적 책임을 고백하고 그 고난에 동참하고 연대하려는 책임의식은 중요한 신앙인들의 과제입니다. 사회적 불의로 인한 모순은 사회의 약한 고리를 통해 발산됩니다. 한 개인의 고난이 그가 게으르거나 범죄를 저질러서 당하는 고난이 아닌 구조 악에서 오는 고난일 경우 특별히 공동체는 그 고난에 대한 연대적 책임을 자각하고 고통을 분담할 줄 알아야 할 것입니다. 이처럼 고난이 한 개인의 고난이 아니라 "우리"의 죄로 인한 멍에를 지고 가는 것이라는 고백은 공동체적 고난의 극복을 향한 노력의 첫 출발점이 될 것입니다. 이것이 민중신학이 지향하는 참여와 연대의 신학입니다.

하나님 앞에 솔직히: 저항과 구원의 예언신학

5

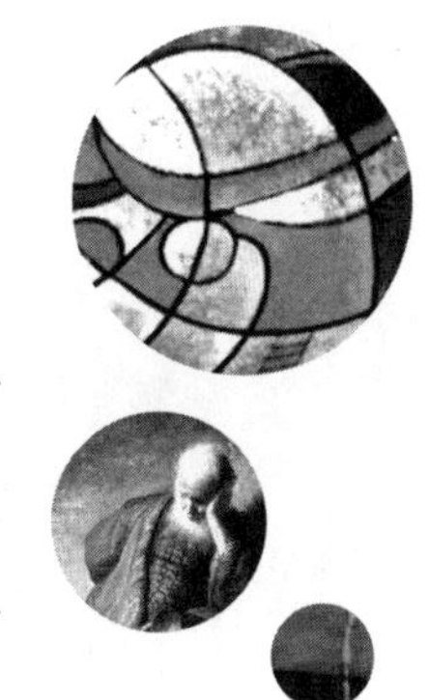

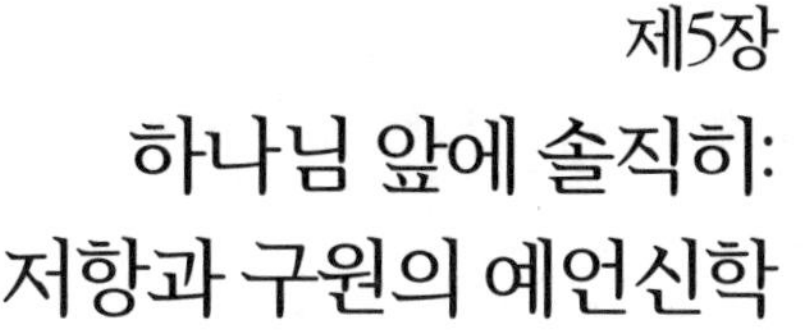

제5장
하나님 앞에 솔직히: 저항과 구원의 예언신학

1. 쉽게 순응되지 않는 불의의 현장

앞에서 이미 설명하였지만 애가는 구조와 양식에 있어서 심미적 요소와 다채로움을 선사하고 있지만 신학에 있어서는 독자가 원하는 해피앤딩을 쉽게 제시해주지 않고 오히려 탄식을 통해 현실을 고발하고 하나님께 저항하며, 그 해결점은 제시해주지 않은채 마감하고 있습니다. 양식에 있어서 애가는 탄원시의 전형적인 틀, 절규에서 탄원으로의 반전을 보여주지 않으며, 큐블러-로스의 '죽음의 심리학'과의 유비를 통한 주제 분석에서도 마지막 5단계인 수용으로 발전하지 않고 다시 도전으로 회귀됨을 살펴보았습니다. 또한 두 번째 노래를 제외한 세 편의 애가에서는 각 노래를 하나님께서 원수들에게 복수와 저주를 내려줄 것을 요청하는 것으로 끝맺고 있습니다.

그들이 내가 한숨짓는 것을 들었으나 나를 위로하는 자가 없으며
나의 모든 원수들이 나의 재난을 듣고 당신께서 행하신 일을 기뻐하나이다,
당신이 선포하신 날이 오게 하시어 그들이 나와 같이 되게 하소서.

그들의 모든 악이 당신 앞에 상달되게 하시어
나의 모든 죄악들로 나를 괴롭게하신 것같이 그를 괴롭게 하소서,
나의 한숨이 깊고 나의 맘이 병들었나이다(1:21-22).

주여 당신께서 그들의 손이 행한 대로 그들에게 보응하사 당신께서 그들에게 거만한 마음을 주시고 그들에게 저주를 내리소서 당신께서 진노로 뒤쫓으사 주의 하늘 아래에서 멸하소서(3:64-66)

우스 땅에 사는 딸 에돔아 즐거워하며 기뻐하라
잔이 네게도 이를지니 네가 취하여 벌거벗으리라
딸 시온아 네 죄악의 형벌이 다하였으니
주께서 다시는 너로 사로잡혀 가지 아니하게 하시리로다
딸 에돔아 주께서 네 죄악을 벌하시며 네 허물을 드러내시리로다(4:21-22).

이처럼 두 번째 노래의 끝을 제외한 다른 모든 노래는 자신의 고난에 쉽게 순응하며 위로받지 못하는 모습을 보여줍니다. 더욱이 마지막 절인 애가 5장 19-22절은 전체 시를 요약하면서도 도전적인 진술로 다시금 처음의 절규로 되돌려놓고 있습니다.

애가는 당하는 고난이 자신의 죄로 인한 심판이며 그 심판을 통해 하나님의 통치 주권과 능력을 다시금 확인함을 고백하지만 죄의 결과와 정도가 자신들이 담당하기에 너무 크고 부당함을 감히 하나님께 도전하고 있는 것입니다. 이들의 도전의 근거는 자신의 신실함에 대한 자신감과 하나님의 약속에 대한 책임입니다. 그런데 하나님은 침묵하십니다. 그런 하나님의 침묵 앞에 애가는 스스로 하나님을 위한 해답을 제시하기를 거부하고 있습니다. 성서의 다른 책과 달리 애가는 하나님 앞에 인간의 솔직한 모습을 드러내고 있습니다. 캐서린 오카나는 이런 애가를 “거부를 반박하

고, 진실을 말하며, 기억상실을 뒤엎는" 책이라고 부릅니다.[1] 베스터만은 애가의 진정한 의미는 그것이 "고통을 당하고 있는 자들이 고통의 표현을 찾을 수 있게 해주는 데에 있다"고 말합니다.[2] 애가는 인간이 고통을 표현하는 여러 방식이 있음을 한 예로 보여줍니다. 애가는 우리로 하여금 고난의 의미를 느끼고 생각하도록 초대합니다. 고통으로부터 빨리 탈출하기 위해 애가를 읽는 것이 아니라 우리는 애가를 읽으면서 고통의 의미 속으로 더욱 깊이 들어가 그 아픔에 동참하도록 초대받습니다.

애가가 이러한 도전을 공동체의 이름으로 던졌다면 욥은 개인으로서 자신의 고난에 쉽게 순응하지 못하고 하나님에게 도전하고 질문한 성서의 인물이기도 합니다. 자신의 고난이 자신의 죄로 인함이 아니라고 친구들에게 끊임없이 변호하는 욥에게 하나님은 끝내 해답을 제시하지 못한 채 침묵합니다. 인간이 고난의 극한 상황에 있을 때 하나님은 침묵하시는가? 인간이 가장 하나님의 존재를 필요로 하는 그때 인간이 하나님의 침묵을 경험하는 이 역설을 어떻게 이해해야 할까? 이를 통해 애가의 저자가 제시하고 싶어 하는 신학은 무엇일까? 이에 대한 해답을 애가서의 마지막 절을 통해 살펴보기로 합니다.

2. 하나님께 감히? : 저항으로서의 탄식

1) 도발적인 오픈 앤딩 (애 5:21-22)

다섯 편의 노래를 마무리하는 애가 5장 21-22절의 도발적인 탄식은 애가의 신학적 특징을 선명하게 드러내줍니다. 여기서 22절은 번역상의 문

---

1) Kathleen M. O' Connor, *Lamentations and the Tears of the World*, Maryknoll: Orbis Books, 2002, 94.

2) Claus Westermann, *Lamentations, Issues and Interpretation.*, trans. by Charles Muenchow, Minneapolis: Fortress Press, 1994, 81.

제를 드러내고 있는데, 21-22절의 의미를 이해하기 위해서는 이 문제를 짚고 넘어갈 필요가 있습니다. 22절 번역에 대한 논의의 초점은 히브리어 키 임을 어떻게 해석하느냐에 대한 문법적인 문제와 연관이 있습니다. 그러나 단순히 문법적인 문제로 끝나지 않고 그 해석은 도발적으로 끝나는 애가의 결말을 신학적으로 어떻게 해석하느냐? 하는 신학적인 질문도 함께 던집니다.

대부분의 현대 성서번역의 기초사본이 되고 있는 마소라 본문은 22절을 키 임으로 시작합니다. 이해를 돕기 위해서 키 임에 해당하는 부분만 남겨놓은 채 나머지 본문을 번역하여 문제의 논점을 소개합니다.

21 הֲשִׁיבֵנוּ יְהוָה אֵלֶיךָ [וְנָשׁוּבָה] חַדֵּשׁ יָמֵינוּ כְּקֶדֶם׃
22 כִּי אִם־מָאֹס מְאַסְתָּנוּ קָצַפְתָּ עָלֵינוּ עַד־מְאֹד׃

21. 우리를 돌이키소서, 주여!
우리가 주께로 돌아가겠사오니
우리의 날들을 새롭게 하사 예전 같게 하옵소서
22. (키 임) 우리를 아주 버리셨으며
우리에게 진노하심이 참으로 크십니다.

21절은 하나님의 구원을 호소하는 요청이지만 22절은 하나님께서 이스라엘 버린 진노에 대한 고발의 내용을 담고 있으므로 이 두 절의 논리적인 연결을 어떻게 해석해야 하는지가 번역상의 논점입니다. 고대 역본전통에서도 이러한 두 절 사이의 모순을 인지하고 나름의 해결을 제시하고 있습니다. 유대 전통에서는 백성을 새롭게 해달라고 주께 호소하는 것을 좀 더 적극적이고 소망적인 어조로 마무리하기 위해서 21절과 22절을 뒤바꾸어 읽는데[3] 현대 영어번역 성서 중에 타나크(TNK)가 이 전통을 따릅니다.

한편 희랍역과 페쉬타(고대시리아역)는 22절을 키로만 시작합니다.

21 ἐπίστρεψον ἡμᾶς κύριε πρὸς σέ καὶ ἐπιστραφησόμεθα καὶ ἐπιστραφησόμεθα καὶ ἀνακαίνισον ἡμέρας ἡμῶν καθὼς ἔμπροσθεν
22 ὅτι ἀπωθόμενος ἀπώσω ἡμᾶς ὠμᾶς ὠργίσθης ἐφ ἡμᾶς ἕως σφόδρα

21. 우리를 돌이키소서, 주여!
우리가 주께로 돌아가겠사오니
우리의 날들을 새롭게 하사 예전 같게 하옵소서
22. 왜냐하면 당신이 우리를 버리셨고
우리에게 진노하심이 참으로 크기 때문입니다.

마소라 본문을 그대로 존중하면서 번역 난제를 해결하기 위해 여러 가지 시도들이 이루어졌습니다. 먼저 22절의 키 임을 의문문으로 번역하는 경우가 발견되는데, 한글 성서번역들이 이 경우를 따릅니다.

21. 여호와여 우리를 주께로 돌이키소서
그리하시면 우리가 주께로 돌아가겠사오니
우리의 날들을 다시 새롭게 하사 옛적 같게 하옵소서
22. 주께서 우리를 아주 버리셨사오며
우리에게 진노하심이 참으로 크시니이다
[주께서 우리를 아주 버리셨나이까 우리에게 심히 진노하셨나이까]
(개역개정)

---

3) 로버트 데이빗슨, 장귀복 역, 『예레미야(하), 예레미야 애가』, 기독교문사, 1987, 259.

21. 주님, 우리를 주님께로 돌이켜 주십시오.

우리가 주님께로 돌아가겠습니다.

우리의 날을 다시 새롭게 하셔서, 옛날과 같게 하여 주십시오.

22. 주님께서 우리를 아주 버리셨습니까? 우리에게서 진노를 풀지 않으시렵니까?

[또는 '주님께서 우리를 아주 버리시고 우리에게서 진노를 풀지 않으십니다.]

(새번역)

21. 야훼여, 주께 돌아가도록 우리를 돌이켜 세워주십시오.

우리를 예전처럼 잘살게 해주십시오.

22. 주께서는 아무리 화가 나시어도 우리를 아주 잘라버리실 수는 없지 않습니까?

(공동번역 새개정)

개역개정은 본문에서는 키 임을 반영하지 않고 느슨하게 번역하고, 각주에서 키 임을 의문문으로 번역할 수도 있음을 제시하고 있으며, 새번역은 본문에서 키 임을 의문문으로 번역하고 각주에 키 임을 뺀 채 느슨한 번역을 제시합니다. 공동번역은 반어적 의문문으로 번역합니다. 한편 영어 성서번역 중에서 JPS(Jewish Publication Society)는 개역개정의 경우와 마찬가지로 키 임을 번역에 반영하지 않은 채 느슨하게 번역하며, RSV(Revised Standard Version)은 키 임을 의문문으로 번역한 예에 해당합니다.

22 Thou canst not have utterly rejected us, and be exceeding wroth against us!(JPS)

22 Or hast thou utterly rejected us? Art thou exceedingly angry with us? (RSV)

그러나 이러한 번역은 의미상의 난제는 해결할 수 있지만, 성서의 다른 본문에서 키 혹은 키 임이 "또는(or)"이나 의문문으로 쓰인 예가 발견되지 않아 문법적인 지지를 받지는 못한 번역입니다.

또 다른 번역본들은 키 임을 창세기 32장 27절의 예를 따라, "unless (…… 하지 않는 한)"으로 해석합니다(레 22:6 참조). 창세기 32장 27절을 인용하면 다음과 같습니다.

27 וַיֹּאמֶר שַׁלְּחֵנִי כִּי עָלָה הַשָּׁחַר וַיֹּאמֶר לֹא אֲשַׁלֵּחֲךָ כִּי אִם־בֵּרַכְתָּנִי׃

그가 말하기를 나로 가게 하라, 날이 새려하기 때문이다. 야곱이 말하기를 당신이 내게 축복하소서. 그렇지 않으면 내가 가게하지 아니하겠나이다.

영어번역 중에서 NET(New English Translation), NIV(New International Version), NRSV(New Revised Standard Version) 등이 이에 해당하는데 세 번역 모두 동일한 번역문을 제시합니다.

22 Unless you have utterly rejected us and are angry with us beyond measure.

이를 한글로 적어보면 다음과 같이 번역됩니다.

21. 우리를 돌이키소서, 주여!
우리가 주께로 돌아가겠사오니
우리의 날들을 새롭게 하사 예전 같게 하옵소서
22. 그렇지 않으면, 우리를 아주 버리시며, 우리를 향해 크게 진노하소서.

알브렉슨(Albrektson)과 베스터만이 키 임을 unless로 번역할 것을 지지합니다.[4] 그러나 이러한 번역은 키 임이 그 앞 소절에 부정을 나타내는 불변화사가 포함되었거나 부정적 의미를 암시하는 절 뒤에서만 unless로 번역될 수 있으므로 애가 5장 22절에는 해당되지 않다고 비판받기도 합니다. 고디스(Robert Gordis)는 22절의 키 임을 unless로 번역하는 것에 동의하지 않는데, 그는 문법적인 어려움보다는 이러한 번역은 하나님의 완전한 거부의 가능성을 내포함으로써 신학적인 문제를 낳을 수 있다는 우려 때문입니다.[5]

다음으로 힐러스는 키 임을 역전, 즉 "but(그러나, 오히려)"으로 번역합니다.[6] 이 백성들이 회복을 위해 기도했지만(21) 현재에 경험하는 것은 거부와 하나님의 계속되는 진노(22절)라는 진술이 되므로, 이 대안에 따르면 21절과 22절 사이에 의미의 모순도 일으키지 않습니다. 이 번역은 고대 역본 중에서 라틴역(vulgate)의 지지를 받습니다. 이 번역에 따르면 22절은 현실을 그대로 재묘사하고 있는 것으로 해석되어, 그 의미가 이스라엘은 하나님과의 회복된 언약적 관계의 회복을 바라고 이에 대해 결의할 준비도 되어 있지만 그러한 일은 아직 일어나지 않았다는 말로 풀이됩니다.[7]

끝으로 고디스는 이를 "even if, though(비록…… 할지라도)"로 번역할 것을 제안합니다. 그 실례로 예레미야 51장 14절, 이사야 10장 22절, 아모스 5장 22절, 그리고 애가 3장 32절을 제시합니다.[8] 이상의 많은 번역의 제안들 중에 명쾌한 해답은 없어 보이지만 힐러스와 고디스의 제안이 번역이 문법상 무리도 없고, 다른 성서 본문들의 지지를 받으며, 신학적으로

4) Albreckson, *Studies in the Text and Theology*, 205-7; Westermann, 217-219.
5) Robert Gordis, "The Conclusion of the Book of Lamentation(5:22)", *JBL* 93(1974), 290.
6) Hillers, *Lamentations*, 160-161.
7) Hillers, *Lamentations*, 100-101.
8) Gordis, "The Conclusion of the Book of Lamentations(5:22)", 293.

도 무난한 선택으로 보입니다. 고디스가 지적한 것처럼 22절의 동사가 완료형인 점을 살려서 21-22절을 번역해 보면 다음과 같습니다.

> 21. 주여, 우리를 주께로 돌이키소서
> 우리가 주께로 돌아가겠사오니
> 우리의 날을 다시 새롭게 하사, 옛적 같게 하옵소서.
> 22. 비록 주께서 우리를 아주 버렸었고
> 우리를 향한 진노가 컸을지라도

이처럼 애가는 우리를 새롭게 해달라는 호소 끝에 하나님께서 이스라엘을 버렸고, 진노가 컸음을 상기시키면서 노래를 마무리합니다. 하나님께서 이스라엘을 저버린 현실을 미화하거나 숨기려 하지 않고 솔직하게 고백하고 있는 것입니다. 하나님께 감히, 주께서 우리를 버렸었노라는 현실고발을 하면서 애가를 마칩니다.

마소라 본문의 뜻이 우리의 전통신학에 도전이 된다고 하여 번역과정에서 그 해결점을 찾아보려고 노력하기보다 "하나님에게 솔직히" 자신의 심정을 토로하고 있는 예루살렘 시온의 참담한 심정을 그대로 드러내주는 번역을 놓고 그 신학적 의미를 살펴볼 필요가 있습니다. 이는 애가 전체의 무드(비참한 현실고백과 탄원)와 일치하기도 하며, 한 발 더 나아가 여기서는 그 순서가 고백 → 탄원이 아니라 탄원 → 현실고발의 순서로 바꾸어 그 참담한 심정을 더 강조하고 있음을 볼 수 있습니다.[9]

2) 뜻하지 않은 곳에서의 메아리 (렘 31:18; 사 54:4-8; 레 26장)

인간이 과연 하나님의 심판에 대한 원망과 고발로 탄원의 기도를 끝마쳐도 되는가? 애가의 불신앙적이고 도발적인 마무리는 많은 신앙인들을

9) Iain Provan, *Lamentations*, The New Century Bible Commentary; Grand Rapids, Michigan: Wm. B. Eerdmans Publishing Co., 1991, 134.

좌불안석하도록 만듭니다. 이러한 태도는 행여나 하나님을 모독하지 않을까 두려움에 휩싸이곤 합니다. 인간은 왜 늘 그렇게 성급히 하나님을 변호해야만 하는 것인가? 그런데 우리는 뜻하지 않은 곳에서 애가의 마지막 두 절에 대한 메아리를 듣게 됩니다.

(1) 애가 5장 21절 & 예레미야 31장 18절

두 명의 포로기 예언자들의 예언선포 속에 애가 5장 21-22절이 재조명되고 있습니다. 우선 21절은 예레미야 31장 18절과 병행됩니다.

> 내가 정녕 에브라임이 스스로 탄식함을 들었다. 그가 말하기를,
> "주께서 나를 징벌하시매 멍에에 익숙지 못한 송아지같은 내가 징벌을 받았나이다.
> **나를 돌이키소서, 그리하면 내가 돌아오겠나이다.**
> 당신은 진실로 주 나의 하나님이십니다."

이 병행구는 21절이 왕과 제사장의 지도하에 국가적인 주권회복, 그리고 예배와 절기의 자유로운 실천이 보장된 과거의 체제와 특징들을 회복을 염원하는 것이라는 암시를 줍니다.[10] 디트리히(Erich Kurt Dietrich)는 애가 5장은 바벨론에서 쓰였고(2절 참조), 21절은 예레미야 31장 18절을 단순 모방하면서 "우리가 포로로부터 너의 땅, 시온으로 돌아가 다시 독립국가를 만들자"는 뜻을 내포하고 있다고 봅니다.[11] 갓월드 역시 21절은 정치, 종교적 회복에 대한 희망을 염원하는 뜻으로, 피더슨(J. Pedersen)은 21절은 과거 시간으로 돌아가자는 의미라기보다 과거 시절의 체제를

---

10) Norman K. Gottwald, *Studies in the Book of Lamentations*, SCM Press, 1954, 109-110.

11) Erich Klamroth, *Die Jeudischen Exulanten in Babylonien*. Beitreqe zur Wissenschaft vom Alten Testament 10(1912), 36.

복원시키자는 의미라고 해석합니다.[12] 이스라엘의 회복을 꿈꾸는 예레미야 31-33장에서 선지자는 이스라엘이 자신들을 하나님께서 영원히 버릴 것을 염려하지만(31:37; 33:24) 하나님은 한동안 이스라엘을 버릴지라도 완전히 버리지는 않을 것이며 포로된 자들을 돌이키시며, 땅을 회복해줄 것을 선포합니다(31:40; 32:15, 44; 33:26). 예루살렘 멸망 이후 이스라엘인들이 공유했던 예루살렘의 회복에 대한 염원과 이에 대한 간청의 마음이 동시대를 그리는 예언서와 애가 본문에 드러나고 있습니다.

(2) 애가 5장 22절 & 이사야 54장 6-8절

다음으로 22절은 역시 예루살렘 멸망 이후 예루살렘의 회복을 선포하는 예언 속에서 동일한 히브리어의 반복을 통해 메아리로 들려집니다. 이사야 54장 6-8절에서 예언자는 하나님께서 여성 시온을 구원해 주실 것을 다음과 같이 선포합니다.

> 6. 주께서 너를 부르시되
> 마치 버림받아(아짜브; 애 5:20) 마음에 근심하는 아내
> 곧 소시에 아내 되었다가 버림을 입은(마아쓰) 자에게 함같이 하실 것임이니라.
> 네 하나님의 말씀이니라.
> 7. 내가 잠시 너를 버렸으나(아짜브) 큰 긍휼로 너를 모을 것이요.
> 8. 내가 넘치는 진노(카차프)로 내 얼굴을 네게서 잠시 가리웠으나
> 영원한 자비로 너를 긍휼히 여기리라.
> 네 구속자 주의 말이니라.

애가 5장 22절에서는 시온이 하나님께서 자신을 버렸노라고 고발하지

12) J. Pedersen, *Israel, I-II,* 488; Gottwald, *Lamentations,* 110.

만 이사야 본문에서는 이제 하나님의 목소리를 통해 하나님이 실제로 이스라엘을 버리고, 진노로 심판을 했음을 인정하고 이제 긍휼히 여겨 그들을 구원하겠노라는 위로의 약속을 전합니다. 애가 2장은 끊임없이 그들의 심판은 하나님께서 그들을 긍휼히 여기지 않은 탓이라고 설명한 바 있습니다. 더욱이 이사야 54장 6-8절이 속한 단원(사 54:4-8)은 애가가 들려주는 유일한 하나님의 목소리 "두려워말라"(애 3:57)는 말로 시작되고 있음을 주목할 필요가 있습니다. 비록 애가 3장에서는 "두려워말라"는 말 뒤에 하나님의 약속이 뒤따르지 않고 있지만 이사야 54장은 이스라엘의 회복에 대한 분명한 약속을 보여주고 있습니다.

(3) 애가 5장 21절 & 레위기 26장

21절에서 부정사 절대형의 강조용법을 사용하여 그 의미를 강조하면서 쓰인 히브리 동사 *마아쓰*는 언약적 의미에서 그들을 버렸음을 묘사하는데, 이 동사가 레위기 26장에서 세 번 등장하여(15, 43, 44절) 하나님의 언약(율법)을 이스라엘이 저버릴 것이라고 경고하는 데 쓰입니다. 즉 이스라엘이 "나[하나님]의 규례를 버리고(마아쓰), 마음에 나의 법도를 싫어하여 나의 모든 계명을 준행하지 아니하며 나의 언약을 배반하리니"(15절), 그 대가로 이스라엘은 대적에게 패하고 그들을 미워하는 자의 통치를 받게 되고 그들을 쫓는 자가 없어도 도망하는 신세가 될 것(17절)이라고 경고합니다. 이후에 이어지는 심판 묘사는 애가 1, 2, 4장의 예루살렘의 폐허상황과 유사합니다: 기아(20, 26, 29절), 유배(33, 44절), 도시의 폐허(22, 31, 33, 43절) 등. 예루살렘의 폐허와 백성들의 유배에 대한 레위기의 해석은 고난 이해에 대한 새로운 관점을 제시해 줍니다.

레위기 26장은 예루살렘의 멸망은 이스라엘이 하나님과의 규례를 저버리고 순종하지 않은 죄에 대한 칠 배의 징벌(24, 28절)이지만 그들의 죄로 인해 황폐화된 땅은 백성들의 유배로 인해 안식의 시간을 가지게 될 것이라고 말합니다. 34-36절을 인용하면 다음과 같습니다.

34. 너희가 대적의 땅에 거할 동안에 너희 본토가 황무할 것이므로 땅이 안식을 누릴 것이라. 그때에 땅이 쉬어 안식을 누리리니. 33. 너희가 그 땅에 거한 동안 너희 안식시에 쉼을 얻지 못하던 땅이 그 황무할 동안에는 쉬리라. 36. 너희 남은 자에게는 그 대적의 땅에서 내가 그들의 마음으로 약하게 하리니 그들은 바람에 불린 잎사귀 소리에도 놀라 도망하기를 칼을 피하여 도망하듯 할 것이요. 쫓는 자가 없어도 엎드러질 것이라.

레위기 저자는 예루살렘 멸망과 백성의 유배라는 고난은 단순한 징벌이 아니라 땅의 회복을 위한 또 다른 목적이 있다는 신학적 해석을 부연하고 있습니다.

백성의 고난은 그들의 죄로 인해 더렵혀진 땅의 회복을 위해 인내의 시간을 감내해야 합니다. 성서의 땅은 지리적 영역으로서의 단순한 의미를 넘어서서 생명의 터전이며, 인간 사이에서는 정의를 상징하며 하나님과의 관계에서는 약속을 바탕으로 한 신뢰와 순종을 상징합니다. 떠돌이 노예인 히브리인들에게 땅의 선물과 땅에의 정착은 생명의 터전을 마련하는 일과 같았습니다. 땅에 정착하면서 이들이 가장 처음 한 일은 하나님과의 계약을 맺고 그 땅을 공평하게 나누어 공유하겠다는 약속입니다. 땅의 주인은 하나님입니다. 인간은 그 땅을 대여 받은 대리소작인으로 인식됩니다. 하나님으로부터 위임받은 땅은 열 두 지파가 함께 가꾸도록 공평하게 분배하였습니다. 땅이 한 곳으로 집약됨으로써 공의가 깨지는 것을 방지하기 위해 히브리 공동체는 부족 간의 토지매매를 금하였으며, 속량법을 마련하여 빚으로 인해 토지를 영구적으로 잃게 되는 부족이 생기지 않도록 고엘제를 마련하는 등 땅의 분배정의에 깊은 관심을 기울였습니다. 이러한 땅의 참 주인인 하나님을 잊고 물신을 숭배하고 땅을 착복하는 권력의 등장은 땅의 집약과 황폐화를 가져왔고, 궁극적으로 땅이 그 거주민을 토해내는 일까지 벌어집니다. 도시 멸망과 백성이 포로로 잡혀가는 고난 속에서 레위기 저자와 예레미야가 발견한 하나님의 뜻, 즉 고난의 의미는 이러한 땅의 진정한 회복과 그로 인한 하나님과의 언약관계의 회복이었습니다.

3) 생명의 한 원리로서의 고난

인간의 극한 상황에서의 하나님의 침묵은 하나님의 부재가 아니라 오히려 고난 속에서 인간과 함께 인내하시면서 인간으로 하여금 구원역사의 주체로 설 수 있도록 힘주시는 임마누엘 하나님의 인내의 시간입니다. 고난은 인간이 그 속에서 자기 성찰을 통해 뜻을 발견하도록 초대합니다. 함석헌은 인류의 역사는 고난의 역사라고 단정하면서 고난의 의미를 다음과 같이 설명합니다.

> 고난은 결코 정의(情意) 없는 자연현상이 아니다. 잔혹한 운명의 장난도 아니다. 그것은 하나님의 섭리다. 인도의 위대한 혼이 성스러이 말한 것같이 '고난은 생명의 한 원리다' (간디). 우리는 고난 없는 생을 상상할 수 없다. 죽음은 삶의 한 끝이요, 병은 몸의 한 부분이다. 십자가의 길이 생명의 길이다. 고난은 죄를 씻는다. 가성 소다가 때를 씻는 것같이 고난은 인생을 씻어 깨끗하게 한다. 불의로 인하여 상하고 더러워진 영혼은 고난의 고즙(苦汁)으로 씻어야만 회복이 될 수 있다. 고난은 인생을 깊게 만든다. (중략) 고난은 '우리 생명의 피할 수 없는 한 조건이다.' '사람들은 자유의 제단에 알찐한 자기 희생과 견디고 참음의 제물을 드려야한다. 비록 그 인내의 힘을 끝점까지 써내지 않으면 안되는 분한 일과 압박이 있다 하더라도, 마지막까지 견디는 자라야 구원을 얻으리라고 한 말씀은 진리다.[13]

그렇다고 자기 성찰을 하도록 만들기 위해 하나님이 고난을 주신다는 말은 아닙니다. 고난 속에서 자기성찰을 통해 뜻을 발견하는 우리의 고난

13) 함석헌, 『뜻으로 본 한국역사』, 함석헌 선집 I, 서울: 한길사, 2001, 제1판 15쇄, 443-445.

에 대한 자세를 설명하는 대목입니다.

하나님은 많은 사람들이 기대하듯이 인간의 고난에 쉽게 마술적 해결책을 제시하지 않습니다. 고난의 깊이만큼 인간은 고난의 수용과 극복의 과정이 길어지고, 하나님의 침묵의 부당성에 대한 반발도 커지기 나름입니다. 하나님의 구원역사는 일방적이고 일회적인 사건이 아니라 쌍방적이고 창조질서 회복의 정점을 향해 나아가는 과정이기 때문에 임마누엘 하나님은 구원 역사의 주체인 인간이 스스로 딛고 일어설 수 있도록 기다리십니다. 그러한 하나님의 인내는 고난의 자리에서 함께 하시고 그 고난의 소리를 들으시는 임마누엘의 속성에 기인합니다. 애가의 고통의 강도는 너무 큰 나머지 그러한 하나님의 침묵 앞에 도저히 참지 못하고 불평을 처음으로 돌려버리고 만 것입니다. 하나님 앞에 솔직한 고백은 그것이 하나님을 향한 부당한 현실고발이나 도전일지라도 하나님은 그 질문을 죄로 묻지 아니하시고 우리가 들을 준비가 되었을 때 응답하십니다. 아니 우리의 솔직한 도전은 하나님의 침묵을 깨뜨리는 동인인지도 모릅니다. 김홍겸의 "민중의 아버지"란 노래 속에는 이러한 신학적인 해석이 배어있습니다.

우리들에게 응답하소서 혀짤린 하나님
우리 기도 들으소서 귀먹은 하나님
얼굴을 돌리시는 화상당한 하나님
그래도 당신은 하나 뿐인 늙으신 아버지.

하나님 당신은 죽어버렸나
어두운 골목에서 울고 계실까
쓰레기 더미에 묻혀버렸나.
가엾은 하나님.[14)]

하나님은 민중의 탄식에 침묵하시는 귀먹은 하나님이 아니라, 그들 속에 실현될 하나님의 의의 실현을 위해 함께 인내하고 기다리는 임마누엘의 하나님입니다.

3. 탄식과 구원의 예언신학

“멈출 수 있다면 그건 분노가 아니다.” <용서는 없다>란 영화의 선전문구입니다. 윤간을 당하고 죽은 누이의 억울함을 복수하려는 남동생 주인공은, “분노란 아직 권력이 있는 자들의, 비빌 곳이 있는 자들의 감정표현이며 특혜이다. 비빌 곳이 없는 자들, 분노를 표출해서 이를 해소할 대상도, 능력도, 여건도 되지 못하는 이들은 분노를 표출할 사치조차 허락되지 않는다.”고 말합니다. 이 말 속에는 분노가 가질 수 있는 긍정적인 힘의 의미가 담겨져 있습니다. 비빌 곳이 없는 자들이 삭힌 분노는 ‘한’이 됩니다.” 그렇다고 비빌 곳이 없는, 분노를 표출해서 이를 해소할 능력도 여건도 없는 이들의 분노가 한으로 삭혀질 수는 없는 것이며 또 그렇게 해서는 안 됩니다. 이들에게 있어 탄식은 그러한 분노를 표출하고 현실을 고발함으로써 이웃으로 하여금 그들의 고난에 동참하고 움직일 수 있도록 이끄는 열정(passion)으로 승화될 수 있습니다. 이처럼 분노를 열정으로 승화시키는 탄식은 바로 예언자적 영성입니다. 이때 분노는 복수로 표출되지 않으며 예배를 통한 상징적 저항으로 승화되어야 합니다. 애가가 예배의 정황에서 들려지는 이유도 같은 맥락에서 이해됩니다.

1) 예언자적 영성으로서의 탄식

성전의 멸망과 백성들의 참혹한 상황은 전통적인 신앙을 전면으로 도

---

14) 최형묵, 『반전의 희망, 욥: 고통 가운데 파멸하지 않는 삶』, 서울: 동연, 2009, 266에서 재인용.

전하며 개인적 신앙에 대한 시험의 시간이 되기도 합니다. 애가는 멸망/죽음이라는 좌절 속에 자신의 처지를 탄식하는 인간이 이 고통이 하나님의 심판임을 시인하며, 하나님의 심판은 하나님이 주권자이며 정의로운 분임을 드러내는 도구임을 고백하는 노래입니다. 그러나 동시에 이 고통은 감당하기에 너무 큰 나머지, 동일한 하나님이 이스라엘의 심판의 도구로 삼았던 나라들 위에도 심판을 내리시라는 복수의 간청도 내놓습니다. 절망이 심할수록 이러한 촉구는 저주의 형태까지 띠고 있음을 볼 수 있습니다. 애가는 "인간의 무력과 나약함과 하나님의 능력과 심판 사이의 지속적인 긴장과 동요(vacillation)를 창출합니다."[15)]

윌리엄슨(Robert Williamson)은 애가서의 탄식을 제임스 스코트의 정치관계 분석에 대조하면서 애가 5장은 하부정치(infrapolitics)의 한 예라고 해석합니다. 하부정치란 사회적 관계와 폭력적 사회조건이 역학관계에 직접적으로 대치하지 않고 자아의 존엄성과 고결성을 유지하기 위해서 간접적으로 다루어지는 의미와 표현의 세계이다. 억압받는 집단은 권력구조에 순응하고 개인의 자율성을 진작시키기 위해서 은밀한 방법으로 상징을 사용합니다. 많은 경우 하부정치 세계는 조직화된 정치와 일치하지 않습니다.[16)] 이런 견지에서 윌리엄슨은 애가 5장을 공동의 은밀한 진술서(public, hidden transcript)라고 부릅니다. 신학적으로 표현하면 애가 5장의 공동체 애가는 폭력과 불의의 상황에 대한 그들의 저항을 상징적 표현을 통해 간접적으로 표현하고 있습니다. 윌리엄슨은 그의 분석에서 이러한 상징적 저항의 표식이 예배라는 삶의 자리에서 행해지고 있음을 간과

---

15) Gottwald, *Lamentations*, 116.

16) 윌리엄 스코트의 이론에 대한 소개는 윌리엄슨의 논문에서 재인용하였다. James C. Scott, Domination and the Arts of Resistance: Hidden Transcripts, New Haven: Yale University Press, 1990; Robert Williamson Jr., "Lament and the Arts of Resistance: Public and Hidden Transcripts in Lamentations 5", Nancy C. Lee and Carleen Mandolfo eds., Lamentations in Ancient and Contemporary Cultural Contexts, Leiden: Brill, 2008, 67-80.

하고 있습니다. 저항과 현실 고백이 공적 예배(공동체 탄원시)에서 선포된다는 삶의 자리를 고려한다면 애가 5장은 정치적 저항의 의미를 종교적으로 의례화하는 관점에서 재평가할 수 있습니다. 이런 점에서 마크 보다(Mark J. Boda)가 애가가 예배에서 활용된 공동체 탄원시임을 강조하는 점에 귀를 기울일 필요가 있습니다.[17] 의례 속에서의 탄식은 희망(구원)이라는 종교성을 전제하고 있기 때문입니다.

애가 마지막 절의 탄식은 부정적이고 도전적인 탄식일 지라도 그 속에 희망이 결여된 것이 아니라는 점에서 우리는 구원을 향한 울부짖음으로 해석할 수 있습니다. 인간은 신뢰하지 않는 대상에게 탄식하지 않습니다. 애가의 탄식을 하나님의 구원을 촉구하는 "예언자적 영성"으로 불러도 손색이 없는 것입니다. 실제로 애가는 고대 이스라엘의 예언전통에 서 있습니다. 칠십인역이 애가를 예레미야 뒤에 배치한 것도 그러한 해석을 반영하고 있다고 볼 수 있지만, 갓월드는 애가에 영향을 끼친 다섯 가지 예언 정신을 다음과 같이 지적합니다.[18]

(A) 애가는 멸망에 대한 예언자적 선포를 입증한다. 다섯 개의 시편 모두 재난에 대한 국가적 책임을 절감하고 있다.

(B) 애가는 적과 하나님을 향한 소극성을 충고한다. 시인은 적을 하나님의 심판 도구라고 보았고 그 심판을 받아들일 것을 충고한다. 이러한 태도는 아모스, 이사야, 예레미야의 예언으로부터의 유산이기도 하다. 그들은 적에게 운명을 맡기고 잠잠히 야웨의 구원을 기다리라고 선포한다.

(C) 애가는 다른 어떤 혼합주의를 배격하고 야웨께 대한 충성을 강조한다. 예레미야는 예루살렘 멸망의 원인으로 하늘의 여왕 등의 혼합종교(렘 44장)를 경고했고, 제2이사야 역시 우상숭배에 대한 신랄한 공격을 하고

17) Mark J. Boda, "The Priceless Gain of Penitence: From Communal Lament to Penitential Prayer in the "Exilic" Liturgy of Israel", Nancy C. Lee and Carleen Mandolfo eds., Lamentations in Ancient and Contemporary Cultural Contexts, Leiden: Brill, 2008, 82-101.

18) Gottwald, *Lamentations*, 113-15.

있다(사 48:5). 에스겔 8장이나 이사야 57장 역시 이방 제의에 대한 공격을 담고 있다.

(D) 애가는 야웨에 대한 신앙은 직업적 종교 지도자들과 독립해서 존재하고 있음을 보여준다. 애가서는 믿음없는 예언자나 제사장을 호되게 꾸짖는다. 예언자의 비전이나 제사장의 토라는 애도의 대상이었고, 그들의 거짓된 행위들은 하나님의 심판을 받았다.

(E) 애가는 예언자적 희망을 노래한다. 애가서는 한편으로는 죄와 심판을, 그리고 다른 한편에서는 죄책고백과 희망 사이의 날카로운 병행을 통해 희망에 대한 확신을 표출한다.

2) 탄식의 세 가지 예언자적 기능

예언자적 영성으로서 탄식은 세 가지 기능을 담당합니다. 즉 탄식은 부정의한 현실을 고발하고, 약자와 함께 하고 위로하며, 정의를 추구하고 나아가 구원을 촉발하는 원동력이 됩니다.

(1) 불의한 현장 고발

탄식은 불의한 현실에 대해 증언하며 그 부당성을 널리 알리고(고발), 저항하는 역할을 합니다(저항의 신학). 이러한 탄식은 하나님의 목소리가 부재한 곳에서 침묵하는 자들의 고통을 듣게 해줍니다. 구약의 제국 역사에서 여성 어머니의 애도가 역사의 비운을 대변해준 경우가 두 번 있습니다. 두 경우 모두 영아의 죽음과 어머니의 애도와 관련이 있습니다. 첫 번째는 애굽 바로의 영아학살 칙령과 히브리 어머니들의 애도입니다. 두 번째는 예레미야가 바벨론이 멸망하고 새 언약과 구원을 선포하면서 라헬의 통곡은 구원의 동기로 언급됩니다. 이러한 어머니들의 비탄은 신약의 마태복음으로 이어집니다. 여기서는 지금까지 자식의 죽음 앞에 절규했던 출애굽의 무명의 어머니들과 라헬의 통곡소리가 함께 언급되면서 새로운 영아살해가 소개됩니다. 헤롯은 예수를 죽이기 위해 무고한 아이들을 죽입니다. 집단 영아살해 앞에서 무력한 어머니들의 절규와 눈물은 구원을 향한 호소나 희망의 울부짖음 이전에 받아들이기 힘든 상황에서의 울부짖음 그 자체입니다. 눈물은 약하지 않습니다. C. S. 송의 『맹부인의 눈물』은 맹부인의 눈물이 개인적지만 정치적인 의미를 내포하고 있으며 그 눈물이 부당한 노역의 현실을 고발하고 성을 무너뜨리게 하는 정치적 저항의 힘을 가지고 있음을 보여줍니다.[19] 말레는 "탄식은 고통의 언어이다. 이 목소리는 결코 침묵하지 않을 것이다. 탄식의 기능은 고통을 완화시키고, 상처를 치유하고, 눈물을 마르도록 해줄 자 앞에 한 사람의 내적 고통을 드러내 보여주는 역할을 한다.…… 이는 고통을 없애줄 수 있는 자 앞에 고통을 가지고 나오는 수단이다." 고 말하면서 탄식은 정의를 향한 정치적 종교적 부르짖음, 즉 삶의 노래임을 강조합니다. 탄식은 하나님과 공동체를 불러 상처와 고통을 듣게 하기 위한 예언자적 호소입니다.

하나님에 대한 의문이나 도전적인 생각을 억제시킴으로써 신앙을 강화시키려 할 필요가 없음을 구약의 많은 본문을 통해 배울 수 있습니다. 예언서에 많은 변론양식도 예언자들이 하나님과 논쟁/토론을 통해 신학을 형성해나갑니다. 데이빗슨은 "신앙이란 해결되지 않은 의문들과 더불어 삶을 진행시켜 나가는 것" 이라고 말하면서 오히려 "우리는 왜 의문들을 피하려고만 하는가?" 고 반문합니다.[20]

한국 역사 속에서 삐져나온 탄식소리는 한국의 민주화와 정의를 실현하는 출발점이 되었습니다. 유신 헌법이 발표되던 날을 절규하며 쓴 김지하 시인의 "그날을 죽음이라 부르자" 입니다.

1974년 1월을 죽음이라 부르자
오후의 거리, 방송을 듣고 사라지던

19) C. S. 송, 『맹부인의 눈물: 민중 정치신학의 한 우화』, 서울: 일과 놀이, 1984.
20) 로버트 데이빗슨, 장귀복 역, 『예레미야 하, 예레미야 애가』, 서울: 기독교문사, 1987, 259.

네 눈 속의 빛을 죽음이라 부르자
좁고 추운 네 가슴에 얼어붙은 피가 터져
따스하게 이제 막 흐르기 시작하던
그 시간
다시 쳐온 눈보라를 죽음이라 부르자
모두들 끌려가고 서투른 너 홀로 뒤에 남긴 채
먼 바다로 나만이 몸을 숨긴 날
낯선 술집 벽 흐린 거울 조각 속에서
어두운 시대의 예리한 비수를
등에 꽂은 초라한 한 사내의 겁먹은 얼굴
그 지친 주름살을 죽음이라 부르자
……
아아 1974년 1월의 죽음을 두고
우리 그것을 배신이라 부르자
온몸을 흔들어
온몸을 흔들어
거절하자
네 손과
네 손에 남은 마지막
따뜻한 땀방울의 기억이
식을 때까지[21]

탄압 속에서도 현실을 고발하는 예언자적 용기는 4.19라는 학생민주혁명을 가능하게 했으며, 한국의 민주화를 앞당기는 밑거름이 되었습니다.

또 다른 한 예가 세계 2차대전 중 일본군 성노예로 끌려가 강제생활을

21) 김지하, "1974년 1월", 『타는 목마름으로』, 창작과 비평사, 1982. 조헌정, 『양심을 습격한 사람들』에서 재인용.

했던 '위안부' 할머니들의 탄식과 고발입니다. 1991년 8월 14일 고 김학순 할머니는 일본 정부가 일본군 성노예 제도에 군의 개입을 부인하고, 이는 민간업자의 짓이라고 발뺌을 할 때, 한평생 어느 누구에게도 입을 열지 않았던 아픈 과거를 용기 있게 증언함으로써 일본 정부의 범죄를 고발하였습니다. 김학순 할머니의 증언을 시작으로 지금까지 한국에는 2백 34명의 일본군 성노예 피해자들이 신고를 하였습니다.[22] 다음의 말은 그가 증언을 하면서 얼마나 힘든가를 잘 보여줍니다:

> 과거 역사에 대해서 증언을 한 그날에는 밤에 악몽을 꿔요. 일본군인들이 나한테 덤벼들고, 나는 발버둥치고 그러느라 잠을 자도 잠을 자는 게 아니에요. 눈을 뜨고 있어도 꿈을 꾸는 것처럼 과거 역사가 눈앞에 영화처럼 펼쳐져요. 얼마나 끔찍한지.

이러한 증언은 사회로부터의 외면과 질시로 또 다시 힘든 상황을 접합니다. 과거의 경험을 증언하던 한 할머니는 "모두들 나를 두고 손가락질을 해요. 그럴 때는 정말 죽고만 싶지요. 그래도 알아야 하니까. 일본군인들이 얼마나 나쁜 짓을 했는지 알아야 하니까, 그래서 부끄럽고 괴롭지만 신고를 했어요."[23]라고 말합니다.

할머니들의 절규가, 탄식이 숨겨져 잊힐 수 있는 기억들을 되살리고 불의한 현장을 고발하는 증언들이 되었습니다. 할머니들이 요구하고 바라는 것은 일본정부가 자신들에게 저지른 행위가 범죄였음을 인정하고 공식적으로 사죄, 법적인 책임을 이행하는 것입니다. 이를 위해 1992년부터 지금까지 정기적으로 일본 대사관 앞에서 수요시위를 진행하고 있으며, 일본군 성노예 피해자 여성들에 대한 법적 배상과 일본 정부의 공식사과를 위해 여러 가지 노력을 기울이고 있습니다.[24]

---

22) 이는 2006년까지의 통계임. 이시카와 야스히로 엮음, 『일본군 위안부 문제』, 40.
23) Ibid.

2010년 11월 17일 (수), 정오에는 한국정신대문제대책협의회가 서울 종로 중학동 일본대사관 앞에서 정대협 20주년 기념 수요시위 '할머니에게 정의를' 을 열었다.

---

24) 1990년 11월 16일 정신대문제대책협의회가 발족되었고 이후 정신대문제 해결을 위한 많은 활동이 전개되었다. 남북연대와 아시아 피해국 여성연대로 힘을 모았고, 여성인권 문제로 유엔 인권소위원회와 유엔 인권위원회에 제소하여 유엔 인권위원회로부터 사죄와 법적 배상의 권고를 받아냈다. 비인도적인 범죄, 전쟁범죄로 국제사법재판소에 제소하는 문제를 한국정부에 요구하기도 하였고, 일본 시민들의 적극적인 역할로 일본 사법부에 소송을 걸기도 하였다. 미국 법원에 일본의 기업과 정부를 제소하기도 하였다. 강제 노동을 금지하는 협약위반 사례로 ILO에 제소하였으며, 네덜란드 헤이그에 있는 국제상설중재재판소 제소 요구, 일본 검찰청에 책임자 처벌 고소, 고발장 제출, 그리고 일본군 성노예전범 여성국제법정을 열어 히로히트 일 국왕 유죄판결을 받아내기도 하였다. 그럼에도 아직 일본 정부의 공식적인 사과와 법적 배상은 이루어지지 못하고 있다. 윤미향, "새로운 연대와 희망을 찾는 노력: 일본군 성노예제 피해자들에게 정의를!" 이시카와 야스히로 엮음, 『일본군 위안부 문제』, 39-43에서 재인용.

(2) 고난당하는 자에 대한 위로

예언자적 영성으로서의 탄식이 가지는 두 번째 기능은 고난당하는 자에 대한 위로입니다(위로의 신학). 탄식은 바로 그 침묵을 강요하는 고난과 고통의 현실 가운데서 터져 나오는 소리이며, 미래를 거부당한 자가 미래를 향해 쏟아놓는 외침입니다. 애가의 설화자는 시온이 자신의 감정을 노출시켜 노래하도록 내버려둡니다. 탄식하는 자의 탄식이 가지는 위로의 기능과 함께, 이웃의 탄식 역시 위로의 기능을 담당합니다. 버려져 탄식하는 자와 함께 탄식한다는 것은 그 사람의 탄식의 이유를 존중하고 이에 관심을 기울여준다는 걸 의미합니다. 죽음의 현실에서, 죽음의 세력들 앞에서 삶을 찾아 "멀리 계시며" 응답하지 않는 신의 침묵 앞에 절망하는 이웃을 보듬어주고 용기를 줍니다. "하나님의 부재" 혹은 "멀리 계신 하나님" 경험은 하나님에게 버림받았다고 느끼게 만듭니다. 위로할 자가 없다고 절규하는 자들의 위로자가 되어 주는 것이 탄식하는 자의 탄식을 함께 들어주고 함께 탄식함을 통해 가능해집니다. 애가의 화자가 그 역할을 담당해주고 있습니다. 공동체적 탄식은 특별히 탄식에 권위와 힘을 부여해주어 건설적인 해결의 길을 열기도 합니다. 보다(Mark J. Boda)는 예배에서의 공동체 탄원시를 이런 관점에서 긍정적인 기능을 평가합니다.[25)]

어느 곳에서도 위로자가 없으며, 위로 받기를 거부하는 탄식의 목소리는 애가, 특별히 첫 번째 노래에 담겨 있으며 여성 시온은 자신의 고통과 같은 고통이 또 어디에 있을까(1:12b) 반문합니다. 고통당하는 자는 자신의 고통을 유일하고 최상의 강도를 지닌 고통으로 여깁니다. 이때 고통을 다른 고통과 비교함으로써 고통의 정도가 격감되는 결과를 가져오게 됩니다. 설화자는 일인칭 화자의 고통 호소를 다른 사람 혹은 다른 도시와 비교함으로써 그 고통의 강도를 경감시켜 느끼도록 해주고 위로합니다.

민중신학은 민중들의 '한' 에 대하여 이야기합니다. 탄식이 얼마만큼은

25) Mark J. Boda, "The Priceless Gain of Penitence."

고통을 해소시키고 또 고통으로부터 해방시킬 수 있는 고통의 표현이라면, 한은 해결의 가능성이 전혀 없는 고통을 표현합니다. 입이 있어도 도움이 되지 않습니다. 글을 쓸 수 있는 손이 있어도 아무런 능력이 없습니다. 도대체 어디에서 고통이 오고 어떤 종류의 고통인지를 분명하게 의식하지 못합니다.[26] 한국의 민중신학은 이러한 한의 노래에 귀를 기울여 왔습니다. 그러나 '한'의 소극성을 지나치게 미화하기보다는 한을 쏟아내어 정의실현을 향한 역동적 에너지로 전환시키도록 함께 하는 것이 탄식하는 자와 함께 하는 민중신학의 과제일 것입니다. 서남동의 말을 빌려 말하자면, "민중신학의 과제는 민중의 한을 풀자는 것"입니다.[27] 그는 계속해서 "이제까지 그리스도교 신학의 문제는 죄의 문제였지만 앞으로의 민중신학의 핵심 문제는 죄의 문제보다 한의 문제인 것이다. 교회의 역할은 어떻게 민중의 한을 푸는가이다. 이는 죄를 용서받는 것 이상의 의미를 지닌다."고 적습니다.[28] 고난의 자리에서 우리는 고난의 책임이나 고난의 근원을 묻기보다 고난당하는 자의 탄식의 소리에 귀 기울이고 함께 탄식하며 애통해하는 위로자가 됩니다. 비빌 곳이 없는 민중들에게 하나님은 비빌 자리가 되고, 탄식은 단순한 분노의 표출도 한탄도 아닌 구원을 향한 울부짖음입니다.

민중의 한을 풀어놓고 탄식하는 자의 위로를 예전(예술)을 통해 표출한 예가 탈춤이라고 볼 수 있습니다. 현영학이 이러한 탈춤의 민중신학적 의미를 잘 풀어줍니다. 춤은 일상생활에 있어서 감정의 표현이며 그 동작의 예술적 모방입니다. 관념적인 표현이 아니라 몸의 움직임을 통한 구체적인 표현입니다. 이러한 춤이 탈의 매체를 통해 음악과 결합되어 놀이라는 예술로 승화될 때 탈춤놀이라는 대중적 감정표현의 예술이 됩니다. 전통적으로 탈춤놀이는 민중들이 양반사회를 해학으로 비판하는 등 삶의

26) 안병무, 『민중신학이란 무엇인가?』
27) 서남동, 『민중신학의 탐구』, 243.
28) 서남동, 『민중신학의 탐구』, 243.

희노애락을 탈의 가면을 통해 간접적으로 표현해 왔습니다. 탈춤놀이는 수령의 부임 때나 생일날, 중국 사신이 지나다 묵을 때에 초청받아서 공연하는 특별한 경우를 제외하고는 연중행사로서 12월 제야의 제액초복 의식의 하나로 연희되거나 농한기를 이용하여 5월 단오날에 연희되었다고 합니다. 농경사회의 민중생활의 내용과 리듬에 따른 것입니다. 공연장소도 야외의 산기슭이나 백사장, 마을의 마당, 장터와 같은 일반 서민들의 삶의 장소에서 자연스럽게 행해졌습니다.[29] 이러한 민중의 탈춤놀이에서 현영학은 민중은 탈놀이 안에서 이 세상에 대한 '비판적 초월' 을 경험하고 또 표현하며, 그 초월의 근거를 발견하여 민중이 초월경험의 주체가 되는 데서 종교적 의미를 찾을 수 있다고 봅니다. 탈춤놀이는 이를 통해 민중의 불만을 발산시킴으로써 폭동과 같은 반발을 사전에 방지하는 숙명론적 영향이 없지는 않지만, 탈춤놀이에서의 초월의 경험은 민중을 의식화시키며 살아남을 수 있는 지혜와 힘을 제공합니다. 이 초월 경험은 나아가 민중에게 변혁과 자유를 위해서 싸울 수 있는 용기를 제공합니다.[30] 한국 민중들에게 있어서 탄식을 풀어 놓았던 자리가 굿이나 탈춤과 같은 예술이었다면 교회에 있어서 예배와 문화축제가 그러한 장(場)이 될 것입니다.

민중신학은 이러한 민중의 탄식이 하나의 예언자적 영성으로 승화할 수 있는 한의 사제의 역할을 할 수 있어야 합니다. 서남동은 이렇게 역설합니다.[31]

> 우리는 하나님의 선교에서 사제직을 잘 감당해야 한다. 그것은 지배계층, 부유계층의 횡포를 축복하고 눌린 자들의 자기 생존을 위한 항거를 마취시키고 거세하는 사제직이 아니고, 진정으로 저들의 상처를 싸매주고 비

29) 현영학, "한국 탈춤의 신학적 이해", 『예수의 탈춤』, 한국신학연구소, 1997, 58-62.
30) 현영학, "한국 탈춤의 신학적 이해", 69-76.
31) 서남동, 『민중신학의 탐구』, 43.

굴해진 저들의 주체성을 되찾는데 함께 하고 저들의 역사적 갈망에 호응하고, 저들의 가슴속에 쌓이고 쌓인 한을 풀어주고 위로하는 '한(恨)의 사제'가 될 것을 권한다.

(3) 탄식과 구원의 촉구

예언자적 영성으로서의 탄식이 가지는 가장 중요한 기능은 구원을 촉구하고 궁극적으로 우리로 하여금 구원의 주체로 서서 행동할 수 있도록 이끌어주는 기능입니다. 애가는 탄식으로 끝이나 결말이 부정적이고 소극적인 것처럼 보이지만 애가의 탄식은 하나님의 침묵을 깨우고 구원자 하나님의 구원활동을 재촉하는 구원촉구의 목소리로 되살아나게 되었음을 예레미야와 이사야의 병행구절을 통해 살펴보았습니다. 이처럼 탄식의 기능은 현실고발이나 애도에 그치지 않고 하나님과 공동체의 구원 행동을 불러일으키는 동기 혹은 촉발제로서의 역할을 담당합니다. 구약의 많은 본문들은 하나님의 구원행동이 이스라엘의 울부짖음, 탄식에서 비롯되었음을 증언합니다.

출애굽에서 무명의 어머니들의 애도에 대한 언급은 직접적으로 나오지는 않지만 출애굽기 1장의 유아살해와 노동의 착취는 3장에서 하나님께서 "그들의 울부짖음을 들으시고"의 배경이 됩니다. 하나님께서 이스라엘을 구원하시려고 그들을 찾으신 것은 "울부짖음"이 촉발제 역할을 한 것입니다. 고통당하는 자들의 비통한 울부짖음은 출애굽기에서 하나님의 구원 행동을 촉발시키는 동기가 되었고, 많은 탄원시편에서도 구원은 고통의 호소에 대한 응답으로 증거되고 있습니다(시 44, 74, 77, 79 참조). 탄원시편 구조에서 중요한 요소가 하나님의 응답을 위해서 하나님께 직접 도움을 호소하는 것입니다. 따라서 탄식의 신학적 중요성은 무엇보다 고통의 상황이 전달되어 하나님의 행동을 유발시키는 데 있습니다.

인간은 사랑하는 사람들의 고난 앞에 더욱 괴로워하고 고통받습니다. 누군가가 죽거나 고통당할 때 느끼는 상실감과 슬픔은 사랑의 정도에 비례합니다. 사랑하는 사람들이 고난을 받을 때 우리도 고난 받습니다. 사랑은 우리를 다른 사람들의 삶과 하나로 묶어주며 그들의 고난이 우리의 삶에까지 영향을 주는 연결고리입니다. 성서는 하나님은 이처럼 인간의 고난에 동참하시고 아파하시는 긍휼하신 존재임을 보여줍니다. 우리가 사랑하는 사람의 고난 때문에 마음이 아프고 연민의 마음을 가지듯이 하나님도 자신이 사랑하는 사람의 고통과 슬픔 앞에서 마음이 움직입니다. 하나님은 아리스토텔레스가 말하는 '제1운동자'(unmoved mover)처럼 세상의 슬픔에 영향을 받지 않고 세상이 고난을 받는 동안 한쪽에 냉담하게 초연하게 있는 존재가 아닙니다. 성서가 증언하는 하나님은 세상의 창조주로 세상을 회복시키기 위해 세상의 고통과 슬픔과 비탄으로 들어오는 분입니다. 고통을 직접 경험하시는 하나님, 자기 백성의 재앙에 동참하시는 하나님입니다. 하나님이 직접 고난을 경험하십니다.

하나님의 궁극적인 사랑의 목적은 인간으로 하여금 정의를 실현하고 창조질서가 보전되는 새 하늘 새 땅에서 살도록 하는 것입니다. 이를 위해 하나님은 우리의 상황을 변혁시키고, 우리를 불의의 현장에서 해방시키고자 합니다. 해방을 위해서는 먼저 우리가 속박되어 있다는 사실을 인식해야 합니다. 애가 마지막에서 보여지는 하나님의 침묵, 혹은 하나님의 부재는 애가를 넘어서서 히브리 예언자들의 목소리를 통해 재생되고 하나님의 구원의 선포로 이어집니다. 애가 3장의 게벨의 후속적 인물로 여겨지는 고난의 종이 대신 겪는 고난은 공동체의 자책고백으로 이어지고(사 53장),[32] 버려지고 잊혀진 과부 여성 시온은 남편과의 해후, 자식의 귀환을 통한 가족 공동체의 회복을 통해 새 아이의 탄생까지로 이어집니다(사 60-66장).[33] 애가의 탄식이 구원을 향한 촉구로서 포로민들과 팔레스타인 유다인들 사이에 회자되고 이에 대한 구원의 약속은 포로기와 포로기 이후 예언자들의 목소리를 통해 선포되고 있습니다.

32) 이 책의 제4장을 참고하라.

33) 이영미, 『이사야의 구원신학』, 서울: 맑은 울림, 2004을 참고하라.

4. 화답하시는 긍휼의 하나님: 정의 실현과 창조보전으로서의 구원신학

출애굽의 하나님은 그 백성의 고통을 보고 그들의 울부짖음을 듣고 내려와서 그들을 구원하십니다(출 3장). 백성의 아픔을 외면하지 못하고 그들의 탄식을 들으시는 긍휼의 하나님이 바로 구원의 하나님인 것입니다. 이 책은 그 긍휼의 하나님 앞에 솔직한 모습으로 인간의 고통을 내려놓고 고난당하는 자와 함께 아우성치며 울부짖는 구원의 촉구 대열에 참여하고자 쓰여졌습니다.

이를 위해 지금까지 예루살렘의 멸망이라는 고난의 현장에서 탄식하는 애가의 다섯 편의 노래를 통해 고난의 아픔과 의미, 그리고 그 고난을 대하는 개인과 공동체의 책임과 연대의 신학적 의미를 살펴보았습니다. 애가의 노래는 민중신학이 그 주제를 민중들의 고난의 현장에서의 경험을 출발점으로 해서 그 아픔에 귀 기울이며 그 의미를 신학적으로 성찰하고 이에 대한 구원의 여정에 참여하고 연대하려는 해석학적 지향점과 맥을 같이 하고 있음을 보았습니다. 이러한 민중신학적, 성서신학적 애가의 해석은 고난 중에 삐져나오는 민중의 탄식이 침묵 속에 묻혀 한으로 남지 않고 구원의 촉발제가 되기 위해서는 그 분노를 터트리고 이를 열정으로 승화하여 구원을 향한 역동적 힘으로 바꿀 수 있도록 아우성치는 매개자가 바로 글로서의 민중신학이 할 수 있는 역할임을 보여주었습니다. 탄식이 예언자적 영성을 가졌다면 그 영성을 담아 한국 교회가 구원의 주체로 설 수 있도록 힘을 모으고 그 소리를 회자시키고 널리 퍼트리는 노력은 민중신학의 몫입니다.

요즘의 한국 교회를 바라보면서 한국 교회가 더 이상 탄식의 목소리를 통한 부정의의 고발, 정의를 향한 촉구를 담당하는 대언자가 되지 못하고 있다는 사실을 반성합니다. 6,70년대, 80년대까지 한국 교회는 한국의 고난의 현실의 고발자로서, 대언자로서 탄식의 목소리를 높였습니다. 이러한 예언자적 한국 교회의 위상은 찾아보기 어렵습니다. 또한 현대 한국 교회는 고난에 대한 신학적 성찰을 너무 쉽게 구원과 희망에로 전환시켜버림으로써 하나님과의 대면, 고투를 통한 신앙의 성숙을 회피하고 있습니다. 성서는 윤리강령이 아니라 인간 사회의 다양한 삶과 문화의 긍정적인 그리고 부정적인 측면을 모두 투영해주고 있습니다. 만돌포(Carleen R. Mandolfo)는 애가서의 대화적 신학(Dialogic Theology)을 주장하면서 성서는 인간문제의 해결책을 제시해주는 답안지가 아니라 인간 사회의 다양성과 복합성을 그대로 투영해주는 거울과도 같으며 여기에 반영된 다양한 목소리(입장)를 포용하고, 저항하고, 기뻐하며, 함께 울고, 무엇보다 그 목소리들을 존중하며 귀 기울여야 한다고 주장합니다.[34] 성서는 다양하고 복잡한 인간의 삶 속에 하나님의 활동과 역사를 인간과 하나님의 대화를 통해 서술합니다. 이에 교회와 신학은 인간의 부정적인 삶의 모습－폭력, 부정의, 슬픔, 고난 등－을 구원과 희망으로 쉽게 덮으려 하기보다는 그 상황에 직면하여 저항하고, 함께 울며, 예언적 소명을 담당할 수 있어야 할 것입니다. 신학적 성장 없이 축복만을 강조하는 신앙의 확산은 기복신앙적 교회공동체를 형성할 뿐입니다. 기복신앙적 기독교 신앙에서 벗어나 하나님 나라 건설을 위한 파수꾼의 역할을 담당할 교회의 예언자적 사명은 하나님과의 씨름을 통한 자기 성숙 위에서 가능할 것입니다.

34) Carleen R. Mandolfo, *Daughter Zion Talks Back to the Prophets: A Dialogic Theology of the Book of Lamentations*, Atlanta: Society of Biblical Literature, 2007, 128.

참고문헌

Albreckson, Bertil. *Studies in the Text and Theology of the Book of Lamentations, with a Critical Edition of the Peshitta Text.* Studia Theologica Lundensia, 21; Lund: Gleerup, 1963.

Bailey, Randall, Benny Liew, and Fernando Segovia eds. *They Were All Together in One Place?: Toward Minority Biblical Criticism.* Atlanta: Society of Biblical Literature, 2009.

Biddle, Mark E. "The Figure of Lady Jerusalem: Identification, Deification and Personification of Cities in the Ancient Near East", in Eds., Younger, K. Lawson, Jr. William W. Hallo, and Bernard F. Batto. *The Biblical Canon in Comparative Perspective: Scripture in Context IV* Lewiston/Queenston/Lampeter: The Edwin Mellen Press, 1991.

Boase, Elisabeth *The Fulfillment of Doom: The Dialogic Interaction between the Book of Lamentations and Pre-Exilic/Early Prophetic Literature* Library of Hebrew Bible/Old Testament Studies 437; London/ New York: Clark, 2006.

Boda, Mark J. "The Priceless Gain of Penitence: From Communal Lament to Penitential Prayer in the "Exilic" Liturgy of Israel", In Nancy C. Lee and Carleen Mandolfo Eds., *Lamentations in Ancient and Contemporary Cultural Contexts.* Leiden: Brill, 2008, 82-101.

Boniface-Malle, Anastasia. "Singing a Foreign Song at Home: Analogy from Psalm 137." 『성경원문연구』 24(2009년 4월), 283-310.

Budde, K. "Das hebraeische Klagelied", *ZAW* 2 (1882), 1-52..

Childs, B. S. *Introduction to the Old Testament as Scripture*, Minneapolis: Augusberg Fortress, 1979

Clines, David J. A. *I, He, We, & They: A Literary Approach to Isaiah 53.* JSOT Suppl. Series 1; Sheffield: JSOT Press, 1976.

________. *The Bible and the Modern World.* Sheffield Phoenix Press, 2005.

Duhm, B. *Das Buch Jesaia.* Goettingen: Vandenhoeck und Ruprecht, 1968.

Fiorenza, E. *Rhetoric and Ethic: The Politics of Biblical Studies,* Fortress Press, 1999.

Follis, E. "The Holy City as Daughter", in Ed. Elaine R. Follis *Directions in Biblical Hebrew Poetry* Sheffield: JSOT Press, 1987.

Gerstenberger, Erhard. *Psalms, Part 2 and Lamentations,* FOTL 15; Grand Rapids, MI: Eerdmans, 2001.

Gordis, Robert. "The Conclusion of the Book of Lamentation(5:22)", *Journal of Biblical Literature* 93(1974).

________. *The Song of Songs and Lamentations.* New York: Ktav, 1974.

Gottwald, Norman K. *Studies in the Book of Lamentations.* Studies in Biblical Theology 14; London: SCM Press LTD, 1954.

________. *The Hebrew Bible: A Socio-Literary Introduction.* Philadelphia: Fortress Press, 1985.

________. "Lamentations", In Ed. by James L. Mayes, *The Harper Collins Bible Commentary.* San Francisco: HarperSanFancisco, 2000

Gunkel, Hermann. *Introduction to Psalms,* Mercer University Press, 1998.

Heater, Homer Jr., "Structure and Meaning in Lamentations", *Bibliotheca Sacra* (July 1992).

Hillers, Delbert R. *Lamentations: Introduction, Translation, and Notes.* AB; Garden City: Doubleday & Co, 1972.

Johnson, B. "Form and Message in Lamentations, *ZAW* 97(1985), 58-73.

Johnstone, William "Moses in the Typology of European Art in the Middle Ages", 『캐논 & 컬처』 제3권 1호(2009, 봄)

Joyce, P. "Lamentations and the Grief Process: A Psychological Reading", *Biblical Interpretation* 1 (1993), 304-320

Kim, Eekon. "A Study of the Rapid Change of Mood in the Lament Psalms, with a Special Inquiry into the Impetus for its Expression." Ph. D. Dissertation, Union Theological Seminary, 1984.

Lanahan, W. F. "The Speaking Voice of the Book of Lamentations", *JBL* 93(1974).

Lee, Archie. "Making Sense of the Polyphonic Voices in Biblical Interpretation", 『캐논 & 컬쳐』 제4권 2호 (2010년 가을), 155-182.

________. "*Conlfexfual Biblical Interprtation in the Multi-Relisious World of Asia*", 「구약논단」 제16권 3호(2010년), 177-195.

Lee, Nancy. *The Singers of Lamentations: Cities Under Siege, From Ur to Jerusalem to Sarajevo*. Leiden: Brill, 2002.

Lee, Yeong Mee & Yoon Jong Yoo eds. *Mapping and Engaging the Bible in Asian Cultures: Congress of the Society of Asian Biblical Studies 2008 Seoul Conference*. Seoul: The Christian Literature Society of Korea, 2009.

Linafelt, T. *Surviving Lamentations: Catastrophe, Lament, and Protest in the After life of a Biblical Book*. Chicago and London.

Mandolfo, Carleen R. *Daughter Zion Talks Back to the Prophets: A Dialogic Theology of the Book of Lamentations*. Atlanta: Society of Biblical Literature, 2007.

McKenzie, J. L. *Second Isaiah*. AB; Garden City, NY: Doubleday, 1968.

Middlemas, Jill. "Did Second Isaiah Write Lamentations III?" *Vetus Testamentum* LVI, 4(2006), 505-525.

Minh-ha, Trinh T. *When The Moon Waxes Red*. New York: Routledge, 1991.

________. *Woman, Native, Other*. Bloomington and Indianapolis: Indiana University Press, 1989.

Moore, M. S. "Human Suffering in Lamentations", *RB* (1983), 534-555.

Newsom, C. A. "Response to Norman K. Gottwald, 'Social Class and Ideology in Isaiah 40-55", *Semeia* 59(1992), 75-77.

Nida, Eugene A. & Charles Taber, *The Theory and Practice of Translation: With Special Reference to Bible Translating* Brill Academic Pub., 1982.

North, C. R. *The Suffering Servant in Deutero-Isaiah. An Historical and*

Critical Study. London: Oxford University Press, 1956.

O' Connor, Kathleen. "Speak Tenderly to Jerusalem: Second Isaiah' s Reception and Use of Daughter Zion", *The Princeton Seminary Bulletin* 20(1999), 281-294.

________. *Lamentatims & The Tears of the World*. Maryknoll : Orlis Books, 2002.

Park, Jongsoo. "The Process of Transformation between the Tale of the Two Brothers and the Joseph Story in Genesis 39: From the Korean Perspective on a National Folktale" *Theology of Korean Culture*, Seoul: CLSK, 2002, 199-217.

Patte, Daniel. et al. eds., *A Global Commentary*. Abingdon Press, 2004.

________. *Ethics of Biblical Interpretation A Reevaluation,* Westminster John knox, 1995.

Porteous. "Jerusalem-Zion: The Growth of a Symbol", in W. Randolph Ed. *Verbannung und Geimkehr*. Tuebingen: Mohr Siebeck, 1961.

Provan, Iain. *Lamentations*. The New Century Bible Commentary; Grand Rapids, Michigan: Wm. B. Eerdmans Publishing Co., 1991.

Reimer, David J. "Good Grief?: A Psychological Reading of Lamentations, *ZAW* 114(2002), 542-559.

Renkema, J. "The Literary Structure of Lamentations (I-IV)", In W. Van der Meer and J. C. de Moor eds., *The Structural Analysis of Biblical and Canaanite Poetry*. JSOTSup 74; Sheffield: JSOT Press, 1988, 294-396.

Saebø, M. "Who is 'the Man' in Lamentations 3?" in A. Graeme Auld ed. *Understanding Poets and Prophets: Essays in Honour of George Wishart Anderson*. Sheffield: Sheffield Academic Press, 1993, 294-306.

Sawyer, John F. A. "Daughter of Zion and Servant of the Lord in Isaiah: A Comparison", *Journal for the Studies of Old Testament* 44 (1989): 89-107.

Sjoeberg, Mikael. *Wrestling with Textual Violence: The Jephthah Narrative in Antiquity and Modernity.* Sheffield Phoenix Press, 2006.

Skinner, J. *The Book of the Prophet Isaiah, chapters XL-LXVI.* Cambridge: University Press, 1917.

Snaith, N. H. *Isaiah 40-66. A Study of the Teaching of the Second Isaiah and its Consequences.* Leiden: Brill, 1967.

Tiemeyer, Lena-Sofia. "Geography and Textual Allusions: Interpreting Isaiah xl-lv and Lamentations as Judahite Texts", *Vetus Testamentum* 57(2007), 367-385.

Westermann, Claus. *Praise and Lament in the Psalms.* Westminster John Knox Press, 1981.

________. *Lamentations, Issues and Interpretation.* Translated by Charles Muenchow. Minneapolis: Fortress Press, 1994.

Whybray, R. N. *Isaiah 40-66.* New Century Bible; London: Oliphants, 1975.

Willey, P. Tull. *Remember the Former Things: The Recollection of Previous Texts in Second Isaiah.* SBL Dissertation Series 161; Atlanta, Georgia: Scholars Press, 1997.

Williamson, Robert Jr. "Lament and the Arts of Resistance: Public and Hidden Transcripts in Lamentations 5", In Nancy C. Lee and Carleen Mandolfo eds., *Lamentations in Ancient and Contemporary Cultural Contexts.* Leiden: Brill, 2008, 67-80.

Wilshire, L. E. "The Servant-City: A New Interpretation of the 'Servant of the Lord' in the Servant Songs of Deutero-Isaiah", *Journal of Biblical Literature* 94(1975), 356-367.

가렛, 두안 & 폴 R. 하우스, 『아가, 예레미야 애가』, 채천석 옮김, WBC 23B; 솔로몬, 2010.

가블러, 요하네스 P, "성서신학과 교의신학 사이의 적절한 구별과 그들에게 있는 특별한 목표들에 관한 강연", 올렌버거 외 『20세기 구약신학의 주요 인물들』, 강성열 옮김, 크리스찬다이제스트, 2009.

강원돈 외, 『다시, 민중신학이다』, 서울: 동연, 2010.

강원돈, “죽재신학의 주제와 방법: 형성과정을 중심으로”, 『신학사상』 50(1990).
곽노순, “한국 성서학의 민족 신학적 조명”, 조성노 편, 『민족 신학의 모색』, 서울: 현대신학연구소, 1992.
김지하, “1974년 1월”, 『타는 목마름으로』, 창작과 비평사, 1982.
다이슨, 에스테, 『인터넷, 디지털 문명이 열린다』, 남경태 옮김, 경향신문사, 1997.
데이빗슨, 로버트, 『예레미야 하, 예레미야 애가』, 장귀복 역, 서울: 기독교문사, 1987.
맥페그, 셀리, 『은유신학: 종교 언어와 하나님 모델』, 정애성 옮김, 서울: 다산 글방, 2001.
메닝거, 카를, 『수의 문화사: 동서양의 수 언어와 수 상징』, 김량국 옮김, 열린책들, 2005.
문희석, 『모세와 출애굽』, 대한기독교서회, 1981.
________. 『민중신학』, 대한기독교서회, 1974.
________. 『사회학적 구약성서해석』, 양서각, 1984.
민가영, 『여성학 이야기: 인어공주는 왜 왕자를 죽였을까』, 책세상, 2007.
박신배, “한국 문화적 성서해석 방법론”, 『신학사상』 140(2008 봄), 41-67.
박정세, 『성서와 한국 민담의 비교 연구』, 서울: 연세대학교 출판부, 1996.
방석종, 『신화와 역사』, 서울: 감리교신학대학교 출판부, 2006.
서남동, 『민중신학의 탐구』, 한길사, 1983.
서인석, 『성서의 가난한 사람들』, 분도출판사, 1978.
송, C. S. 『맹부인의 눈물: 민중 정치신학의 한 우화』, 서울: 일과 놀이, 1984.
________. 『아시아 이야기 신학』, 분도출판사, 1988.
안병무, 『민중신학 이야기』, 한국신학연구소, 1988.
NCC 신학연구위원회 편, 『민중과 한국신학』, 한국신학연구소, 1982.
엘리자베스 퀴블러 로스, 이진 옮김, 『죽음과 죽어감』, 서울: 이레, 2008.
안병무, 『역사와 해석』, 천안: 한국신학연구소, 1998.
이영미, “구약 예언서에 나타난 여성 시온을 통한 구원이미지 연구”, 『구약논단』 13(2002), 35-56.
________. “민중신학적 구약신학을 위한 서론적 탐구－욥기의 하나님 이해를 중심으로”, 『신학사상』 131호 (2005년 겨울),

________. "이사야에는 고난의 남종만 있는가?", 『헤르메니아 투데이』 24(2003), 19-27.

________. 『이사야의 구원신학』, 서울: 맑은울림, 2004.

조헌정, 『양심을 습격한 사람들』, 서울: 한울, 2009.

정중호, 『새로운 성경해석: 한국적 해석 서론』, 계명대학교 출판부, 2010.

지글러, 장, 『탐욕의 시대: 누가 세계를 더 가난하게 만드는가?』, 갈라파고스, 2005.

최형묵, 『반전의 희망, 욥: 고통 가운데 파멸하지 않는 삶』, 서울: 동연, 2009.

최환진, "웹 2.0 시대 소비자: 소비자 2.0", 이시훈, 최환진, 홍원의 공저, 『AD 2.0: 인터넷 광고의 새로운 패러다임』, 한경사, 2008.

퀴스터, 폴커, 『마가복음의 예수와 민중』, 김명수 옮김, 서울: 한국신학연구소, 2006.

퀴스트, H. T, 『예레미야, 예레미야 애가』, 박대선 역, 대한기독교서회, 1972.

토머스 S. 쿤, 『과학 혁명의 구조』, 김명자 옮김, 까치, 2007.

한완상, "민중신학의 현대사적 의미와 과제-21세기 줄씨알의 신학을 바라며", 『신학사상』 143집 (2008 겨울), 7-34.

함석헌, 『뜻으로 본 한국역사』, 함석헌 선집 I; 서울: 한길사, 2001.

현영학, "한국 탈춤의 신학적 이해", 『예수의 탈춤』, 한국신학연구소, 1997.

심원 안병무 기념저술지원사업 안내

심원 안병무 기념저술지원사업에 관하여

심원 안병무 기념사업회는 2009년부터 심원 안병무 기념저술지원사업을 시행하고 있습니다. 이 사업은 심원 안병무(心園 安炳茂) 선생의 신학과 사상을 창조적으로 계승하여 우리 시대의 과제를 해결하는 데 이론적, 실천적, 전문적으로 기여할 수 있는 연구·저술 활동을 지원하는 것을 그 목적으로 하고 있습니다.

이러한 목적을 달성하기 위하여 심원 안병무 기념저술지원사업은 1) 심원 안병무 선생의 신학과 사상을 창조적으로 계승하는 연구, 2) 신학과 인문사회과학의 대화와 소통을 통하여 신학의 외연을 확대하는 연구, 3) 창의적 주제의 신학 연구 등을 발굴하여 지원하고 있습니다.

이 사업의 지원 분야는 신학이며, 기왕의 저술 활동을 통하여 연구와 저술 역량을 입증하는 신학전공자는 누구든지 기왕에 발표한 적이 없는 연구 계획서를 제시하여 저술지원을 신청할 수 있습니다.

심원 안병무 기념사업회는 공정한 절차에 따라 심사위원회를 구성하고 저술지원신청서를 심사해서 1년에 1인을 선정하여 저술을 지원합니다. 저술지원사업에 선정된 분에게는 저술비 5백만 원, 출판지원비 3백만 원을 지급합니다. 신청과 심사에 관한 자세한 내용은 매년 5월에 심원 안병무 아키브(www.simone.or.kr)에 게시되니 이를 참고하시기 바랍니다.

2009년도에 실시된 제1회 저술지원사업에는 한신대학교 신학과 이영미 교수의 "하나님 앞에 솔직히, 민중과 함께: 애가서에 대한 성서신학적, 민중신학적 해석"이 선정되었고, 2010년도에 실시된 제2회 저술지원사업에는 한신대학교 신학과 외래교수인 전철 박사의 "민중신학과 현대사상의 모험"이 선정된 바 있습니다.

우리 심원 안병무 기념사업회는 많은 신학연구자들이 저술지원사업에 참여하여 우리 시대의 과제들을 해결하는 데 꼭 필요한 신학적 담론을 형성하고 한국신학의 새로운 지평을 열어나가시기를 바랍니다.

2011년 1월 25일

심원 안병무 기념사업회 회장 황 성 규 박사

학술위원장 강 원 돈 박사